AS NOVAS RELAÇÕES TRABALHISTAS E O FUTURO DO DIREITO DO TRABALHO

AS NOVIDADES PROVENIENTES DA GLOBALIZAÇÃO, DE INFLUXOS DO DIREITO COMPARADO E DA INTERNACIONALIZAÇÃO DE CONTRATOS LABORAIS

COLEÇÃO FÓRUM
AS NOVAS RELAÇÕES TRABALHISTAS E O FUTURO DO DIREITO DO TRABALHO

COLEÇÃO FÓRUM
AS NOVAS RELAÇÕES TRABALHISTAS
E O FUTURO DO DIREITO DO TRABALHO

CAROLINA TUPINAMBÁ
Coordenadora

Maria Cristina Irigoyen Peduzzi
Prefácio

AS NOVAS RELAÇÕES TRABALHISTAS E O FUTURO DO DIREITO DO TRABALHO

AS NOVIDADES PROVENIENTES DA GLOBALIZAÇÃO, DE INFLUXOS DO DIREITO COMPARADO E DA INTERNACIONALIZAÇÃO DE CONTRATOS LABORAIS

4

Belo Horizonte
FÓRUM
CONHECIMENTO JURÍDICO
2021

COLEÇÃO FÓRUM
AS NOVAS RELAÇÕES TRABALHISTAS E O FUTURO DO DIREITO DO TRABALHO

FÓRUM
CONHECIMENTO JURÍDICO

Luís Cláudio Rodrigues Ferreira
Presidente e Editor

Coordenação editorial: Leonardo Eustáquio Siqueira Araújo
Aline Sobreira de Oliveira

Av. Afonso Pena, 2770 – 15º andar – Savassi – CEP 30130-012
Belo Horizonte – Minas Gerais – Tel.: (31) 2121.4900 / 2121.4949
www.editoraforum.com.br – editoraforum@editoraforum.com.br

Técnica. Empenho. Zelo. Esses foram alguns dos cuidados aplicados na edição desta obra. No entanto, podem ocorrer erros de impressão, digitação ou mesmo restar alguma dúvida conceitual. Caso se constate algo assim, solicitamos a gentileza de nos comunicar através do *e-mail* editorial@editoraforum.com.br para que possamos esclarecer, no que couber. A sua contribuição é muito importante para mantermos a excelência editorial. A Editora Fórum agradece a sua contribuição.

Dados Internacionais de Catalogação na Publicação (CIP) de acordo com a AACR2

N936 As novas relações trabalhistas e o futuro do Direito do Trabalho: as novidades provenientes da globalização, de influxos do Direito comparado e da internacionalização de contratos laborais / Carolina Tupinambá (Coord.).– Belo Horizonte : Fórum, 2021.

296p. ; 14,5x21,5 cm

Coleção Fórum As novas relações trabalhistas e o futuro do direito do trabalho. Tomo III.

ISBN da coleção: 978-65-5518-116-6
ISBN: 978-65-5518-223-1

1. Direito Processual Trabalhista. 2. Direito do Trabalho. I. Tupinambá, Carolina. II. Título.

CDD 342.68
CDU 349.2

Elaborado por Daniela Lopes Duarte - CRB-6/3500

Informação bibliográfica deste livro, conforme a NBR 6023:2018 da Associação Brasileira de Normas Técnicas (ABNT):

TUPINAMBÁ, Carolina (Coord.). *As novas relações trabalhistas e o futuro do Direito do Trabalho:* as novidades provenientes da globalização, de influxos do Direito comparado e da internacionalização de contratos laborais. Belo Horizonte: Fórum, 2021. (Coleção Fórum As novas relações trabalhistas e o futuro do direito do trabalho. Tomo IV.) 296 p. ISBN 978-65-5518-223-1.

Para Rafael, com amor.

Em todos os trabalhos que faço, adoro escrever esta parte.

Sempre faz pensar o quanto a vida é boa e o quanto somos felizes por estarmos cercados de bons amigos, parceiros de todas as horas.

Este livro é sobre o futuro, tempo que, invariavelmente, remete-me a Rafael, meu filho amado. É ele a causa de minha preocupação, assim como de meu entusiasmo com todas as próximas e infinitas auroras seguidas dos entardeceres ao redor do globo terrestre. Mal me lembro das coisas que me faziam alegre ou triste antes do Rafa. Ele personifica o "daqui pra frente" de minha existência, sendo, para mim, sinônimo de fé na vida e de esperança no porvir. Sou grata por nossa convivência transformadora que inspira e enfeita tudo o que faço de bom.

Para pensar sobre o futuro, todos nós partimos de uma história de vida. A minha sempre foi ao lado de minha mãe, Sonia. Sinto gratidão por tudo o que ela fez e faz por mim diuturnamente. Toda a vida, o presente e o futuro ganham sentido ao lado dela.

Rafael e sua avó me estimulam a trabalhar, a escrever e a estudar. Agradeço por eles compreenderem minhas eventuais ausências para dar conta de tentar um futuro melhor.

Sou sócia de um escritório de advocacia por onde passam todos os tipos de conflitos reais e potenciais entre capital e trabalho. Tensões que se transformam ao longo do tempo. Apesar de todos os nossos desafios, duas advogadas de uma equipe de guerreiros me ajudam em projetos acadêmicos.

Marina Novellino Valverde, mestranda da Universidade do Estado do Rio de Janeiro, sonhou junto comigo vários pedacinhos desta obra, tendo ajudado muitíssimo com as pesquisas de textos, a organização temática e a revisão de diversos trabalhos.

Bianca Lubianco, fiel escudeira, tornou muito mais fácil e efetiva a arregimentação de tantos autores e conteúdo, responsabilizando-se por boa parte da complexa logística e da agenda envolvida nesta obra em que 95 nomes do Direito assinam artigos acadêmicos inovadores.

Agradeço, por fim, a todos os competentes professores e autores participantes desta coletânea pela confiança e deferência, mas, principalmente, por suas corajosas e inovadoras ideias, em boa hora compartilhadas com a comunidade jurídica em prol da construção de um novo Direito e Processo do Trabalho.

Obrigada!

APRESENTAÇÃO DA COLEÇÃO

A presente obra coletiva surge a partir de estudos desenvolvidos ao longo dos anos de 2018 e 2019, nos cursos de pós-graduação em que leciono.

A ideia central deste trabalho é diagnosticar influxos do terceiro milênio nas relações de trabalho, a partir de pesquisas e incursões acadêmicas, tanto no campo do Direito nacional como no comparado.

O trabalho desempenha, ao menos, três papéis fundamentais nas relações humanas: social, psicológico e financeiro. Consciente de sua vocação, o Direito do Trabalho na sociedade pós-industrial deve girar em torno do eixo do equilíbrio entre forças e respeito ao núcleo duro das garantias fundamentais dos trabalhadores, como agentes que produzem em benefício da sociedade.

Os desafios não são poucos.

Os inegáveis avanços da tecnologia e da globalização têm, em curto espaço de tempo, acusado a necessidade de alterações legislativas e transformado modelos de solução de conflitos entre capital e trabalho. A coleção completa analisará justamente esse marco referencial que condensa conceitos e elementos extraídos do que se convencionou chamar "direito do trabalho 4.0".

O mundo do trabalho efetivamente mudou e a mudança nem veio para ficar, pois a verdade é que, a cada dia, a paisagem se transforma.

Profissionais contemporâneos que habitam os grandes centros, em geral, costumam ser independentes, menos chefes, mais tutores, realizadores. Querem menos competitividade e mais colaboração; menos curriculum, mais valores intrínsecos. Em uma época em que a vida e o trabalho se fundem, instruções cedem lugar para objetivos acordados, dissolvendo a rigidez das hierarquias. As recompensas serão baseadas no desempenho. É comum de se ver trabalhadores tornando-se verdadeiros empreendedores dentro da empresa, o que significa verdadeira reconfiguração dos protagonistas clássicos da relação laboral, empregado e empregador. Nesse novo ambiente que se apresenta ao Direito do Trabalho, portanto, a liberdade de escolha e a responsabilidade individual ocupam lugar de destaque.

Neste contexto, os textos a seguir são corajosos, por natureza. Ora, mudar sempre causa insegurança. Nada se compara ao conforto proporcionado pelo *status quo*.

Mas o futuro, que já começou e não tem data para terminar, não se contém por princípios e regras tradicionais que os bancos universitários ainda insistem em anunciar como se fossem informadores de um Direito e Processo do Trabalho esculpidos nas pedras sagradas.

A questão é que, ao que parece, o ensino de ambas as disciplinas parou no tempo, como se congelado numa era de "tudo ou nada".

Ou se tem o vínculo de emprego reconhecido, para se desfrutar do fantástico mundo da CLT, com a mais ampla proteção do Estado, ou se está fora da jogada. Quem não é empregado, praticamente, não será nada para a grande maioria das obras jurídicas que se encontram nas prateleiras dedicadas ao Direito e Processo do Trabalho. Será, talvez, se tiver alguma sorte de ser lembrado, uma mera "tentativa de fraude", ou coisa que o valha, ainda que trabalhe dia e noite sem parar.

Em geral, quem se assusta diante da triste realidade, ao invés de tentar novos caminhos de regulamentação e proteção desses trabalhadores-do-futuro, não necessariamente empregados como antigamente – pasmem-se – prefere "forçar a barra", tentando enquadrar, a todo custo, qualquer prestador de serviços para baixo do grande e velho guarda-chuva chamado vínculo de emprego. Muitos insistem, nessa linha de raciocínio, repetindo obcessivamente o discurso de que o autônomo, o motorista do uber, o trabalhador pejotizado etc. sejam, todos eles, em-pre-ga-dos. E não se fala mais nisso! Não se apresentam reflexões ou argumentos aprofundados e amadurecidos nos textos mais apaixonados. Outros estudiosos, de fato, acreditam piamente que esses novos perfis contratuais ostentam as características do vínculo empregatício, como subordinação, habitualidade, eventualidade, onerosidade e pessoalidade.

Via de regra, o enterrar a cabeça na terra parece proteger de um temor justificável, ou, pelo menos, que faz um certo sentido na mentalidade dos neofóbicos. É que, ao se admitir a existência de outras espécies de vínculos de trabalho, com proteção do Estado mais arrefecida ou até inexistente, o que será feito da figura do velho e bom empregado? Será definitivamente extinta do planeta, ou, ao menos, do Brasil? Qual poder de barganha ou sedução restará ao contrato de emprego? Quem há de querer contratar pela modalidade vetusta e engessada de vínculo empregatício? Depois que surgiu o FGTS, quem optou pelo regime da estabilidade decenal?

A coletânea tratará destes tipos de questões, dentre muitas e tantas outras, sem a pretensão de respondê-las. Fazê-las – acreditem – já é um grande passo para a evolução dos direitos envolvidos, sejam eles ostentados pelo capital ou pela mão de obra.

Além da audácia e da criatividade necessárias para se pensar "fora da caixa", outro traço marcante da coleção é a interdisciplinaridade percebida em muitas das contribuições, que incitam o diálogo com áreas como o Direito Empresarial, o Direito e Tecnologia, Direito Processual e Constitucional.

Em suma, o futuro do mundo do trabalho é um problema central que não dispensa a incansável dedicação dos estudiosos.

É duro e, de certa forma, até incômodo admitir que, hoje, trabalhamos, em média, mais do que nunca. Ora, se acoplarmos a utilidade do trabalho humano ao seu respectivo propósito, essa realidade não faz o menor sentido. Sim, porque, historicamente, a finalidade do emprego é nada mais do que produzir aquilo que precisamos para viver, como alimentos, roupas, casas etc.

Com a evolução do estágio civilizatório e dos meios de produção, é inegável que a produtividade no globo aumentou exponencialmente. É dizer: menos esforço é demandado para a produção de um mesmo resultado de tempos atrás. Hoje se trabalha bem menos para se produzir o mesmo que antes, graças, principalmente, ao avanço das tecnologias. Logicamente, nosso padrão de vida tem melhorado e se tornado mais requintado, o que demanda aumento de trabalho para a produção de um nível tal de riqueza... Mas o fato é que, proporcionalmente, a otimização da produção é muito mais significativa do que o aumento de demanda.

É como se o propósito da evolução fosse liberar nosso tempo para que pudéssemos não trabalhar.

Só que não. Em vez disso, ter um trabalho digno é objetivo comum de muitos cidadãos.

É impressionante e verdadeiramente encantadora toda a complexidade, a sensibilidade e a magia que se apresentam àqueles que procuram entender o mundo do trabalho, de onde veio e para onde irá.

Certamente aprendi muito com os colaboradores desta coleção. Compartilho, com entusiasmo e otimismo, o resultado de nosso empenho, torcendo para que a troca de ideias ganhe adeptos e seja ainda mais incrementada, ao ponto de colaborar com a edificação de um futuro em que as relações de trabalho sejam inseridas como um todo na realidade de um Estado democrático de direito e das dinâmicas que lhe são próprias. Parafraseando o grande compositor Ivan Lins, no Novo Tempo, apesar dos perigos, a gente se encontra para nos socorrer.

A mutação das relações de trabalho tradicionalmente compreendidas é uma realidade que há anos se incrementa, dia após dia.

A partir da Quarta Revolução Industrial, vivenciamos o surgimento constante de novidades absolutamente disruptivas, como as novas tecnologias, as formas plurais de solução de conflitos, os perfis contratuais diversos da clássica relação de emprego etc... Muitas são as mudanças do mundo do trabalho que desafiam a interpretação dos tribunais, a modernização das leis e a construção de uma doutrina arejada e inovadora.

Esta obra se compromete, justamente, com a missão reflexiva demandada pelo novo Direito do Trabalho. Dividida em cinco volumes, a coleção busca abordar as mais recentes legislações que impactaram o mundo do trabalho, os efeitos das novas tecnologias no universo laboral, as novidades observáveis no cenário mundial, envolvendo, sobretudo, a globalização e o futuro do Direito do Trabalho e os novos módulos de interações humanas trabalhistas, bem como de superação de conflitos entre capital e trabalho. Neste volume, são abordadas as novidades provenientes da globalização, de influxos do Direito Comparado e da internacionalização de contratos laborais.

Outro aspecto que chama a atenção nesta interessante publicação, que tem em seu quarto volume apresentado à comunidade jurídica, é que, acompanhando a tendência mundial de arrefecimento de fronteiras entre os países, foram colacionados trabalhos inéditos de diversos autores internacionais, o que distingue muito positivamente o presente livro. Conhecer o Direito do Trabalho de alhures, a partir da visão de seus nacionais, traduz experiência ímpar e engrandecedora proporcionada pela leitura dos textos que chegam além-mar.

Os temas percorridos pelos autores-colaboradores nos volumes que integram a festejada coletânea são inusitados, relevantes e atuais. Os artigos foram selecionados com maestria pela coordenadora da obra, professora e doutora Carolina Tupinambá, que contagia por sua paixão pelo Direito e Processo do Trabalho.

Tive a honra de ser convidada para escrever o prefácio desta rica coletânea e posso afirmar que o trabalho da professora arregimenta publicações densas, críticas e provocantes, organizadas de forma admirável e inteligente.

Parabenizo a Editora Fórum, que, na vanguarda da literatura jurídica, lança a coleção de suma importância para acadêmicos e profissionais do Direito, a expressar diálogo inovador entre múltiplas visões selecionadas pela talentosa Carolina.

Para aqueles que imaginam que o Direito do Trabalho poderá desaparecer no futuro, a leitura dos artigos desta obra estruturada, provavelmente, os fará mudar de ideia. São muitas as novas possibilidades e perspectivas que se colocam decorrentes, sobretudo, de fenômenos como o avanço de novas tecnologias e o sedimentar da globalização.

Os novos modos de produção, próprios da Quarta Revolução Industrial, criaram um tipo de trabalhador denominado "nômade", inserido no contexto de um novo modelo econômico, sob a demanda e a oferta de serviços via internet pelos mais diversos trabalhadores sem vínculo de emprego, diretamente ao consumidor, por meio de uma plataforma virtual.

Cabe aos estudiosos do Direito analisar as novas formas de produção, reconhecer seus avanços e retrocessos para a organização do trabalho e sugerir meios para regular cada peculiaridade das inovações que surgem a cada novo momento.

A propósito, em seu consagrado livro *21 lições para o século 21*, o historiador Yuval Noah Harari, reconhece que "os temores de que a automação causará desemprego massivo remontam ao século XIX, e até agora nunca se materializaram".

Convido você, leitor, a refletir conosco sobre esse mundo de inovações que impactam o futuro do Direito do Trabalho e de seus sensíveis protagonistas, trabalhadores e empreendedores.

Maria Cristina Irigoyen Peduzzi
Ministra Presidente do Tribunal Superior do Trabalho.

O PROGRAMA DE *AU PAIR* NOS ESTADOS UNIDOS E SUA RELAÇÃO COM OS DIREITOS E GARANTIAS DO TRABALHADOR IMIGRANTE NO CENÁRIO AMERICANO

ROSA MARIA FREITAS

THÂMARA CARLA DOS SANTOS RODRIGUES

Introdução

A circulação internacional de pessoas cresce a cada ano que passa, como uma consequência da globalização, trazendo consigo inovações tecnológicas, produção de conhecimento na velocidade da luz, troca de informações entre nações e, como toda economia necessita, novas formas de trabalho e modelos de produção. Diante da observância de pessoas que desejam trabalhar em terras americanas como *Au Pair*, o presente artigo tem por objetivo gerar um conhecimento mais profundo sobre essa forma de trabalho além de fazer uma análise crítica da situação atual deste, no cenário americano.

A modalidade *Au Pair* é uma forma de trabalho pouco divulgada no Brasil, porém já muito conhecida no mundo afora, principalmente Ásia e Europa. Pode-se dizer que o trabalho estrangeiro venha a ser algo bem mais comum do que é atualmente e, por ser considerada uma nova relação trabalhista e o futuro do direito do trabalho, gerará uma responsabilidade maior do âmbito jurídico na proteção destes, com a produção de mais leis especificando os tipos laborais, além de uma maior flexibilidade dos países que contratarem uma mão de obra qualificada. O programa de *Au Pair*, apesar de possuir uma bagagem jurídica bastante satisfatória e um peso enorme quando se trata de legislação e relações diplomáticas, necessita ser reavaliado, relido e atualizado no que toca aos direitos e garantias dos empregados deste tipo laboral. Iremos explorar os detalhes desse programa e como o Direito do Trabalho, Direito Internacional público e privado se estabelecem nessa relação Estados Unidos x estrangeiro. Através de uma análise de leis internacionais que protegem o trabalhador imigrante, leis específicas de *Au Pair* e leis trabalhistas americanas, uma comparação será realizada a fim de mostrar que garantias o profissional imigrante possui quando se trata deste tipo de trabalho nos Estados Unidos, além de uma análise crítica dos pontos fracos deste programa.

Cabe ressaltar a atualidade deste assunto, no tocante à Ação Salarial *Au Pair*, que está em andamento e que será discorrida ao longo deste artigo, colocando em questão o que mais se é discutido do ponto de vista jurídico, do programa como um todo, tornando-se mais um resultado das novas formas de trabalho e garantias legais que não devem ser deixadas de lado.

O fato de que o teletrabalho se tornou algo muito comum e provavelmente crescerá ao longo dos anos não cancela a ideia da saída de pessoas de seu país de origem para terras alheias quando é necessária mão de obra qualificada. A comunicação e globalização cresceram. Cresceu também o fluxo migratório e a facilidade de locomoção das pessoas.

1 A legislação americana trabalhista e a legislação internacional na proteção do trabalhador imigrante

A Justiça do Trabalho nos Estados Unidos, atualmente administra e aplica mais de 180 leis federais trabalhistas. De uma maneira geral, as bases das leis federais trabalhistas norte-americanas são: o Título VII da

Civil Rights Act, a Seção 1981 da *Civil Rights Act*,[1] o *Fair Labor Standards Act* (FLSA)[2] e o *Immigration Reform and Control Act* (IRCA).[3]

De acordo com o Título VII da *Civil Rights Act*, a legislação americana proíbe a discriminação do trabalhador por causa da sua raça, cor, religião, sexo ou nação de origem. A discriminação relacionada à nação inclui tratamento diferente ou inferior a um indivíduo por causa da sua ancestralidade ou país de nascimento, pela sua cultura ou língua. Além disso, a décima quarta alteração na constituição norte-americana proíbe os tipos de discriminação no emprego com base em raça e origem nacional em qualquer nível de governo estadual ou local. Esta histórica lei completou 50 anos em 2014 e foi uma das maiores conquistas do movimento civil por direitos através da mudança da legislação, uma ação que contou com a ajuda de líderes como Martin Luther King. A Seção 1981 da *Civil Rights Act* também previne a discriminação no emprego baseado na raça.

A FLSA estabelece padrões de salário mínimo, pagamento de horas extras, manutenção de registros e emprego juvenil que afetam os funcionários do setor privado e dos governos federal, estadual e local. Os trabalhadores cobertos não isentos têm direito a um salário mínimo não inferior a US$7,25, por hora, a partir de 24 de julho de 2009. As horas extraordinárias são pagas a partir da 40ª hora semanal, no valor de 150% da hora normal de trabalho.

A Lei de Reforma e Controle da Imigração de 1986 teve como resultado a primeira grande revisão das leis de imigração dos Estados Unidos em décadas. A lei procura preservar empregos para aqueles que têm direito legal a eles – cidadãos americanos e estrangeiros que estão autorizados a trabalhar nos Estados Unidos.

O IRCA proíbe os empregadores de contratar, recrutar ou encaminhar intencionalmente uma taxa para qualquer estrangeiro que não esteja autorizado a trabalhar. Como resultado desta lei, todos os empregadores são obrigados a verificar a identidade e a elegibilidade de funcionários regulares, funcionários temporários e funcionários estudantes contratados após 6 de novembro de 1986, além de preencher e manter o formulário INS-9 junto ao documento de identificação, como o passaporte. O não cumprimento desses requisitos pode resultar em responsabilidade civil e criminal com a imposição de multas substanciais

---

1 Tradução livre: "Lei dos Direitos Civis".

2 Tradução livre: "Lei de Normas Trabalhistas Justas".

3 Tradução livre: "Lei de Reforma e Controle de Imigração".

que variam de US$100 a US$1.000 por contratação, bem como a possível prisão. Mais importante ainda, a falta de verificação da identidade e da qualificação de um novo funcionário resultará na rescisão do contrato de trabalho para esse funcionário.

No cenário internacional, foi através do Tratado de Versalhes, em 1919, que ficou determinada a criação da OIT como uma instituição pública. Indiscutível o esforço desta Organização com a aplicação de seus projetos, a partir de sua instauração, para a obtenção de condições justas e dignas aos trabalhadores imigrantes e suas famílias, assim como suas várias convenções, no período entre guerras, visando a proteção destes.

A OIT, com o objetivo de estabelecer padrões internacionais mínimos para as relações trabalhistas e garantir melhores condições de trabalho em todo o mundo, tem competência não só em relação às causas trabalhistas, mas também em outros temas mais abrangentes, como os de caráter econômico e financeiro a nível mundial. Essas atribuições, por conseguinte, não estão distantes do trabalhador, mas, ao lado, servindo como limites e bases para uma melhor expectativa de vida a todos os indivíduos, tendo em vista que o trabalhador é, na maioria das vezes, a parte mais sensível economicamente.

A Convenção de nº 97 da OIT foi uma revisão da Convenção sobre os Trabalhadores Migrantes, de 1939. Referido tratado foi ratificado por um expressivo número de países, no total de 41 Estados, incluindo o Brasil. O documento continha três anexos, os quais versavam sobre o recrutamento e as condições de trabalho, e apontava sobre a importação de bens, pessoas e máquinas. Passados mais de 20 anos da Convenção de 1949, havia uma intensificação real das demandas, uma vez que o crescimento das indústrias era superior à mão de obra existente nos países industrializados. Nessa conjuntura, tornava-se primordial um sistema que facilitasse a transferência de recursos humanos aptos ao trabalho para as áreas deficientes. Foi então que surgiu em Genebra, no ano de 1975, mesmo sob os efeitos da recessão, a Convenção sobre Trabalhadores Migrantes.

Também denominada pela Convenção nº 143 da OIT, este documento tem como finalidade complementar a anterior Convenção abarcando a problemática referente ao crescimento caótico de imigrantes cedentes de novas expectativas não alcançadas anteriormente, combatendo, do mesmo modo: o tráfico de mão de obra, a migração clandestina, os imigrantes que se encontram em condições subumanas, de extrema insegurança e, muitas vezes, de exclusão social, simplesmente por permanecerem em situação irregular. Tal Convenção prevê também que os Estados respeitem os direitos humanos de todos os trabalhadores migrantes, assim como impeçam a migração de maneira irregular e descontrolada.

Portanto, esses poucos exemplos deixam claro que existe uma preocupação com a igualdade de tratamento entre trabalhadores no cenário norte-americano desde as bases das leis trabalhistas. O igual tratamento está presente nos pilares da legislação trabalhista, todavia, o que ocorre na realidade é completamente o oposto. O governo Trump chegou com muita força nesse tema ao propor a mudança do cenário atual, tendo como um de seus fundamentos garantir o trabalho para o americano e não permitir que estrangeiros ilegais permanecessem no país em condições degradantes. A política pública deste novo governo tem o objetivo de conter o problema da imigração ilegal e do desemprego, refletindo um maior controle e mecanismos de fiscalização mais fortes por parte do governo federal. Essa visão republicana acabou por instalar um caos no país, levando muitos cidadãos a acreditar que o desemprego atual é devido à quantidade de imigrantes em terras americanas, que as taxas que os americanos pagam não estão sendo cobradas daqueles que não estão com sua cidadania/visto em dia, que os níveis de violência atual são devidos aos imigrantes, que será necessário construir um muro para deter a entrada destes em território norte-americano.

Um ódio se instalou no país em relação aos imigrantes. Atualmente, boa parte da população não se interessa em saber se determinado trabalhador imigrante é ilegal ou não, apenas que, por ser estrangeiro, não deve receber os mesmos direitos dos americanos, o que não condiz com os exemplos das garantias de igualdade de tratamento citados anteriormente.

Ao lado do desenvolvimento econômico em escala mundial, há a perpetuação de condições subumanas e degradantes vivenciadas por muitos trabalhadores que buscam nada mais do que a sua dignidade alcançada pelo emprego. Os efeitos dessa internacionalização do capital, além de ignorar direitos essenciais, excluem os trabalhadores imigrantes simplesmente pela sua condição de não nacional, submetendo-os a serviços mais ofensivos, salários mais baixos e a péssimas condições de segurança no trabalho. Essa ótica capitalista de fomentar o crescimento à custa de trabalhadores estrangeiros, deixando de lado o respeito aos direitos humanos fundamentais, é o chamado *dumping* social.

2 A teoria do programa de *Au Pair* segundo o Conselho de Relações Estrangeiras e seus desdobramentos na prática

Au Pair é um programa de trabalho remunerado, de estudo e de intercâmbio cultural, reconhecido pelo governo dos Estados Unidos e presente em diversos países. Seu nome tem origem francesa e significa relação mútua. Possui uma duração mínima de um ano, no qual o jovem realiza a atividade de cuidar dos filhos da família anfitriã, morando na mesma residência.

O programa foi criado oficialmente em 1986, quando a Agência de Informação dos Estados Unidos (USIA) criou um "programa piloto". Após estender este período experimental por dois anos, o Congresso permitiu à USIA oficializar o programa como permanente. Após a dissolução da USIA em 1999, a regulamentação do programa foi transferida para o Departamento de Estado, no setor de educação e assuntos culturais. Todavia o sistema sempre teve críticas. Inicialmente, a Agência de Informações dos EUA, agora extinta, faleceu, defendendo a reforma do programa porque as horas de trabalho eram muito longas para serem classificadas como uma troca cultural.

O Conselho de Relações Estrangeiras, através do comitê de título 22, I, G, 62.3, determinou regras que se aplicam de maneira geral ao programa, independentemente da empresa que patrocina o *Au Pair*.

Para se inscrever no programa, é necessário ter entre 18 a 26 anos, não ter filhos, ter o ensino médio completo, domínio do inglês básico, ser saudável psicológica e fisicamente, ter sido entrevistado, em inglês, por um representante da organização, ter passado, com sucesso, por uma investigação de antecedentes, incluindo a verificação da escola, três referências pessoais, antecedentes criminais e um perfil de personalidade.

Os patrocinadores devem analisar também todas as possíveis famílias anfitriãs e, no mínimo, devem exigir: que os pais anfitriões sejam cidadãos dos EUA ou residentes permanentes legais, que sejam fluentes em inglês, que passem por uma investigação de antecedentes, incluindo referências de emprego e caráter pessoal, que a família anfitriã tenha recursos financeiros adequados para cumprir todas as obrigações de hospedagem.

Além disso, o Conselho aborda, neste mesmo comitê, a carga horária a ser cumprida. Esta deve ser de no máximo 45 horas semanais e de no máximo 10 horas diárias. A *Au Pair* deve receber o mínimo de

1 dia e meio de folga por semana, além de 1 fim de semana completo de folga por mês e, ainda, possui direito a 4 semanas de férias a cada 12 meses trabalhados. A remuneração é paga semanalmente, no montante de US$195,75. Curioso é o fato de que este valor semanal encontra-se congelado desde 2010, não se ajustando com o decorrer dos anos.

Ao contrário das babás que vivem no local, as *Au Pairs* não têm dias de doença garantidos ou feriados federais. Elas ganham um salário fixo de US$4,35 por hora, depois que as agências patrocinadoras deduzem o alojamento de seus salários. Organizações de direitos trabalhistas chamam isso de arranjo legalmente duvidoso por várias razões, inclusive porque a dedução dos custos de moradia em programas onde o fornecimento de moradia beneficia principalmente o empregador não é permitido por lei.

Embora o Departamento de Estado estipule que as *Au Pairs* devam receber o salário mínimo do Estado, apenas 8 Estados cumprem a regra, incluindo Califórnia, Nova York e Massachusetts, que aprovaram a "Declaração de Direitos dos Trabalhadores Domésticos", que codifica os ganhos mínimos e outras proteções para *Au Pairs* e outros trabalhadores domésticos.

O acompanhamento de uma *LCC (Local Childcare Consultant)*,[4] agente regional consultora do programa, também está presente durante a estadia da *Au Pair* nos Estados Unidos. Requer-se que a *Au Pair* resida com a *Host Family* na localidade que seja até 1 hora de distância, da casa da agente regional. O Departamento de Estado contrata 16 empresas privadas, ou patrocinadores, para lidar com as porcas e parafusos do programa, incluindo o recrutamento, treinamento e colocação de *Au Pairs* com as famílias.

Ainda sobre o referido Comitê Federal, o programa exige que, para cuidar de crianças com menos de dois anos de idade, é necessário que a *Au Pair* possua duzentas horas comprovadas de experiência com essa idade. Para cuidados de crianças com necessidade especiais, a *Au Pair* deve ser avisada sobre o caso e também ter experiência ou habilidade de cuidados como estes.

Em relação ao treinamento, cada empresa patrocinadora possui sua maneira de realizá-lo. A grande maioria possui um lugar predeterminado onde as *Au Pairs* se alojarão na primeira semana de chegada aos Estados Unidos e terão um curso intensivo de instruções de segurança das crianças de 8 horas e não menos que 24 horas de instrução sobre o

---

4 Tradução livre: "Consultora regional".

desenvolvimento infantil, das quais pelo menos quatro serão dedicadas ao treinamento específico para crianças menores de dois anos.

O dia a dia inclui acordá-los, dar banho, preparar as refeições, arrumar seus quartos, lavar suas roupas, levar e buscar na escola, dirigindo ou a pé, deixar ou buscar no ponto de ônibus, realizar atividades lúdicas em geral, levar ao parque, além de outras atividades que possam variar de família para família.

Uma prévia do horário e obrigações deverá ser discutida antes de sua saída do país por meio de entrevistas com a família anfitriã, pelo *Skype* ou e-mail, onde ela possa avaliar as condições e possíveis atividades que realizará. O Schedule[5] pode sofrer alterações futuras, já que o horário de trabalho é flexível. É imprecindível destacar que ela não está obrigada a cozinhar para os pais anfitriões, limpar os quartos que são usados exclusivamente por eles ou cuidar dos filhos de outra pessoa. A privacidade da *Au Pair* também é garantida quando o próprio comitê estabelece que ela não deve permanecer em uma família anfitriã sem que haja um quarto privativo para sua estadia.

A *Au Pair* adquire a residência temporária permitindo-a estudar em faculdade ou universidade americana, além de viajar pelo país, conhecer pessoas de outras nacionalidades, viver o dia a dia de uma família americana, etc.

Para as famílias anfitriãs, o programa é comumente comercializado como uma maneira acessível, confiável e flexível de obter atendimento infantil de qualidade. Para as *Au Pairs*, o programa é frequentemente anunciado como uma maneira fácil de viver com uma família americana, aprender sobre a cultura americana, ter aulas e ganhar algum dinheiro. A realidade é que para *Au pairs* é vendida uma experiência cultural, mas as famílias estão procurando mão de obra barata.

No coração do problema do programa está uma diferença de expectativas: as empresas comercializam o programa de maneira diferente para hospedar famílias e *Au Pairs.*

Au Pairs com relatos de experiência considerada ruim acusam famílias de maus tratos, além de deixá-las, muitas vezes, em uma situação de inferioridade, na relação empregado x empregador. Pode-se dizer que este programa tem seus prós e contras.

Muitas das cerca de 17.500 *Au Pairs* que vivem e trabalham nos Estados Unidos a cada ano têm experiências positivas, mas provações não são incomuns. Elas transmitem histórias de horror de *Au Pairs* que

---

5 Tradução livre: "Horário", "Cronograma".

estão sobrecarregadas de trabalho, humilhadas, recusaram refeições, ameaçadas de prisão e deportação – até vítimas de roubo. O pior de tudo é que, dizem elas, reclamar de condições de trabalho inseguras e exploradoras raramente faz qualquer diferença. Às vezes, denunciar abuso piora a situação. Mas o problema real não é uma família em particular – é que o Departamento de Estado e as empresas de *Au Pair* contratadas parecem ter pouco interesse em descobrir o que pode estar errado ou em agir quando o fazem.

Na verdade, a grande maioria das reclamações vindas de *Au Pairs* parece desaparecer em um buraco burocrático, onde não são investigadas completamente ou mesmo publicamente relatadas. O Departamento de Estado constatou 62 reclamações de *Au Pairs* e famílias em 2015. Porém, segundo uma análise interna do Departamento de Estado do programa a realidade é que as agências receberam e relataram ao governo mais de 3.500 incidentes naquele ano.

Tudo isso lança uma sombra sobre um programa do governo que traz milhares de trabalhadores domésticos, a maioria mulheres jovens, para os Estados Unidos a cada ano. Foi projetado para exibir valores americanos e gerar boa vontade internacional. Mas isso não é possível de ser alcançado quando as proteções dos trabalhadores são mínimas e a supervisão é escassa.

Em 2012, um relatório do Inspetor-Geral do Departamento de Estado criticou todo o programa de vistos J-1, porque sancionar patrocinadores que violam as regras raramente resulta em consequências significativas. O relatório recomendou a transferência da supervisão do programa de *Au Pair* para o Departamento do Trabalho.

Em 2013, o Senado debateu um projeto de lei que teria proibido as empresas de cobrar taxas de recrutamento das *Au Pairs*, que podem variar de US$500 a US$3.000 e podem deixar *Au Pairs* em dívida (as empresas de *Au Pairs* também cobram das famílias cerca de US$8.000 por *Au Pair*). "Este programa é uma farsa", disse o senador Bernie Sanders, durante o debate no Senado sobre o projeto de reforma da *Au Pair*. "Não é um programa de intercâmbio cultural", mas as agências pressionaram vigorosamente contra a medida.

3 O contrato de *Au Pair*: uma análise crítica

Celebrado entre três partes (família, *Au Pair* e empresa), o contrato de trabalho é o chamado "Acordo de Participação", o que na verdade é um contrato de adesão, tendo em vista que as cláusulas são prefixadas.

Eventualmente, podem ocorrer situações de emergência ou situações em que a *Au Pair* precisará rescindir o contrato. Neste caso, como regra geral, há um período oficial de aviso prévio de duas semanas antes do término.

Durante o tempo de aviso prévio a empresa patrocinadora dará suporte à *Au Pair* para que ela encontre uma nova família dentro de duas semanas. Novas entrevistas serão realizadas com essas famílias a fim de buscar a que mais se encaixe com as expectativas da *Au Pair*. Caso não encontre uma nova família, terá que retornar ao país de origem.

A cláusula de eleição de foro, no Acordo de Participação da empresa *Cultural Care*, uma das patrocinadoras, já demonstra certo abuso de poder:

> Este acordo entrará em vigor como regulamento e reger-se-á pelas Regas da Suíça. Na eventualidade de qualquer tipo de reinvidicação, disputa ou procedimento decorrente do meu relacionamento com a Cultural Care, ou de qualquer reinvindicação advinda de contrato, ato ilícito, ou então de disputa legal que surgir entre as partes, podendo esta ser ou não decorrente do presente Acordo, as partes se submeterão ao consentimento exclusivo da jurisdição e das cortes da Suiça.[6]

O contrato de trabalho fora assinado no Brasil, porém, possui a cláusula de eleição de foro. A eleição de foro é admitida tanto em contratos nacionais como em internacionais. Nos contratos internacionais, a eleição de foro encontra alguns óbices. O principal deles diz respeito à competência jurisdicional do local em que se pretende executar a decisão judicial proferida. A eleição de foro só tem valor se a decisão extraída da jurisdição eleita puder ser homologada e executada perante a jurisdição na qual se pretende executá-la. Os limites da eleição de foro são, neste sentido, as competências jurisdicionais dos países envolvidos.

Cabe aos contratantes, na eleição do foro em contratos internacionais, verificar as seguintes questões, entre outras: regra de conexão do país do foro eleito; se a lei material aplicável na solução de eventual controvérsia atende aos interesses dos contratantes; se a sentença proferida no foro eleito será exequível na jurisdição na qual se processará a execução. Somente assim os contratantes poderão eleger o foro em contrato internacional com uma razoável segurança jurídica.

Contudo, o que torna abusiva esta cláusula é o fato de que a *Au Pair* não tem a oportunidade, nem a possibilidade de negociar com o

---

6 *"Cultural Care Au Pair"*.

contratante, tendo em vista que o devido contrato é algo pré-elaborado para ser assinado. Abusivo no sentido de que não se pode realizar a mudança do foro caso a lei material aplicável na solução do possível litígio não atenda aos interesses da *Au Pair*.

A cláusula 14 do Acordo também reflete a abusividade desta relação:

> Aceito irrevogavelmente, incondicionalmente, desistir completamente, liberar e, em diante, eximir a Cultural Care, seus afiliados, bem como seus respectivos representantes, diretores, sucessores (...) de quaisquer queixas, reclamações ou demandas judiciais das quais poderei figurar como parte, lesão, dano ou perda de qualquer tipo, pessoal ou minha propriedade e que resultem da participação deste Programa. Este rol inclui, sem qualquer tipo de limitação, minha performance serviços e envolvimento com minha família anfitriã, não importando a origem de referida lesão, dano ou perda. Aceito também liberar e não responsabilizar as "Partes Liberadas" de quaisquer lesão ou dano a mim mesmo (a) que minha família anfitriã ou terceiros porventura causem, ou cause a mim mesma (o) ou contribua para causar, bem como qualquer lesão ou dano causado à minha família anfitriã que eu cause ou contribua para causar.[7]

O disposto nos relata de forma clara que a *Cultural Care* não se responsabiliza pela relação da *Au Pair* com a família anfitriã, colocando-a em uma situação de desvantagem, deixando-a sem artifícios que a protejam de eventual problema que surgir, causando mais nebulosidade na relação empregatícia. Ora, a própria empresa se exime de responsabilidades de um contrato do qual ela mesma é parte.

Em suma, o que podemos trazer, de antemão, é o fato de que a condição "Auperiana" em si, desde o primeiro momento, reflete uma clara situação de desvantagem em relação ao empregador. Tal infortúnio faz com que o nome "*Au Pair*", em francês, "Ao par", se torne uma ilusão.

Embora exista esta lei específica sobre o programa, não significa que este seja bem aceito e legalmente correto. Isso o torna oficialmente reconhecido pelo governo americano, porém é digno de uma releitura e reavaliação de suas entrelinhas.

A respeito das horas semanais trabalhadas, no momento em que o comitê estabelece o máximo de 45 horas a serem cumpridas pela *Au Pair*, pelo pagamento de U$195,75, automaticamente estão ferindo o que o Governo Federal dos Estados Unidos estabelece. Apesar de não

---

7 *"Cultural Care Au Pair"*.

existir um limite para a jornada de trabalho, o padrão são 40 horas por semana e o empregador está obrigado a pagar 150% de hora extra, o que não acontece na realidade.

Seguindo o mesmo curso, o salário mínimo nos Estados Unidos atualmente é de U$7,25 por hora para empregados não isentos cobertos, com vigência em 24 de julho de 2009. No entanto, o salário de *Au Pair* está fixado em U$195,75, por semana, portanto, U$4,35, por hora, o que nos faz observar a infeliz e injusta realidade em que o trabalhador estrangeiro está submetido.

Em relação às *Au Pairs* que realizam trabalho considerado noturno no Brasil, a título de curiosidade, podemos avaliar o caso. O pagamento extra por turnos noturnos, nos Estados Unidos, é uma questão de acordo entre o empregador e o empregado. A *Fair Labor Standards Act* (FLSA) não exige pagamento extra para o trabalho noturno. Portanto, nos Estados Unidos não existe nenhum adicional noturno como no Brasil.

De acordo com o Departamento do Trabalho, um turno de trabalho normal é considerado um período não superior a 8 horas consecutivas durante o dia, 5 dias por semana. Qualquer mudança que requeira trabalho durante a noite é considerada estendida ou incomum pelos padrões do departamento de trabalho. A Administração de Segurança e Saúde Ocupacional (sigla em inglês OSHA) não regulamenta especificamente os turnos noturnos, mas a OSHA exige que os empregadores cumpram os padrões específicos de segurança e saúde. A administração também faz recomendações aos empregadores sobre como lidar com os riscos potenciais dos turnos noturnos.

No tocante às despesas com o visto, a regra do programa é que estas devam ser pagas pela *Au Pair* e a família anfitriã não terá a obrigação de devolver o dinheiro qualquer que seja o caso. As *Au Pairs* precisam solicitar um visto na embaixada do país anfitrião em seu país de origem. Todavia, este é um dos itens mais questionados pela comunidade "Auperiana". No momento em que ela está se retirando do país de origem para realizar um trabalho remunerado, não faz sentido ela mesma ter que arcar com as despesas do visto, além de ter que pagar a taxa de inscrição no programa. A desigualdade da balança chega a ser absurda no momento em que a família não está obrigada a resarcir a *Au Pair* pelo dinheiro gasto com a emissão do visto. O mesmo ocorre quando muitas famílias não devolvem o valor gasto pela *Au Pair* para emissão da carteira de motorista (chega a ser em torno de U$50), o que deveria ser feito, pois a esta necessita da habilitação para dirigir como parte do seu trabalho.

Durante o tempo em que as *Au Pairs* permanecem na escola de treinamento, estão produzindo para os seus novos empregadores (os pais das crianças), portanto, tecnicamente, deveriam receber pela semana como se trabalho fosse. No entanto, esta semana não é remunerada, tornando este caso, um dos motivos de discussão em corte.

Críticos argumentam que o programa de intercâmbio se transformou em algo pouco mais que uma fonte de mão de obra barata e que a minimização das *Au Pairs* como trabalhadores enfraqueceu seu acesso a proteções legais, deixando-as vulneráveis à exploração, roubo de salário e até tráfico humano.

São situações como estas que rotulam o programa ainda como um protótipo de ideal e fazem com que a pouca legislação, que abraça este tipo de trabalho, seja muito falha. A insegurança das normas e a variância do tratamento da família para com a *Au Pair* acabam por gerar conflitos e muitas vezes situações humilhantes.

4 *The Au Pair Wage Action*

Um grupo de *Au Pairs* com a ajuda de advogados americanos, inconformados com as desigualdades de relação *Au Pairs* x famílias anfitriãs, entraram com uma ação contra o programa para denunciar abusos de direito, salário recebido, horas extras não pagas, semana de treinamento não remunerado e outras regras que são desfavoráveis às *Au Pairs*.

Towards Justice está representando atualmente mais de 91.000 *Au Pairs* atuais e antigas em uma ação coletiva em andamento no Colorado que ameaça derrubar todo o programa. Os autores alegam que 15 agências patrocinadoras, acusadas de lidar com o programa de *Au Pair* pelo Departamento de Estado, violaram as leis federais antitruste por conluio para depreciar artificialmente os ganhos *Au Pair*.

O processo também acusa as empresas patrocinadoras de falar de ambos os lados sobre a missão do programa, descrevendo o programa de forma diferente, dependendo do seu público-alvo.

Juntamente com as alegações de fraude e salário/hora, o processo alega que as agências violaram o *Sherman Antitrust Act*[8] de 1890, conspirando para manter os salários das *Au Pairs* baixos e desencorajando as famílias a pagar mais. De acordo com os reclamantes, as agências supostamente disseram às *Au Pairs* que receberão exatamente a mesma

8 Tradução livre: "Lei antitruste de Sherman".

taxa, independentemente de quantas horas trabalhem e, falsamente, alegaram que o governo estabeleceu seu salário máximo semanal em US $195,75.

Os demandantes processaram as empresas patrocinadoras de visto afirmando que não receberam os salários mínimos por hora, salários de horas extras, tempo gasto no treinamento obrigatório e tiveram uma dedução de despesas de acomodação e refeições de seus salários. Os pedidos dos demandantes incluem recuperar salários não pagos, na forma dobrada, honorários advocatícios e custos que tiveram a mais com as empresas patrocinadoras, como a taxa do visto e emissão de passaporte.

A *Au Pair* que ingressar na referida ação judicial terá que preencher um formulário de consentimento de ingresso e participará do recebimento do dinheiro que venha a ser obtido para todos os que ingressarem no processo. Isso também significa que, se nada for obtido na ação judicial, não receberá nada. Dentre as questões sobre o tempo que permaneceu no país, em quantas famílias esteve, de quantas crianças cuidou, no formulário, a *Au Pair* responde a questões como quais as atitudes das famílias quando se tratava, por exemplo, de hora extra.

Ao enviar o formulário através do site "http://www.aupairwageaction.com", a *Au Pair* designa e autoriza que seu representante tome decisões sobre a ação, inclusive a realização de acordo. Embora a ação esteja em curso, a *Au Pair* poderá ser obrigada a enviar documentos e respostas por escrito de dúvidas existentes e ainda testemunhar, sob juramento, em audiência para a coleta de depoimento que poderá ocorrer em Denver, no Colorado.

A *Au Pair* não terá que pagar os advogados diretamente – seja ganhando ou perdendo. Se a decisão for favorável às *Au Pairs*, os advogados serão pagos pelos patrocinadores de visto correspondente a cada *Au Pair*. Neste pagamento estarão incluídas as tarifas honorárias e os custos de litígio ou 35% do ganho geral da causa. Se a decisão for desfavorável às *Au Pairs*, os advogados não serão pagos.

Considerações finais

Este trabalho possibilitou entender o lado jurídico real do programa de *Au Pair* nos Estados Unidos, gerando conhecimento a respeito do tema com o auxílio de uma análise destrinchada das regras e leis que regem esta referida forma de trabalho.

Entender os direitos e garantias dos imigrantes trabalhadores de uma maneira geral foi essencial, relacionando-os a acordos que versam sobre a proteção desses estrangeiros.

Foi também possível demonstrar a realidade da situação *Au Pair* quando se trata de proteção jurídica. De fato, pôde-se observar a existência de leis para regulamentar as regras do programa, no entanto, elas não se tornam compatíveis com as leis vigentes no país, o que acaba por fazer do programa alvo de muitas críticas e constantes reclamações, inclusive ações coletivas, como a que está em andamento, envolvendo várias empresas que o patrocinam.

Pode-se perceber um enorme vácuo legal e vulnerabilidade da *Au Pair* em relação ao sistema legislativo americano.

Nos Estados Unidos, embora existam leis que repreendam as práticas de tratamento que sejam desfavoráveis ao estrangeiro, sanções e punições na teoria não são compatíveis com a prática, fazendo com que os estrangeiros se encontrem em uma situação de subcidadania que pode ser entendida como a de um trabalhador que tenha uma menor proteção social, ainda assim realizando os mesmos serviços que outros.

Diante de todo o exposto, evidenciou-se a importância da discussão sobre o tema no momento em que é perceptível uma realidade completamente diferente da teoria e que atinge os direitos de certa categoria. No momento em que os Estados Unidos continuam realizando o chamado *Dumping* Social, autorizando a entrada de estrangeiros e os deixando se submeter a regras tão falhas, pode-se evidenciar a falta de atenção que é dada ao estrangeiro, colocando-o em um plano muito inferior ao trabalhador americano e, dessa maneira, contribuindo mais ainda para as desigualdades existentes entre cidadãos e imigrantes.

A atualização mais recente da referida ação é de que a data de audiência pública foi marcada para 5 de junho deste ano, onde se tentará realizar acordo com as empresas patrocinadoras. O acordo encerrará a ação judicial criando um fundo de US$65.500.000,00 para pagar as indenizações individuais das *Au Pairs*, as despesas incorridas no avanço desta ação judicial e os advogados nomeados pelo tribunal ("Advogados da Classe"). O acordo também exige que, daqui para frente, as rés esclareçam por meio de uma notificação para as *Au Pairs* e para as famílias que as hospedam que o salário semanal é uma exigência de pagamento mínimo.

Os advogados nomeados pelo tribunal para as *Au Pairs*, os quais lidaram com todos os aspectos deste caso e não foram pagos pelo seu trabalho, solicitarão ao Tribunal 35% do acordo para o pagamento de seus respectivos honorários e despesas judiciais. O Tribunal ainda tem que decidir se aprova o acordo e os pagamentos serão feitos somente após a resolução de qualquer apelação.

Referências

ALVARENGA, Rúbia Zanotelli de; COLNAGO, Lorena de Mello Rezende. *Direito Internacional do Trabalho e as Convenções Internacionais da OIT.* Salvador: Editora LTr, 2014.

BRASIL, Direitos. *Principais Direitos trabalhistas nos EUA.* Disponível em http://direitosbrasil.com/direitos-trabalhistas-nos-eua/. Acesso em: 25 maio 2019.

BRASIL. *Código de Processo Civil,* 2015.

BRASIL. *Constituição Federal,* 1988.

BRASIL. Ministério das Relações Exteriores. *I Conferência sobre as Comunidades Brasileiras no Exterior. Brasileiros no mundo.* Brasília: Fundação Alexandre Gusmão, 2009.

CARE, Cultural. *U.S. Department of State Regulations.* Disponível em: https://www.culturalcare.co.uk/department-of-state-au-pair-regulations. Acesso em: 25 maio 2019.

CRIVELLI, Ericson. *Direito Internacional do Trabalho Contemporâneo.* Salvador: Editora LTr, 2010.

DANTAS, Ivo. Direito *Constitucional Comparado*: introdução, teoria e metodologia. Rio de Janeiro: Renovar, 2000.

EIDELSON, Josh. *Au Pair Class Action Could Upend Decades-Old Program.* https://www.bloomberg.com/news/articles/2018-02-13/au-pair-class-action-could- upend-decades-old-program. Acesso em: 22 maio 2019.

GLOBO. *Lei trabalhista:* diferenças entre regras dos EUA e proposta brasileira. Disponível em https://www.institutoliberal.org.br/blog/politica/quais-sao-as-diferencas-entre-as-leis-trabalhistas-nos-estados-unidos-e-brasil/. Acesso em: 22 maio 2019.

KOPPLIN, Zack. *They think we are slaves.* Disponível em: https://www.politico.com/magazine/story/2017/03/au-pair-program-abuse-state- department-214956. Acesso em: 22 maio 2019.

LABOR, U.S. Department of. *Overtime Pay.* Disponível em https://www.dol.gov/general/topic/wages/overtimepay. Acesso em: 22 maio 2019.

LABOR. United States Department of. *Wage and Hour Division (WHD).* Disponível em https://www.dol.gov/whd/overtime_pay.htm. Acesso em: 22 maio 2019.

LIMA, Álvaro Eduardo de castro e; CASTRO, Alanni de Lacerda Barbosa de. *Brasileiros nos Estados Unidos*: meio século (re) fazendo a Améria (1960-2010). Brasília: Fundação Alexandre de Gusmão, 2017.

MADRID, Manuel. *The Big Business of Exploting Au Pairs.* Disponível em http://prospect.org/article/big-business-exploiting-au-pairs. Acesso em: 22 maio 2019.

MATTEWMAN, Jim. *Os novos nômades globais.* Tradução de Henrique Amat Rêgo Monteiro. São Paulo: Editora Clio, 2012.

MAZZUOLI, Valerio de Oliveira. *Curso de Direito Internacional Público.* São Paulo: Revista dos Tribunais, 2006.

MENEZES, Wagner. *Direito Internacional no Nosso Tempo. Volume II.* Belo Horizonte: Editora Arraes, 2013.

AU PAIR, *Au Pair Definition* – Who is an Au Pair? https://www.aupair.com/en/p- au-pair-meaning.php. Acesso em: 22 maio 2019.

PEREIRA, Maria Clara Bernardes. *A livre circulação de trabalhadores no âmbito da Comunidade Europeia e do Mercosul.* Recife: Editora UFPE, 2014.

PINTO, Marcio Morena. *Introdução ao Direito Internacional do Trabalho.* São Paulo: Editora LTr, 2014.

SCHNEIDER, Marcie. *Important J-1 Visa Exchange Visitors Program Update* – Key Senate Committee Passes Legislation to Protect Cultural Exchange. Disponível em https://www.aupaircare.com/stories/cultural-exchange-amendment. Acesso em: 22 maio 2019.

U.S., Code – Cornell Law School. *CFR.* Disponível em https://www.law.cornell.edu/cfr/text/22/62.31. Acesso em: 22 maio 2019.

USA, J1 Visa. *Au Pair Program.* Disponível em: https://j1visa.state.gov/programs/au- pair. Acesso em: 22 maio 2019.

Informação bibliográfica deste texto, conforme a NBR 6023:2018 da Associação Brasileira de Normas Técnicas (ABNT):

FREITAS, Rosa Maria; RODRIGUES, Thâmara Carla dos Santos. O programa de *Au Pair* nos Estados Unidos e sua relação com os direitos e garantias do trabalhador imigrante no cenário americano. *In*: TUPINAMBÁ, Carolina (Coord.). *As novas relações trabalhistas e o futuro do Direito do Trabalho:* as novidades provenientes da globalização, de influxos do Direito comparado e da internacionalização de contratos laborais. Belo Horizonte: Fórum, 2021. (Coleção Fórum As novas relações trabalhistas e o futuro do direito do trabalho. Tomo IV.) p. 21-37. ISBN 978-65-5518-223-1.

A GLOBALIZAÇÃO E OS IMPACTOS NOS DIREITOS FUNDAMENTAIS: ANÁLISE NO CONTEXTO LABORAL. QUAL O FUTURO DO TRABALHO?

MURILO SIQUEIRA COMÉRIO

GUILHERME DALMONECHI THOMPSON DE PAULA

1 Introdução

A globalização retrata o novo cenário de independência das sociedades modernas em relação ao Estado, dissolvendo-se diante do crescimento das atividades econômicas e financeiras em detrimento dos direitos sociais, os quais deixam de integrar as prioridades do Estado Nação.[1] De um lado, vislumbra-se o contexto de liberdade econômica e liberação de fronteiras, criando-se condições mais benéficas para os empresários em relação ao custo da mão-de-obra e dos encargos

---

1 HESPANHA, Pedro. Mal-estar e risco social num mundo globalizado. *In*: SANTOS, Boaventura de Sousa. *Globalização: fatalidade ou utopia?* Porto: Edições Afrontamento, 2002. p. 166.

tributários. De outro lado, a livre circulação de trabalhadores para países com maiores ofertas de empregos e oportunidades.

Todavia, como consequências da globalização e do neoliberalismo surgem os pensamentos xenófobos com relação aos imigrantes, o crescimento da violência e ataques terroristas em razão da abertura das fronteiras. Além disso, difunde-se a precarização do trabalho, com o crescimento do trabalho informal, o uso de mão-de-obra barata e a criação de legislações trabalhistas que objetivam a reforma ou flexibilização de condições de trabalho.

É imperioso acentuar que não raramente estaremos diante da limitação de direitos fundamentais por motivos de ordem econômico-financeira ou, ainda, para garantir a promoção da segurança humana. Trata-se de verdadeira colisão de direitos humanos que merece a devida cautela na análise.

Diante disso, resta imperioso o aprofundamento do novo panorama mundial desencadeado pela globalização, bem como os casos de limitação a direitos fundamentais decorrentes de políticas estatais e relações entre particulares. Ato contínuo, demonstra-se necessário também debater a questão da colisão de direitos fundamentais para se concluir sobre a validade ou não das medidas emanadas.

Como foco do nosso estudo, objetiva-se discutir sobre o futuro do Direito do Trabalho face ao crescimento do trabalho informal, ao advento de novas tecnologias, ao surgimento de novas categorias de trabalhadores e à criação de legislações que geram a precarização do trabalho.

Portanto, estabelece-se a seguinte pergunta-chave como o problema do presente estudo: *Diante do contexto da globalização, com a consequente liberação de fronteiras e do crescimento do Estado-Polícia, em detrimento do Estado-Nação e das limitações aos direitos humanos, qual o futuro do Direito?*

2 A Globalização e os impactos nos direitos fundamentais

Cabe salientar que o fenômeno da globalização, apesar de ter gerado novos direitos, inevitavelmente acarretou a limitação ao desenvolvimento de outros já fixados em regimes democráticos, desencadeando, nas palavras da doutrinadora Maria Benedita Urbano, um "*stress*" no

Estado de Direito.[2] [3] Além desta restrição, debate-se também sobre as funções da Lei e as suas mutações dentro deste cenário, isto é, em que medida a Lei tradicional se revela suficiente para enfrentar os graves problemas gerados pela globalização.[4]

Cabe salientar que Richard Falk, em crítica ao fenômeno da globalização, argumenta que, não obstante os obstáculos enfrentados para o desenvolvimento dos direitos humanos em termos do Estado, sobretudo com relação ao autoritarismo, há certa tendência para limitá-los em um futuro próximo por motivos de ordem econômica e social. Aponta, para elucidar essas restrições, fatores decorrentes do clima ideológico, alterações do equilíbrio de forças sociais e a disciplina do capital regional e global.[5]

Verifica-se um certo conflito entre a promoção dos direitos econômicos e sociais e de que forma isso afetaria ou não diretamente os fatores comerciais, sendo que alguns Estados, arraigados em estruturas competitivas e baseadas no mercado financeiro, passaram a refletir a

---

2 N.A. É imperioso acentuar que, além dos consagrados direitos de primeira, segunda e terceira gerações, Paulo Bonavides defende a existência de direitos de quarta geração, oriundos da globalização política. Segundo o autor, "globalizar direitos fundamentais equivale a universá-los no campo institucional. Só assim aufere humanização e legitimidade um conceito que, doutro modo, qual vem acontecendo de último, poderá aparelhar unicamente a servidão do porvir. A globalização política na esfera da normatividade jurídica introduz os direitos da quarta geração que, aliás, correspondem à derradeira fase de institucionalização do Estado social. São direitos de quarta geração o direito à democracia, o direito à informação e o direito ao pluralismo. BONAVIDES, Paulo. *Curso de Direito Constitucional.* 15ª edição. São Paulo: Malheiros Editores, 2004, p. 571.

3 URBANO, Maria Benedita. Globalização: os direitos fundamentais sob stress. *Estudos em Homenagem Ao Prof. Doutor Jorge de Figueiredo Dias, Vol. IV,* Coimbra, 2010. p. 1024.

4 Sobre as funções da lei dentro da era da globalização, importa destacar o que o Francisco Laporta denomina de "Direito Suave" ou "*Soft Law*". Emerge dos comentários de Perez Luño, em referência ao pensamento daquele autor, que "Francisco Laporta estima, a respeito, que em sua projeção jurídica a sociedade global propiciou a profusão normativa do que tem sido denominado de soft law, ou seja, de um Direito suave. Esse Direito, que alcançou enorme difusão no campo das relações e acordos internacionais, implica numa tripla alternativa em comparação com o conceito tradicional da lei: (a) diante do caráter estatal da lei, as normas suaves surgem, preferencialmente, de entidades não estatais, emanam de agências carentes de competências legislativas no plano nacional e internacional; (b) diante da exigência de segurança jurídica de que a lei seja formulada em termos claros e precisos, o Direito suave é frequentemente expresso em termos vagos e ambíguos; (c) diante da dimensão coativa e da exigência de cumprimento inexorável, elementos constitutivos da lei, as normas suaves não são vinculantes e condicionam seu cumprimento à adesão voluntária e a outros meios de aplicação que não são jurídico-coativos.". LUÑO, Antonio Enrique Pérez. A desconstrução da lei no constitucionalismo global. *Revista de Estudos Constitucionais, Hermenêutica e Teoria do Direito,* Rio Grande do Sul, p.129-141, 2014.

5 FALK, Richard. *A globalização predatória:* Uma crítica. Lisboa: Instituto Piaget, 1999. p. 177.

respeito da conservação e efetivação dos direitos e garantias fundamentais da população.[6]

Cumpre repisar que este fenômeno está relacionado a um "conjunto de desenvolvimentos associados à dinâmica actual de reestruturação económica ao nível global",[7] atribuindo aos Governos uma obrigação forçosa sobre as suas políticas econômicas nacionais e agravando ainda mais as situações de crise e instabilidade, sobretudo no que diz respeito a povos carentes e vulneráveis.

Vale ressaltar que este fenômeno constantemente é apontado como causador do estado de crise, em virtude das alterações no Estado-Nação e na economia global, o qual, pautado sobretudo por fatores financeiros, econômicos e empresariais, obriga-se a garantir o mínimo necessário na ordem nacional, sem restringir o livre desenvolvimento e competitividade das empresas. Trata-se de uma necessidade da Nova Ordem Mundial e a concretização da globalização econômica depende da noção de "*Não-Estado*" para garantir a ordem econômica mundial.[8] [9]

Vislumbra-se a contraposição entre o Estado-Cidadão, almejado e defendido por aqueles que priorizam os direitos humanos e sociais, com vistas ao cidadão mais vulnerável e carenciado, e o Estado-Polícia, exigido pela Nova Ordem Mundial com o objetivo de fomentar o desenvolvimento empresarial, a competitividade e o lucro.[10]

A proteção de alguns direitos fundamentais, como o direito à vida, às liberdades pessoais e à segurança são basilares do regime democrático, previstos nos documentos internacionais sobre direitos humanos, sendo considerados como o mínimo disponível a todo ser humano e de observância imperativa pelos Estados.[11]

---

6 N.A. Em severa crítica, Richard Falk adverte que a globalização, baseada no regime neoliberal, revela-se inconciliável com a ideia do que denomina de "*Estado humanista ou compassivo*". *Ibidem*. p. 180-181.

7 *Ibidem*., p. 217.

8 BRANDÃO, Paulo de Tarso. Reflexões sobre a flexibilidade dos Direitos Fundamentais. *O Direito e O Futuro. O Futuro do Direito*. Coimbra, 2008, p. 517.

9 BAUMAN, Zygmunt. *Globalização: as consequências humanas*. Tradução de Marcus Penchel. Rio de Janeiro: Jorge Zahar, 1999. p. 76.

10 Emerge dos comentários de Paulo de Tarso Brandão que "fica mais evidente que o Estado-Cidadão, ou seja, o Estado que cumpre a função social enunciada na ordem constitucional, ou também chamado de Estado Democrático de Direito, é totalmente incompatível com a economia globalizada. Os direitos e garantias individuais e coletivos previstos no art. 5º e os direitos sociais previstos no art. 6º da Constituição da República de 1988, por isso, devem ser alvo de preocupação daqueles que querem manter o Estado de Direito e o esforço deve ser no sentido de serem implementados e "radicalizados" pelo Estado-Cidadão, para se opor aos efeitos da globalização". BRANDÃO, Paulo de Tarso. *Op*. cit. p. 518.

11 CANOTILHO, J. J. *Op. cit*. p. 1371.

Esta problemática induz a inevitável indagação sobre o futuro do Direito e a discussão sempre atual a respeito da flexibilização ou restrição dos direitos fundamentais, com a devida atenção e reconhecimento das modificações naturais e históricas sofridas pelos direitos humanos, já que o que era fundamental em uma época já não é mais em determinado período histórico e vice-versa. Assim como também poderão surgir novas reivindicações, oriundas de novos grupos sociais, que não podem ser previstos na atualidade.[12]

É importante esclarecer que o que se pretende neste trabalho não é rechaçar estas alterações históricas no campo dos direitos e garantias fundamentais, mas sim, demonstrar a sua limitação e flexibilização, oriundas da globalização e da intervenção estatal para o fomento da economia e do mercado financeiro.

Além do reconhecimento da mutação dos direitos fundamentais com o passar do tempo, é relevante frisar também que se discute a sua limitação por meio da própria Constituição, pela vigência de outros direitos, hipótese em que se deverá recorrer ao critério da ponderação e até mesmo com fundamento nos direitos da sociedade civil e no interesse público, que também é detentora de direitos e garantias fundamentais.[13]

Todavia, como é cediço, há direitos absolutos que não podem sofrer qualquer tipo de restrição, mesmo em casos excepcionais, como é o caso do direito fundamental de não ser escravizado e tampouco torturado. Sobre esses direitos não há concorrência ou incompatibilidade com outros direitos. Contudo, esta tarefa não é fácil e são poucos os direitos fundamentais que não entram em conflito com outros direitos, também considerados fundamentais.[14]

Sobre esta questão, Robert Alexy defende, em sua obra, aponta a existência de um conteúdo essencial que atua como limitador da restrição a direitos fundamentais. Segundo o autor, a restrição de

---

[12] N.E. Norberto Bobbio afirma que o "elenco dos direitos do homem se modificou, e continua a se modificar, com a mudança das condições históricas, ou seja, dos carecimentos e dos interesses das classes no poder, dos meios disponíveis para a realização dos mesmos, das transformações técnicas, etc. Direitos que foram declarados absolutos no final do século XVIII, como a propriedade sacre et inviolable, foram submetidos a radicais limitações nas declarações contemporâneas; direitos que as declarações do século XVIII nem sequer mencionavam, como os direitos sociais, são agora proclamados com grande ostentação nas recentes declarações. Não é difícil prever que, no futuro, poderão emergir novas pretensões que no momento nem sequer podemos imaginar, como o direito a não portar armas contra a própria vontade, ou o direito de respeitar a vida também dos animais e não só dos homens". BOBBIO, Norberto. *A era dos Direitos*. Tradução de Carlos Nelson Coutinho. 7ª Tiragem. Rio de Janeiro: Campus, 1992. p. 13-14.

[13] BRANDÃO, Paulo de Tarso. *Op. cit.* p. 512-523.

[14] BOBBIO, Norberto. *Op. cit.* p. 14.

um direito fundamental é possível diante do critério de ponderação entre os princípios em colisão, atribuindo uma maior relevância a um princípio em detrimento do outro. Conclui, neste sentido, que "*os direitos fundamentais, enquanto tais, são restrições à sua própria restrição e restringibilidade*".[15]

Cabe salientar que o fenômeno da globalização, apesar de também promover a restrição de direitos humanos, não corresponde a qualquer dos mecanismos supra discutidos. É certo que a globalização gera a flexibilização de direitos fundamentais por motivos econômicos e financeiros, prejudicando gravemente os mais carenciados e vulneráveis socialmente.

Esta revolução fomentou situações adversas no campo dos direitos fundamentais como, por exemplo, os pensamentos xenófobos decorrentes das inúmeras migrações que ocorreram ao redor do mundo. Além disso, também houve o surgimento de pensamentos políticos extremistas, seja de direita ou de esquerda, que causaram violações diretas ao princípio da dignidade da pessoa humana.[16]

Sobre a questão das migrações, importa tecer algumas considerações. Com a ruptura das barreiras entres os Estados Soberanos, sobretudo com o surgimento, por exemplo, da União Europeia, Mercosul, dentre outros, desencadeou-se a imigração de cidadãos de países mais pobres para Estados com maior poder econômico, onde se encontram mais oportunidades de emprego, educação, saúde e qualidade de vida em geral.

Inevitavelmente, os Estados, como é o caso da França, Alemanha e Inglaterra, tiveram que enfrentar alguns obstáculos como o problema da convivência entre os seus cidadãos naturais e os imigrantes, confrontando-se diferentes costumes e hábitos, religiões e crenças, forma de tratamento das mulheres, dentre outros aspectos que corroboram a distinção entre os povos.[17] [18]

---

15 ALEXY, Robert. *Teoria dos Direitos Fundamentais*. Tradução de Virgílio Afonso da Silva da 5ª edição alemã. São Paulo: Malheiros Editores, 2008, p. 296.

16 URBANO, Maria Benedita. *Op. cit.* p. 1024.

17 *Ibidem*. p. 1041.

18 N.E. Conforme apontado por Maria Benedita Urbano, "De um momento para o outro, estes países e os respectivos cidadãos viram-se confrontados com gentes de hábitos, costumes e práticas diferentes dos seus, as mais das vezes, mas não sempre, ligados à religião: poligamia, excisão genital, escravatura, tortura, discriminação e subalternização das mulheres (não frequentavam as escolas, tinham que usar véu islâmico, etc.), casamentos forçados e combinados entre famílias, repúdio de jovens noivas, proibição do divórcio, etc.". *Idem*.

Este conflito, quando acentuado por motivos religiosos, gera problemas na esfera da cidadania e exercício de direitos fundamentais, como é o caso do direito constitucional à liberdade religiosa. Os problemas surgem em diversos segmentos como no âmbito escolar, por meio do uso de véu por estudante muçulmana ou outros símbolos religiosos e também no domínio laboral, notavelmente no que se refere à compatibilização entre a jornada de trabalho e o período de orações.

Sobre o uso de símbolos religiosos nas escolas, a discussão se encontra no embate entre Estado laico e os imigrantes de religião muçulmana. De um lado, o Estado visa promover os direitos sociais relativos à saúde, segurança e educação nas escolas públicas e, de outro lado, há o direito constitucional de liberdade religiosa do estudante.

Não obstante esta dificuldade, importante ressaltar que o pleno exercício da liberdade religiosa está intrinsecamente relacionado com a própria identidade do indivíduo, bem como a sua personalidade, sendo exteriorizadas as condutas que manifestam a sua crença e fé. O debate demonstra a sua complexidade, tendo em vista que o uso de símbolos religiosos, muitas vezes, representa a busca por uma pureza interior ou, ao contrário, que o desrespeito ao que prega a religião poderá sujeitá-lo a uma condenação eterna.[19]

A problemática, que está longe de ser resolvida, demonstra o grande desafio enfrentado pelos Estados Soberanos, que buscam alternativas para promover a melhor compatibilização entre as diferenças entre cidadãos e emigrantes. Confrontam-se com a indagação de como promover a harmonização de direitos e interesses entre estes, sobretudo quanto à extensão de direitos fundamentais, designadamente direitos sociais e políticos.

Da mesma maneira, é importante mencionar os recentes atentados terroristas provocados pelo mundo, isto é, em Nova Iorque, França, Madrid, Alemanha, Inglaterra e outros que acenderam uma forte corrente de pensamento contra os muçulmanos e outros de cunho discriminatório a determinado grupo de pessoas.

Após o atentado de 11 de setembro de 2001, ocorrido nos Estados Unidos contra as denominadas Torres Gêmeas, abriu-se espaço para uma nova fase global de insegurança e guerra contra os indivíduos terroristas. De um lado, a guerra pode ser observada no interior do próprio Estado, seja por motivos políticos, religiosos ou étnicos e, de outro lado, pode ser observada nos conflitos de ordem internacional

---

19 URBANO. Maria Benedita. *Op. cit.* p. 1045.

que transcendem as fronteiras do Estado, como é o caso de ataques terroristas praticados por ordem dos grupos extremistas.[20]

Ao se comparar os problemas atuais com os ocorridos no passado, verifica-se uma alteração no conceito de guerra entre os Estados, visto que não necessariamente é motivada por disputas de território, mas por razões que envolvem o exercício de direitos humanos ou a sua restrição arbitrária, como é o caso da liberdade religiosa e a crescente xenofobia contra os muçulmanos. O conflito também pode surgir em virtude de determinada prática do Estado, que é rechaçada por diversos outros países por colocar em risco os direitos fundamentais dos cidadãos de todo o planeta, como é o caso da atual divergência entre os Estados Unidos e a Coreia do Norte, a qual realiza testes com armas nucleares, fato este noticiado ao redor do mundo.

Em virtude destas conjunturas de estados de alerta e de medo, não raramente estaremos diante da violação de direitos fundamentais para a promoção da segurança de todos os cidadãos, isto é, constata-se a violação à direitos humanos como a intimidade e a privacidade para salvaguardar o direito à vida e à integridade física.

A título de ilustração, as Embaixadas Norte-Americanas, a partir do ano de 2017, passaram a exigir as senhas dos perfis das redes sociais das pessoas que solicitaram visto e pretendem ingressar no país. O objetivo desta medida é realizar um controle prévio para garantir a segurança da população. Há, neste caso, incontroversa violação aos direitos fundamentais de sigilo de correspondência, intimidade e privacidade em favor da segurança humana.

Outro caso de suma relevância para o debate é o julgamento realizado pelo Tribunal Constitucional Alemão em 2006 a respeito da Lei da Segurança nos Transportes Aéreos (*Luftsicherheitsgesetzt*). O problema surgiu em virtude de uma disposição legal responsável por autorizar o Ministro da Defesa a determinar a derrubada de um avião que colocasse em risco a vida de outros passageiros e se fosse a única forma de evitar um desastre.[21]

---

20 N.E. Maria Benedita explica que: "Hoje em dia a ideia de (in)segurança está também relacionada com a existência de conflitos no interior dos próprios Estados, sejam eles de natureza étnica, religiosa ou mesmo cultural, com a existência da pobreza, com o acesso às matérias-primas e recursos naturais (cada vez mais escassos), etc. Por outro lado, e como decorrência do que acabou de ser dito, os conflitos actuais destacam-se de uma referência territorial determinada (por outras palavras, não se resumem a conflitos pela posse de território, guerras de conquista), daí a facilidade com que se propagam rapidamente pelos vários cantos do globo terrestre". URBANO. Maria Benedita. *Op. cit.* p. 1035-1036.

21 *Ibidem.*, p. 1039.

Em virtude desta disposição, um grupo de pilotos que viajava com frequência apresentou queixa constitucional perante o Tribunal Constitucional, o qual deu provimento ao apelo, tendo em vista que a conduta do Ministro da Defesa poderia colocar em risco a vida de passageiros inocentes e alheios ao problema.[22]

O Tribunal Alemão, ao julgar o mérito, entendeu que a legislação violava a Lei Fundamental, designadamente os direitos à vida e dignidade humana e que o Ministro da Defesa poderia incorrer em erro na sua análise e determinação. Assim, diante do conflito de direitos fundamentais, isto é, direito à vida e direito à segurança, aquele prevaleceu, com razão, sobre este.

É uma circunstância de evidente conflito de direitos fundamentais e que desencadeia a seguinte indagação: *em que medida o Estado, dentro dos seus poderes constitucionais, pode limitar os direitos fundamentais dos cidadãos para a promoção da segurança pública*? É um questionamento que merece a devida cautela para se extrair qualquer conclusão, haja vista os abusos que eventualmente são cometidos para atingir o resultado pretendido.[23]

De qualquer sorte, é forçoso trazer à discussão o princípio da dignidade da pessoa humana e o seu caráter vinculativo aos poderes do Estado e às relações particulares, tema este que será abordado posteriormente. Desde já, interessa ressaltar que este princípio tem o condão de servir como parâmetro mínimo para os atos estatais e, ainda, como limite a eventuais restrições aos direitos fundamentais. Esta noção se relaciona com o caso do abate de avião, enfrentado pelo Tribunal Constitucional Alemão, já que o ato emanado pelo Estado poderia atentar contra os direitos fundamentais dos passageiros.[24]

---

22 NOVAIS, Jorge Reis. *Op. cit*. p. 241 e ss.

23 N.E. Extrai-se dos ensinamentos de J. J. Gomes Canotilho que "é fácil de ver que a desestabilização do sistema penal, nos seus princípios e na sua dogmática, equivale também a uma radical alteração dos princípios fundantes e dos princípios estruturantes do direito constitucional. (...) A pressão recai sobre as Constituições, obrigando-as a rever os respectivos textos, sobretudo no âmbito das liberdades e das garantias, transformando as regras em excepções e as excepções em regras". CANOTILHO, José Joaquim Gomes. *Estudos sobre Direitos Fundamentais*. 2. ed. Coimbra: Coimbra Editora, 2008. p 237.

24 N.E. Nas palavras de Jorge Reis Novais, "A decisão do Tribunal Constitucional alemão teve, e tem, um enorme impacto e a sua nota mais impressiva é o sentido como nela se assume a vinculatividade e a natureza do comando constitucional da dignidade da pessoa humana, entendido como princípio da vinculatividade absoluta, incondicionada, com prevalência radical relativamente a quaisquer outras razões humanitárias, jurídicas ou políticas, e de uma forma totalmente alheia e, aparentemente, indiferente, às consequências práticas que dela inevitavelmente resultam. Note-se que o Tribunal chamou também a atenção para a incertez e a insegurança que afectariam sempre uma decisão governamental de abate da aeronave,

Trata-se de um problema mundial que acomete parte dos Estados que necessitam enfrentar, diariamente, o estado de medo. Entretanto, em virtude das instituições internacionais, como é o caso do G8, União Europeia e Mercosul, muitas vezes países que não sofrem qualquer ameaça de terrorismo também criam legislações antiterroristas que imprimem limitações aos direitos humanos. Isto significa que os estados de medo e alerta se propagam para Estados em que não se vislumbra rotineiramente, com intensidade, referida problemática.[25]

Mesmo diante deste contexto de insegurança, defendemos que ao Estado é vedada a limitação dos direitos humanos para a promoção da segurança pública. A medida estatal, para ser dotada de validade, deve ser pautada pelos princípios da proporcionalidade e razoabilidade, invocando os critérios de ponderação para harmonizar ao máximo os direitos fundamentais em conflito. Nesta esteira, o respeito aos direitos fundamentais dos cidadãos é pressuposto de validade dos atos do Estado que visam a promoção da segurança da população.[26]

Visto isto, verifica-se que as consequências da globalização se propagam por meio da criação de legislações e outras formas de intervenção estatal, percebendo-se evidentes colisões de direitos fundamentais que devem ser analisadas com cautela para evitar excessos.

A conjuntura é semelhante no domínio do Direito do Trabalho, indagando-se atualmente qual será o futuro do trabalho, considerando o aumento do desemprego, o surgimento de novas tecnologias e organizações do trabalho, a discussão sobre a flexibilização de direitos trabalhistas e outras medidas que afetam, gravemente, os direitos fundamentais dos trabalhadores.

A matéria adentra na discussão das próprias funções dos direitos fundamentais, bem como da evolução e fases do Estado, merecendo destaque, desde já, às intervenções realizadas a seguir neste sentido.

---

já que, atendendo à exiguidade relativa do território alemão, nunca existiria informação suficiente para concluir, sem margem de dúvida, sore a finalidade da acção terrorista que estaria realmente em curso, pelo que a decisão de abate, apesar da sua gravidade máxima, seria sempre baseada em presunção especulativa". NOVAIS, Jorge Reis. *Op. cit.* p. 243-244.

25 PAYE, Jean-Claude. Lutte antiterririste: la fin de l'État de Droit. *Revista Trimestral de Direitos do Homem,* ano 15, nº 57, jan. 2004. p. 71

26 N.E. Sobre o tema, Hanspeter Mock afirma que "a luta anti-terrorista e o respeito dos direitos do homem são não apenas compatíveis, mas o segundo é uma condição de aceitabilidade e de eficácia do primeiro". MOCK, Hanspeter. Guerre contre le terrorisme et droits de l'homme.: Réflexions à propos du rapport de la Fedération internationale des droits de l'homme (FIDH) intitulé "L'anti-terrorisme à l'épreuve des droits de l'homme: les clés de la compatibilité". *Revista Trimestral de Direitos do Homem,* ano 17, nº 65, jan. 2016. p. 24.

3 O papel do Estado e as funções dos Direitos Fundamentais

Dentro do contexto da globalização e seus impactos nos direitos humanos, sobretudo às limitações impostas por meio de políticas estatais ou legislações, cumpre repisar a respeito das funções dos direitos fundamentais, do papel do Estado e da sua intrínseca relação.

Desde logo, cabe salientar que o contexto em que surgem os direitos humanos é marcado pelo caráter individualista do Estado, na sua fase denominada de "*Estado guarda-nocturno*", sendo assegurados pelo poder estatal a proteção das pessoas, da propriedade, da liberdade e da igualdade. Nesta fase, o homem abstrato era considerado o titular dos direitos.[27] [28]

Em seguida, passou-se do Estado Liberal para o Estado Social e Democrático de Direito, exigindo-se, na sequência, a atuação de um Estado prestador nos âmbitos econômicos e sociais. Ao contrário do anterior, o homem concreto passou a ser o titular dos direitos, isto é, o homem presente nos panoramas social, econômico e político e não mais aquele que pretendia desenvolver a sua personalidade sem qualquer intervenção estatal.[29] Nos momentos atuais, defende-se a fase do Estado garantidor, delegando a terceiros a promoção das necessidades básicas e mínimas da população. A título de exemplos, recorde-se dos hospitais públicos, sistemas prisionais, correios, dentre outros.[30]

Sobre a matéria, J. J. Gomes Canotilho[31] leciona que o Estado de Direito é detentor do que denomina de base antropológica, fundamentada na dignidade da pessoa humana e na garantia e efetivação dos direitos e liberdades fundamentais, previstos nos arts. 1º e 2º da Constituição de República Portuguesa, respectivamente. O homem, neste sentido, é considerado na qualidade de pessoa, cidadão, trabalhador e administrado pelo Estado.

Em relação à função de defesa perante os poderes estatais, frise-se dois aspectos importantes, a saber, de um lado a liberdade positiva, caracterizada pelo pleno exercício dos direitos e garantias fundamentais

---

[27] LUÑO, Perez *apud* URBANO, Maria Benedita. *Op. cit.* p. 1026.

[28] *Idem.*

[29] *Idem.*

[30] CANOTILHO, J. J. Gomes. O Estado Garantidor. Claros – Escuros de um Conceito. In: NUNES, António José Avelãs; COUTINHO, Jacinto Nelson de Miranda. *O Direito e o Futuro. O futuro do Direito.* Coimbra: Almedina, 2008. p. 572-574.

[31] CANOTILHO, J. J. Gomes. *Direito Constitucional e Teoria da Constituição.* 7. ed. Coimbra: Almedina, 2017.

e, de outro lado, a liberdade negativa, que corresponde à exigência de omissões por parte do poder estatal com o objetivo precípuo de coibir eventuais violações aos direitos humanos.[32]

Ainda, importante ressaltar as funções de prestação social, de proteção perante terceiros e de não discriminação, que são de suma importância em matéria de direitos humanos. O primeiro diz respeito ao direito de exigir alguma prestação estatal como, por exemplo, a saúde, educação, segurança, transporte público, dentre outros. O segundo se refere à obrigação do Estado proteção da vida e liberdades pessoais dos seus cidadãos perante violações por parte de terceiros. Está relacionado com o direito de inviolabilidade do domicílio, proteção de dados e informações, direito de associação, dentre outros. O terceiro, por sua vez, deriva do dever do Estado de promover o tratamento igualitário entre os seus cidadãos.[33]

Visto isto e associando o tema com o que já foi discutido no capítulo anterior, conclui-se por um evidente contrassenso entre as funções do Estado perante a promoção dos direitos humanos e o que vem sendo aplicado na prática, seja por meio da técnica legislativa ou por políticas públicas. Conforme argumentado, em razão dos problemas decorrentes do fenômeno da globalização, sujeitou-se os direitos humanos a diversos tipos de limitações, seja no domínio das relações laborais, do Direito Penal ou por meio da invasão da esfera privada dos cidadãos.

Na esfera econômica, estas limitações também são observadas por meio da segregação dos direitos sociais, os quais se tornaram obrigações secundárias do Estado, passando a priorizar as políticas econômico-financeiras em detrimento dos direitos fundamentais conquistados ao longo da História.

A título de ilustração, os direitos trabalhistas conquistados há anos por diversas categorias de trabalhadores são colocados em causa em virtude do crescimento da corrente neoliberalista, que vê o Direito do Trabalho como inimigo do desenvolvimento econômico. Isto significa que, em favor dos fatores econômicos, os direitos sociais são postos em risco.

Nesse contexto, denota-se a existência de nítida contradição sob a ótica do estudo das funções dos direitos fundamentais, uma vez que,

---

32 CANOTILHO, J. J. Gomes. O Estado Garantidor. Claros – Escuros de um Conceito. In: NUNES, António José Avelãs; COUTINHO, Jacinto Nelson de Miranda. *O Direito e o Futuro. O futuro do Direito*. Coimbra: Almedina, 2008, p. 408.

33 *Ibidem*, p. 408-410.

com o advento da globalização e a priorização das políticas econômicas, prejudicam-se as supramencionadas liberdades positivas e negativas, já que o Estado não se omite quando deveria. Ademais, a funções de prestação social, proteção perante terceiros e não discriminação também restam anuladas, porquanto a efetivação dos direitos humanos é colocada em segundo plano em favor do crescimento econômico do Estado.

Diante disso, verifica-se que o tema envolve uma discussão complexa e de difícil resposta, haja vista as contradições entre o papel do Estado e a sua relação com a promoção e o exercício dos direitos fundamentais. Por assim ser, não se pretende por meio deste estudo buscar respostas para a problemática, já que a matéria exige específico e amplo aprofundamento. Pretende-se, por ora, apresentar os conceitos e os contrassensos destacados, nomeadamente em razão do surgimento da globalização e da corrente neoliberalista.

4 A precarização do trabalho no contexto luso-brasileiro. Qual o futuro do trabalho?

Como é cediço, o modelo tradicional da relação de trabalho envolve a celebração de um contrato de trabalho por parte do empregador e trabalhador (partes contraentes), atribuindo-lhes, em virtude do objeto do negócio jurídico, deveres e obrigações, a saber, os poderes diretivo, regulamentar e disciplinar para o primeiro e o dever de obediência e assiduidade em relação ao segundo, além da presença da subordinação jurídica.

Com o advento da globalização, observa-se o crescimento das empresas, que pode ser uma pequena loja ou até mesmo uma multinacional, com estruturas de hierarquia bem definidas e organizadas e, ainda, a divisão de trabalho especializado dos seus membros, ora trabalhadores. Esta é a noção clássica da relação laboral, baseada no modelo fordista.[34]

[34] LEITÃO, Luís Manuel Teles de Menezes. A precariedade: um novo paradigma laboral? *In* ABRANTES, José João (Coordenação Científica). *Congresso Europeu de Direito do Trabalho*: Comunicações apresentadas no Congresso organizado pela ELSA Nova Lisboa e Faculdade de Direito da Universidade Nova de Lisboa realizado nos dias 12, 13, 14 de abril de 2012. Coimbra: Grupo Almedina, 2014. p. 37. Neste mesmo sentido, LEITÃO, Maria da Glória. O novo paradigma do Direito do Trabalho: – que futuro para o Direito do Trabalho? Há Direito do Trabalho no futuro? Os desafios que enfrenta o Direito do Trabalho no séc. XXI, num mundo em mudança acelerada. *In* ABRANTES, José João (Coordenação Científica). *Congresso Europeu de Direito do Trabalho*: Comunicações apresentadas no Congresso organizado

Esse modelo é caracterizado pela celebração de contratos de trabalho por prazo indeterminado, em detrimento de contratos temporários e por prazo determinado, e pela estabilidade das relações laborais. Ao empregador são conferidos os poderes previstos na legislação trabalhista e, ao mesmo tempo, incumbe-lhe a observância dos direitos e garantias asseguradas aos trabalhadores.

Não se vislumbra o trabalhador como membro isolado e individualizado, englobando também as suas famílias e fazendo parte de um grupo de trabalhadores organizados e representados pelas associações sindicais e comissões de trabalhadores. Trata-se, assim, de um contexto de proteção ao trabalhador, por meio de direitos e garantias cogentes a serem respeitadas pelo empregador e pelo Estado.[35]

Cabe salientar que os efeitos da globalização, com a reinserção de novas tecnologias nos processos de produção das indústrias, o livre deslocamento de trabalhadores, a integração de culturas, a liberalização do mercado, a expansão das negociações entre os Estados e a busca pelo lucro com baixos custos de mão-de-obra, bem como o surgimento de graves crises internacionais, afetaram diretamente o mercado de trabalho, as garantias conferidas aos trabalhadores e desencadeiam a inevitável indagação sobre o futuro do trabalho.[36]

O acelerado surgimento de novas categorias de trabalhadores e formas de organização do trabalho, com a propagação dos contratos de prestação de serviço de natureza eminentemente civil ou os contratos de trabalho a termo, tem como finalidade a sonegação da real e típica relação de emprego e, como resultado, o pagamento de encargos fiscais e trabalhistas.[37]

Além disso, também tem como escopo burlar a aplicação da legislação laboral e facilitar os despedimentos dos trabalhadores.

---

pela ELSA Nova Lisboa e Faculdade de Direito da Universidade Nova de Lisboa realizado nos dias 12, 13, 14 de abril de 2012. Coimbra: Grupo Almedina, 2014. p. 223-236.

35 LEITÃO, Luís Manuel Teles de Menezes. *Op. cit.* p. 38.

36 N.E. Sobre o tema, Maria da Glória Leitão afirma que "a globalização com a deslocalização das empresas em resultado da competição crescente entre os chamados *high-wages* e *low wages countries* colocou certamente pressão no modelo clássico de relação laboral. Mas a competição não se faz, sobretudo ou principalmente, ao nível dos custos directos do trabalho. A necessidade de flexibilidade determinou a proliferação de contratos atípicos, que se afastam do modelo clássico do direito estável e permanente: – o contrato a termo, contrato de trabalho sazonal, a tempo parcial, o trabalho temporário". LEITÃO, Maria da Glória. *Op. cit.* p. 229.

37 N.E. Consoante os ensinamentos de Maria da Glória Leitão, "As empresas recorrem cada vez com maior frequência a formas de contratação que comportam menos encargos sociais, ou que apresentam maior facilidade na cessação do vínculo (laboral ou de outra natureza)". *Idem.*

Pretende-se, ainda, fomentar o crescimento econômico empresarial por meio do barateamento da mão de obra e a aplicação de novos investimentos.[38]

Por um lado, a globalização contribuiu para a cooperação econômica entre os Estados e a circulação de bens e ideias, com o consequente crescimento econômico e geração de empregos, incluindo e integrando os trabalhadores das zonas rurais e urbanas. Em contrapartida, impôs novos desafios a serem enfrentados por diversos países, como a desigualdade salarial, o aumento desenfreado do desemprego, da pobreza e da miséria, o surgimento de novas organizações de trabalho, o crescimento dos trabalhos informais e a precarização do trabalho.

É um questionamento que vem sendo realizado ao longo da História, que envolve diretamente os direitos fundamentais dos trabalhadores, sobretudo com relação aos princípios da dignidade da pessoa humana e valorização do trabalho, mas que se demonstra sempre atual em virtude das cíclicas crises internacionais.

É imperioso acentuar que esta conjuntura decorre do pensamento neoliberalista, que defende a redução de direitos trabalhistas e rechaça a proteção dos trabalhadores, que, segundo esta corrente, representa uma limitação ao desenvolvimento econômico da sociedade e da competitividade. Consequentemente, há o enfraquecimento das associações sindicais e a brusca diminuição da força social dos trabalhadores.

Um dos graves problemas se refere à atuação dos Sindicatos na defesa dos trabalhadores. Em virtude do aumento do desemprego, da substituição de trabalhadores por novas tecnologias e o surgimento de novas categorias de trabalhadores, a representação das associações sindicais é colocada em segundo plano, em prol do avanço do corporativismo. O trabalhador passa a ser ver como membro individualizado no ambiente de trabalho e não mais como pertencente a uma categoria bem representada e que luta pelo interesse coletivo. Trata-se de evidente derrocada do pensamento de força social do grupo de trabalhadores.[39]

---

[38] LEITÃO, Luís Manuel Teles de Menezes. *Op. cit.* p. 39-40.

[39] N.E. Sobre a questão, a Doutora Maria Regina Redinha assevera que "remetido a uma posição defensiva, o movimento sindical encontra-se num dilema estratégico face à precarização do emprego: ou a sua rejeição sistemática, que conduz a um abaixamento do nível de filiação e de penetração, ou a transigência pragmática e legitimadora que acaba por reduzir a eficácia da acção colectiva. O resultado de qualquer uma destas duas vias traduz-se sempre num estiolamento da representatividade e, consequentemente, numa diminuição do peso social e instituição reveladora, em suma, da crise que atinge o sindicalismo contemporâneo". REDINHA, Maria Regina. A precariedade do emprego – uma interpelação ao Direito do Trabalho. *In* MOREIRA, António (Coordenação). *I Congresso Nacional de Direito do Trabalho*: Memorias. Coimbra: Livraria Almedina, 1998. p. 336.

A título de explicação, atualmente se discute sobre a representação, por parte das organizações sindicais, dos trabalhadores economicamente dependentes, mas que não figuram como parte em um contrato de trabalho. O debate gira em torno do conceito de "*trabalhadores*" para efeitos de interpretação e aplicação dos arts. 55º e 59º da Constituição da República Portuguesa. É um tema atual e que merece a discussão pelos operadores do Direito, já que a liberdade sindical e o direito de associação constituem direitos fundamentais.[40]

O pensamento neoliberal caminha no sentido contrário à promoção dos direitos sociais, que encara a solidariedade como um entrave para a competitividade entre as empresas e a obtenção de vantagens econômicas e de encargos fiscais. Em um mundo globalizado e dominado pelo crescimento desta corrente, sobrevivem os Estados com ordenamentos jurídicos que melhor se enquadram neste panorama. O poder de regulamentação do Estado, que deveria ser realizado para a promoção dos direitos fundamentais, agora os coloca em segundo plano, vislumbrando-se verdadeira limitação aos direitos humanos em prol do crescimento econômico e da livre concorrência.[41] [42]

Este contexto retrata um verdadeiro mercado de normas jurídicas consagradas internamente em cada Estado, denominado pelo doutrinador Alain Supiot como "*law shopping*".[43] Não raramente estaremos

---

40 RAMALHO, Maria do Rosário Palma. *Tratado de Direito do Trabalho*: Parte III – Situações Laborais Colectivas. 2. ed. Coimbra: Almedina, 2015. p. 27-59. FERNANDES, Antônio Monteiro. *Direito do Trabalho*. 17. ed. Coimbra: Almedina, 2014. p. 627-633. LEITE, Jorge. *Direito do Trabalho*. Volume I. Coimbra, 2003. p. 91-94 e 107-112.

41 N.E. Ao tratar a respeito da matéria e da modernidade líquida, Onofre Alves Batista Júnior afirma que "a modernidade líquida dos sonhos neoliberais esvazia, gradativamente, a pessoa humana (dotada de dignidade) e o capitalismo parasitário desfaz a ideia de responsabilidade. O "mercado total) globalizado reafirma o dogma da competição capitalista e coloca em disputa religiões, artes, ideias e, nesse contexto, o próprio direito passou a ser considerado como produto que compete em escala mundial. Na modernidade líquida, ocorre uma verdadeira "seleção natural de ordenamentos jurídicos", uma espécie de "darwinismo normativo", no qual sobrevivem apenas aqueles ordenamentos mais complacentes com a lógica do capital e com a ideia de lucros agigantados. Assim, firmando uma contradição patente, não é mais o direito que deve dar os contornos do mercado e disciplinar a "livre concorrência", mas a livre concorrência que vai disciplinar qual deve ser o direito". BATISTA JÚNIOR, Onofre Alves. *O outro Leviatã e a Corrida ao Fundo do Poço*. São Paulo: Almedina, 2015. p. 169-170.

42 N.E. Verifica-se das anotações de Paulo Bonavides que "O neoliberalismo cria, porém, mais problemas do que os que intenta resolver. Sua filosofia do poder é negativa e se move, de certa maneira, rumo à dissolução do Estado nacional, afrouxando e debilitando os laços de soberania e, ao mesmo passo, doutrinando uma falsa despolitização da sociedade". BONAVIDES, Paulo. *Op cit.* p. 571.

43 N.E. De acordo com Alain Supiot, "En el terreno de los intercambios económicos, se invocan las libertades que lleva consigo el libre cambio (libertad de establecimiento, de prestación de servicios y de circulación de los capitales y las mercancías) para autorizar a los inversores y a las empresas a hurtarse a las leyes de los países en los que actúan y elegir otro que

diante da circunstância em que uma empresa de grande porte elege um Estado com normas mais flexíveis nas esferas trabalhistas e fiscais para realizar a sua inscrição. É um mecanismo que as empresas dispõem para burlar as normas jurídicas mais exigentes e prejudiciais à livre concorrência.[44] Este cenário de mercado de normas jurídicas inevitavelmente carrega a supressão ou a flexibilização de normas protetivas aos trabalhadores.[45]

Conforme leciona João Leal Amado,[46] jurista Português e Professor Catedrático da Universidade de Coimbra, *"a globalização representou tanto o triunfo das leis do mercado como a consagração do mercado das leis."*.

Nesta esteira, os trabalhadores são diretamente prejudicados, com o barateamento da mão-de-obra e a flexibilização (ou até mesmo reforma) de condições de trabalho. A prioridade se torna a busca pelo lucro em prejuízo da promoção dos direitos sociais, da dignidade da pessoa humana e da valorização do trabalho.[47]

O crescimento do pensamento neoliberal caminha no sentido da precarização do trabalho e supressão de direitos trabalhistas, com a ideia

---

les sea más rentable. Confinada antaño al derecho marítimo, la práctica de las banderas de conveniencia se difunde así por tierra firme, en forma de una law shopping que trata a los derechos nacionales como productos que compiten en un mercado internacional de normas. Esta orientación tiene el firme apoyo del Tribunal de Justicia de las Comunidades Europeas (TJCE), que proclama el derecho de una empresa a eludir las normas del Estado en que ejerce todas sus actividades inscribiéndose en otro Estado cuyas normas son menos exigentes". SUPIOT, Alain. Perspectiva jurídica de la crisis económica de 2008. *Revista Internacional del Trabajo, vol. 129, nº* 2. 2010. p. 170.

44 N.E. Menezes Leitão assevera que "Efectivamente a globalização leva a que a legislação laboral de cada país adquira um peso importante nas decisões de investimentos realizadas pelos agentes económicos, os quais actuam a nível global, podendo consequentemente ultrapassar as legislações de âmbito nacional ou regional, optando por investir noutro território. Assim, os países com legislação laboral mais rígida têm mais dificuldade e atrair investimentos estrangeiro, ocorrendo mesmo muitas vezes a transferência de empresas já instaladas para países cuja legislação laboral é considerada mais favorável aos investidores, fenómeno esse normalmente designado como "deslocalização de empresas" e que tem consequências dramáticas para os trabalhadores envolvidos e para o nível de emprego global". LEITÃO, Luís Manuel Teles de Menezes. *Op. cit.* p. 40-41.

45 N.E. Extrai-se dos ensinamentos de João Leal Amado que "nos nossos dias, a flexibilidade do mercado de trabalho constitui um objetivo omnipresente e incontornável, assumindo-se aquela, nas certeiras palavras de Riccardo del Punta, como um valor "sociologicamente pós-industrial e culturalmente pós-moderno". AMADO, João Leal. Flexigurança: *"free to hire, free to fire?"* (Nótula em torno da reforma da nossa legislação laboral). In: ANDRADE, Manuel da Costa et al. *Estudos em homenagem ao Prof. Doutor Jorge Figueiredo Dias*. Coimbra: Coimbra Editora, 2009. p. 24.

46 AMADO, João Leal. *Contrato de Trabalho.* Coimbra: Coimbra Editora, 2013, p. 25.

47 N.E. Conforme leciona Andre Gorz, o pensamento neoliberal propõe a "abolição do regime salarial, o auto-empreendedorismo generalizado, e a subsunção de toda a pessoa e da vida, pelo capital". Gorz, Andre. *O imaterial: conhecimento, valor e capital.* Tradução de Celso Azzan Júnior. São Paulo: Annablume, 2005. p. 25.

de desregulamentação e adoção de um Estado mínimo com relação aos direitos fundamentais, isto é, prioriza-se o capital, os investimentos e o lucro e se colocam as questões sociais em um segundo patamar. O Direito do Trabalho passa a ser considerado como o culpado de situações de crises, as quais são cíclicas e alheias aos direitos trabalhistas. Porém, como uma forma de incentivar ainda mais o crescimento econômico, prejudica-se o Direito Laboral.

Esta circunstância foi vislumbrada em Portugal por meio da intervenção da denominada *Troika*, em razão da grave crise econômica e financeira sofrida em meados em 2008. Naquela oportunidade, as despesas públicas superavam a receita e Portugal deixou de conseguir investidores. Assim, o país entrou em um período de austeridade em 2010, restando necessárias reformas estruturais para reerguer a economia. Diante disso, solicitou colaboração externa no ano de 2011 (Fundo Monetário Internacional, a Comissão Europeia e o Banco Central Europeu).[48]

Um dos alvos desta reestruturação foi o Direito do Trabalho. Como principais argumentos, afirmou-se que o Direito do Trabalho Português era rígido, imutável, dissociado da realidade e que o alto custo da mão-de-obra dificultava a contratação de novos trabalhadores e representava um obstáculo para o crescimento das empresas.[49] Neste sentido, o Memorando da *Troika* indicou as reformas laborais impostas a Portugal, com inegável desvalorização do trabalho. O objetivo foi a flexibilização das normas trabalhistas, porém o que de fato se observou foi a supressão de direitos conquistados historicamente.

Naquela ocasião, protestou-se a favor da redução dos salários, o surgimento de despedimentos por causas objetivas, aumentando, assim, as possibilidades de despedimento lícito, alterações no Direito

---

[48] N.E. Nas palavras de João Carlos Simões Reis, Professor da Universidade de Coimbra, "Mas as receitas deixaram de suportar as despesas. Tanto no setor privado como no público. O défice orçamental cresceu perigosamente. Atingiu valores não permitidos pelas regras comunitárias. Portugal deixou de conseguir financiamento nos mercados por si próprio. Culpou-se a indisciplina orçamental e clamou-se por uma política de consolidação orçamental. Esta implicava austeridade, a qual só por — reformas estruturais poderiam ser alcançadas. E entre estas, claro está, as —medidas de flexibilização do mercado laboral‖ faziam o papel de estrelas da companhia. Não se pense, contudo, que por —reformas estruturais‖ se entende alterações no sentido do progresso, como o próprio nome inculca; longe disso, reformas estruturais nesta linguagem significam cortes de despesas e nada mais. Em matéria social, já se vê, significam supressão de direitos e retrocesso nas condições de trabalho e da segurança social". REIS, João Carlos Simões. O Direito Laboral Português na crise atual. *Direito e Desenvolvimento*, João Pessoa, v. 7, nº 2, 2016. p. 15.

[49] *Ibidem*. p. 12.

Coletivo do Trabalho, congelamento de promoções, diminuição no período de férias, dentre outros.[50]

Mesmo com a implementação destas medidas, a problemática não foi resolvida. Persistiu-se o cenário de crise em Portugal e percebeu-se que, mesmo com a flexibilização das normas laborais, a precarização do trabalho e o desemprego persistiram. Em síntese, não se observou qualquer melhoria no mercado de trabalho após a implementação das medidas apontadas no Memorando da *Troika*.[51]

Contudo, mesmo diante destas conclusões, o panorama internacional persiste em culpar o Direito do Trabalho como causador das crises vivenciadas pelos Estados.

No Brasil, a Lei nº 13.467/2017, vigente a partir de 11 de novembro de 2017, alterou e introduziu diversos dispositivos na legislação laboral, nomeadamente a Consolidação das Leis do Trabalho, alvo de persistentes críticas pelos juristas brasileiros. Por meio desta lei, criou-se discussões polêmicas tanto no ramo do Direito Material, quanto no Direito Processual do Trabalho.

Cabe salientar que se percebe, em diversos dispositivos da nova lei, a clara intenção do legislador em suprimir ou flexibilizar direitos trabalhistas consagrados, reduzir o poder dos Sindicatos da Categoria, tornar o emprego cada vez mais informal, criar empecilhos para o acesso à Justiça e, ainda, limitar o objeto de análise por parte do Poder Judiciário.

A título de elucidação, vislumbra-se o art. 58, §2º, da CLT, que extinguiu as denominadas horas *in itinere*, revogando o disposto na redação anterior e cancelando a Súmula 366, do Tribunal Superior do Trabalho. Embora o instituto em certo grau fosse criticado pelos Operadores do Direito por se tratar de uma construção jurisprudencial, a supressão do direito, em determinados casos, coloca o empregado em situação excessivamente onerosa, tendo em vista a dificuldade do trajeto entre a casa e o trabalho. Há situações específicas em que o deslocamento é demasiado difícil, seja pela distância ou por condições

---

50 *Ibidem*. p. 16.

51 N.E. Conforme os apontamentos de João Carlos Simões Reis, "Se a flexibilização e a desregulamentação do direito do trabalho, bem como o embaratecimento dos custos salariais, fossem o remédio miraculoso para os dramáticos problemas dos portugueses, nomeadamente para acabar ou reduzir o desemprego, então, tendo em conta o que já se percorreu neste sentido, eles já estariam resolvidos. Mas o que se verificou foi exatamente o inverso. Quanto mais a lei liberalizou as condições de trabalho e facilitou a cessação do contrato, mais o emprego perdeu qualidade e se precarizou e mais o desemprego foi subindo". REIS, João Carlos Simões. *Op.cit.* p. 39-40.

terrestres e climáticas, sendo que, pela nova lei, o período despedido não configura tempo à disposição.[52][53]

Também sobre jornada de trabalho, observa-se a alteração no art. 4º, da CLT, que relativiza o instituto do tempo à disposição. Neste sentido, emerge dos comentários de Carolina Tupinambá[54] que

> Partindo dos incisos do §2º do artigo 4º, é possível perceber que nem sempre será computado como tempo à disposição o período em que o empregado esteja no trabalho ou na empresa. O tempo gasto com atividades de cunho religioso, momentos de repouso ou recreação, de estudo, de alimentação, ou de interações sociais não será mais considerado tempo à disposição do empregador, nem incluído na jornada de trabalho.

Em termos de contrato de trabalho, constata-se o aumento da jornada de trabalho para se configurar o trabalho a tempo parcial (art. 58-A, da CLT) e, ainda, a nova figura do contrato de trabalho intermitente (art. 443, da CLT), que coloca em risco o emprego formal e os direitos trabalhistas adquiridos historicamente. Segundo Carlos Henrique Bezerra Leite,[55]

> Essa modalidade contratual é, seguramente, uma das mais claras manifestações da superexploração do trabalho humano, pois equipara o trabalhador a uma máquina descartável, colocando, pois, em xeque o

---

[52] N.E. Ao comentar a alteração legislativa, Maurício Godinho Delgado afirma que "trata-se de óbvia perda para o trabalhador, especialmente aquele situado na área rural – em que as horas *in itinere* são mais comuns e relevantes -, traduzindo signitiva redução de sua duração do trabalho juridicamente reconhecida, além de substancial redução de sua renda salarial". DELGADO, Maurício Godinho; DELGADO, Gabriela Neves. *A Reforma Trabalhista no Brasil*: com os comentários à lei 13.467/2017. São Paulo: LTr, 2017, p. 122.

[53] N.E. Segundo as considerações de Carolina Tupinambá, "De fato, as horas in itinere eram instituto que retratava uma invenção jurisprudencial a qual já dava sinal de desgaste e despropósito. Já era possível perceber nos tribunais alguma flexibilização do instituto. Em recente julgado do Recurso Extraordinário nº 895.759/PE, o voto condutor do acórdão, proferido pelo Ministro Roberto Barroso, reformou decisão que sustentava a indisponibilidade das horas in itinere em acordo coletivo, em consonância com o artigo 58, §§2º e 3º". TUPINAMBÁ, Carolina. A jornada de trabalho e a Lei nº 13.467/2017: o esvaziar da ampulheta na nova lógica da contagem do tempo do trabalho = The work journey and law nº 13.467/2017: emptying of the hourglass in the new logic of job time count. Revista do Tribunal Regional do Trabalho da 3ª Região, Belo Horizonte, MG, nº especial, p. 55, nov. 2017.

[54] TUPINAMBÁ, Carolina. A jornada de trabalho e a Lei nº 13.467/2017: o esvaziar da ampulheta na nova lógica da contagem do tempo do trabalho = The work journey and law nº 13.467/2017: emptying of the hourglass in the new logic of job time count. Revista do Tribunal Regional do Trabalho da 3ª Região, Belo Horizonte, MG, nº especial, p. 57, nov. 2017.

[55] LEITE, Carlos Henrique Bezerra. *Curso de Direito do Trabalho*. São Paulo: Saraiva, 2018, p. 456.

projeto constitucional brasileiro de construção da cidadania, da melhoria das condições sociais dos trabalhadores e de uma sociedade mais livre, justa e solidária.

Uma das alterações mais polêmicas e perigosas diz respeito ao denominado "negociado sobre o legislado", previsto no art. 611-A, da CLT, que elenca vários direitos que podem ser transacionados e negociados coletivamente. Antes o advento da Lei, tornou-se consolidada a aplicação do Princípio do Limite da Negociação Coletiva, sendo que a norma coletiva somente poderia criar benefícios aos trabalhadores, isto é, ampliar o direito trabalhista, e não o suprimir.[56] Com a vigência da Lei 13.467/2017, criou-se a possibilidade de o negociado se sobrepor ao legislado, mesmo que eventual cláusula da norma coletiva preveja a flexibilização de determinado direito trabalhista previsto na Consolidação das Leis do Trabalho, ressalvados os limites previstos no art. 611-B, da CLT.

Sobre este ponto, é necessário indagar se, na prática, os trabalhadores e os Sindicatos da Categoria, terão mecanismos e capacidade para negociar em situação de paridade com o empregador. Vale lembrar que houve manifesta intenção em reduzir os poderes dos Sindicatos da Categoria, por meio da alteração dos arts. 578 e 579, da CLT, que afastam a obrigatoriedade da contribuição sindical.

Em termos processuais, observe-se o art.8º, §3º, da CLT, que, por meio da expressão "exclusivamente", pretende limitar a interpretação dada pelo Poder Judiciário às Convenções Coletivas de Trabalho e Acordos Coletivos de Trabalho. Verifica-se também o art. 11-A, da CLT, que dispõe sobre a prescrição intercorrente, até então inaplicável ao Processo do Trabalho, conforme entendimento do Tribunal Superior do Trabalho, consubstanciado na Súmula 114, e a possibilidade de condenação em honorários advocatícios de sucumbência, seja pela parte autora ou ré, inclusive nos casos de sucumbência recíproca, consoante o novo art. 791-A, da CLT.

Assim como ocorreu em Portugal, injustificadamente culpam o Direito do Trabalho como causador do estado de crise, buscando como alvo os direitos trabalhistas consagrados. De maneira incontestável estas alterações promovem a precarização do trabalho, o barateamento da mão de obra, o crescimento do trabalho informal, o aumento do desemprego e o enfraquecimento das organizações sindicais. Estas

---

56 CASSAR, Vólia Bomfim. *Direito do Trabalho*. 8ª Ed. São Paulo, Editora Método, 2013, p. 1214.

medidas derivam do pensamento neoliberal que exige a abolição dos direitos sociais em prol do crescimento econômico e financeiro.

Não se pretende neste estudo aprofundar todas as consequências advindas com o Memorando da *Troika* e com a Lei nº 13.467/2017, mas demonstrar que, em virtude do surgimento da globalização e do crescimento do neoliberalismo, caminha-se em direção ao sucateamento das relações laborais por meio da criação ou alteração de legislações ou políticas estatais.

Todo este tema está relacionado com a preocupação sobre o futuro do Direito, nomeadamente o Direito do Trabalho. E além, preocupa-se com a efetivação dos direitos humanos, já que o direito ao trabalho digno é um direito fundamental.

Cabe salientar que todas estas indagações estão relacionadas também com o princípio da dignidade humana e a valorização do trabalho humano.[57] O Direito do Trabalho, na qualidade de um direito fundamental e constitucional, está intrinsecamente relacionado com aquele princípio. Visto isto, faz-se mister tecer algumas considerações a respeito do princípio da dignidade da pessoa humana e a sua relação com o tema abordado.

Como é cediço e nas palavras do Doutor Jorge Reis Novais, este princípio, que se relaciona com toda pessoa de maneira individualizada, é dotado de uma "dimensão jurídico-constitucional", sendo recepcionado pela Constituição com caráter vinculativo a todos os poderes do Estado. Isto significa que a sua proteção, promoção e efetivação são inescusáveis.[58]

---

[57] N.E. Desde logo, é forçoso ventilar a valiosa argumentação de Mário Reis Marques, Professor da Universidade de Coimbra, a respeito do princípio da dignidade da pessoa humana, o qual discorre que "Como princípio dinâmico, evolutivo e de grande abrangência, o princípio da dignidade da pessoa humana, muito mais do que um mero princípio geral de referência, impõe-se como um verdadeiro critério de ordenação global. A cada um serão reconhecidas a sua singularidade e a sua particularidade por parte de todos os outros. A dignidade pressupõe uma dimensão relacional, de reconhecimento. Na dignidade não existem graus nem hierarquias. Todos, desde o início até o fim da sua existência, usufruem da mesma dignidade". MARQUES, Mário Reis. A dignidade humana como *prius* axiomático. *Estudos em Homenagem Ao Prof. Doutor Jorge de Figueiredo Dias*, Coimbra, 2010. p. 566.

[58] N.E. De acordo com o autor, "independentemente da opinião que se sustente relativamente ao sentido da dignidade humana enquanto valor moral ou referência identitária das nossas sociedades e qualquer que seja a posição defendida sobre as suas controversas, há nestes diferentes enunciados normativos um irrecusável reconhecimento de uma dimensão jurídico-constitucional da dignidade da pessoa humana. Nessa qualidade, a dignidade da pessoa humana impõe-se juridicamente à observância de todos os poderes do Estado, vinculados que eles ficam, por força da recepção constitucional do princípio, ao seu respeito, à sua proteção e à sua promoção". NOVAIS, Jorge Reis. *A dignidade da pessoa humana.* Dignidade e Direitos Fundamentais, Volume I. Coimbra: Grupo Almedina, 2016. p. 18.

Contudo, antes mesmo da sua importância constitucional, este princípio traduz a essência de toda pessoa humana, inserida em uma sociedade organizada e ocupando o seu papel dentro da comunidade. Melhor expondo e conforme os brilhantes ensinamentos de Mário Reis Marques,[59] a ideia de dignidade "se direciona para a noção moderna de indivíduo autónomo e secularizado que, ocupando o centro do mundo, pensa, cria e decide por si mesmo".[60]

É importante esclarecer que este princípio, em virtude da sua relevância constitucional, também vincula as relações entre os particulares, seja de maneira direta ou indireta. Considerando que tem o condão de vincular os poderes do Estado, via de consequência também regula as relações alheias ao setor público, sobretudo por se tratar de um direito que pertence a todo cidadão enquanto pessoa humana.[61]

Também serve como fundamento para os demais direitos humanos previstos na Constituição. Considerando que este princípio reveste o cidadão na qualidade de pessoa humana, por óbvio o seu respeito e proteção também vincula os demais direitos fundamentais. O raciocínio é lógico e não demanda maiores discussões, porquanto o conjunto de direitos humanos é voltado justamente para a pessoa humana, tendo em vista a sua existência em uma sociedade organizada e inserida no Estado Democrático de Direito.[62]

O reconhecimento constitucional na qualidade de pessoa humana representa ser detentor de uma gama de direitos humanos, como a liberdade, a igualdade, a vida, a integridade física, dentre outros, de

---

59 MARQUES, Mário Reis. *Op. cit.*, p. 562.

60 N.E. A respeito da dignidade da pessoa humana, Mário Reis Marques apresenta importantes argumentos sobre a sua qualidade de um "*prius* axiomático". O autor enfatiza que "É pois este o caso da dignidade humana. Ela impõe-se, desde logo, como uma convicção fundadora absolutamente necessária. O seu reconhecimento produz o inestimável efeito de afastar o homem do fascínio da violência. Contudo, o valor da pessoa humana é algo de indemonstrável e de inatingível. Estamos perante um absoluto. Sobre a essência e o sentido da vida, apesar de nada ser mais familiar ao homem do que o próprio homem, apenas se obtém a resposta da crença. Irredutível a um objeto (o que está situado diante), refractário a uma compreensão objectiva, o sujeito humano apresenta-se sempre como uma realidade enigmática. MARQUES, Mário Reis. *Op. cit.* p. 562-563.

61 NOVAIS, Jorge Reis. *Op. cit.* p. 18.

62 N.E. Extrai-se dos ensinamentos de Jorge Reis Novais que "é porque se reconhece a todas as pessoas uma igual dignidade e porque, no relacionamento com os poderes públicos, a pessoa humana é elevada à condição de fim último justificador da própria existência do Estado, que as Constituições consagram um elenco de direitos fundamentais destinados a assegurar juridicamente a autonomia, a liberdade e uma vida condigna a todos os cidadãos (incluindo potencialmente, para prosseguir adequadamente esses fins, os direitos fundamentais de liberdade e de igualdade e os direitos fundamentais sociais)". NOVAIS, Jorge Reis. *Ibidem.* p. 69.

modo absoluto, irrenunciável, irrevogável e indisponível. E todos estes direitos decorrem do princípio da dignidade da pessoa humana.[63] Nesta esteira, emerge das anotações de Jorge Reis Novais,[64] que "é através do reconhecimento da sua dignidade que a pessoa se alça à qualidade de sujeito jurídico".

Ato contínuo, o princípio, ainda, tem a finalidade de servir como limite à eventual restrição a direitos fundamentais, ou seja, representa um parâmetro de validade para as limitações aos direitos humanos, seja de maneira direta ou indireta. É forçoso destacar que, diante de restrições a direitos fundamentais, o princípio da dignidade da pessoa humana representa um padrão mínimo a ser observado e respeitado, sob pena de invalidade e inconstitucionalidade do ato praticado.[65]

Aplicando o princípio da dignidade da pessoa humana à temática da globalização e a precarização do trabalho, cumpre repisar que, sendo o Direito do Trabalho um direito fundamental, aquele princípio também atua como parâmetro mínimo a ser observado pelo Estado e também no domínio das relações laborais. Considerando que reveste o cidadão enquanto pessoa humana, detentora de direitos e deveres de maneira individualizada, também produz os seus efeitos sobre a forma como esta ocupa o seu papel na sociedade organizada e no Estado de Direito.[66]

Na sua dimensão econômica, este princípio se encontra intrinsecamente relacionado com o direito ao trabalho digno, em sua concepção mais ampla. Isto é, ultrapassa a concepção do trabalho como mero meio de subsistência, mas verdadeiramente como uma forma de expressão da personalidade e da liberdade do indivíduo enquanto membro da sociedade.[67]

---

63 *Ibidem*. p. 70.

64 *Ibidem*. p. 70.

65 *Ibidem*. p. 179.

66 N.E. De acordo com Onofre Alves Batista Júnior, "A dignidade da pessoa humana pressupõe a ideia de reconhecimento do outro como pessoa, de forma a se permitir que cada um ocupe seu papel na comunidade; em outras palavras, a ninguém é dado usar a humanidade de si próprio ou de outrem. O ser humano é um fim em si mesmo e não um meio, e, dessa forma, a pessoa humana é valor-fonte do ordenamento jurídico, sendo a defesa e a promoção da sua dignidade, em todas as suas dimensões e facetas, tarefas primordiais do Estado". BATISTA JÚNIOR, Onofre Alves. *Op. cit.* p. 148-149.

67 N.E. Em alusão ao entendimento de Otfried Höffe, Onofre Alves Batista Júnior afirma que "Nesse mesmo sentido, Otfried Höffe também reconhece um direito humano (positivo) ao trabalho (digno), respeitado, por certo, o direito negativo de liberdade de livre escolha da profissão, naqueles casos em que se deve trabalhar para obter os meios de subsistência, deixando claro que o trabalho é decisivo para a autoestima e estima por outrem, além de contribuir para o desenvolvimento da personalidade". HÖFFE, Otfried *apud* BATISTA JÚNIOR, Onofre Alves. *Ibidem*. 149-150.

Ademais, é imperioso acentuar a sua relevância no âmbito da justiça social, com uma justa distribuição de bens e serviços entre o Estado, empresários e trabalhadores, atribuindo a devida importância não só à atribuição de riquezas, mas também à valorização do trabalho humano. O trabalhador se sente inserido na sociedade enquanto membro do sistema de produção, da busca pelo lucro e na distribuição de bens e serviços dentro de uma comunidade constituída.[68] [69]

Todavia, é inegável que o trabalho humano é vendido a um terceiro que tem como finalidade principal a obtenção do lucro e do crescimento econômico empresarial. Assim sendo, a força de trabalho se torna uma mercadoria, vendida a um empresário. O trabalho, que deveria ser visto sob a ótica da dignidade da pessoa humana, acaba se resumindo na busca por meio de subsistência da pessoa humana.[70]

O cenário se torna ainda mais grave diante da precarização do trabalho, situação em que o trabalho humano se torna uma mercadoria barata e desvalorizada. E pior, a força humana passa a se sujeitar a um regramento jurídico sem a devida proteção, com a ampliação das hipóteses de terceirização e o aumento da probabilidade de ocorrência de acidentes de trabalho, o crescimento do trabalho informal e o enfraquecimento das organizações sindicais.

Portanto, verifica-se que o fenômeno da globalização, associado com o pensamento neoliberal, pode acarretar uma grave crise no Direito Laboral, com o inegável retrocesso e supressão de direitos trabalhistas. Atualmente a tendência das políticas estatais e da regulação particular é de flexibilizar as condições de trabalho, seja por meio da legislação ordinária, da negociação coletiva ou através de manobras ao regramento

---

[68] *Ibidem*. p. 150.

[69] N.E. Conforme destaca Ricardo Antunes, "É a partir do trabalho, em sua cotidianidade, que o homem torna-se ser social, distinguindo-se de todas as formas não humanas. Sob o sistema de metabolismo social do capital, o trabalho que estrutura o capital desestrutura o ser social. O trabalho assalariado que dá sentido ao capital gera uma subjetividade inautêntica no próprio ato de trabalho. Numa forma de sociabilidade superior, o trabalho, ao reestruturar o ser social, terá desestruturado o capital. E esse mesmo trabalho autodeterminado que tornou sem sentido o capital gerará as condições sociais para o florescimento de uma subjetividade autêntica e emancipada, dando um novo sentido ao trabalho". ANTUNES, Ricardo. *A Rebeldia do Trabalho*. São Paulo: Ensaio, 1988. p. 77.

[70] N.E. Nas palavras de George Lukács, "O trabalho é antes de mais nada, em termos genéticos, o ponto de partida da humanização do homem, do refinamento das suas faculdades, processo do qual não se deve esquecer o domínio sobre si mesmo. Além do mais, o trabalho se apresenta, por um longo tempo, como o único âmbito desse desenvolvimento; todas as demais formas de atividade do homem, ligadas aos diversos valores, só se podem apresentar como autônomas depois que o trabalho atinge um nível relativamente elevado". LUKÁCS, George. *Ontologia do Ser Social*: Os Princípios Ontológicos Fundamentais de Marx. São Paulo: LECH, 1979. p. 87.

laboral, com o objetivo principal de fomentar o crescimento econômico e a busca pelo lucro, o que prejudica diretamente os direitos e garantias dos obreiros.

Soma-se a isto o mercado de leis concorrentes entre os Estados Soberanos, sendo que os ordenamentos jurídicos mais flexíveis, com encargos fiscais mais brandos e legislação laboral menos garantista, são atrativos para os investidores. Todas estas transformações caminham no sentido da temerária e preocupante precarização do trabalho, sem qualquer estabilidade, segurança e garantias aos trabalhadores.

A problemática atinge a esfera do princípio da dignidade da pessoa humana, consagrado constitucionalmente e nos Tratados Internacionais, que atua como limites às restrições de direitos fundamentais. O contexto de supressão de direitos representa inegável restrição a direitos fundamentais, já que o direito ao trabalho digno constitui um direito humano.

Demonstra-se imprescindível a atuação do princípio da dignidade da pessoa humana, que é absoluto e independe de qualquer justificação, para limitar os atos estatais e dos particulares, com o escopo de garantir a inserção do trabalhador na sociedade, o seu padrão salarial, os direitos consagrados historicamente pelas categorias de trabalhadores e as demais garantias que salvaguardam a categoria de eventuais abusos, estabelecendo-se um padrão mínimo e razoável a ser respeitado.

Todavia, faz-se mister clarificar que a aplicação da dignidade da pessoa humana não induz à imutabilidade e rigidez das condições do trabalho. Ao contrário, direciona para um controle dos atos que visam atentar contra o trabalho digno da pessoa humana, englobando um padrão salarial que promova a efetivação de outros direitos fundamentais, a proteção contra acidentes de trabalho, a estabilidade das relações de emprego, a amparo contra despedimentos arbitrários e a adequada representação por parte as associações sindicais e comissão de trabalhadores.

Frise-se que o Direito do Trabalho deve buscar uma reformulação, com o objetivo de se adequar à atual demanda do mercado, desempenhando o seu papel não só no campo protetivo, mas também promocional a nível de emprego.[71]

---

[71] N.E. Consoante leciona a Maria Regina Gomes Redinha, "quer isto dizer que o Direito do Trabalho deixou uma fase de certa passividade para passar a desempenhar um papel promocional do emprego. Hoje, espera-se que a normatividade laboral não constitua um entrave a uma gestão puramente financeira da mão-de-obra, mas, mais do que isso, que favoreça a manutenção ou a criação de novos postos de trabalho, numa orientação que

Atualmente o que se espera do Direito do Trabalho é que seja capaz de regular as modificações aceleradas observadas ao redor do mundo, tanto na esfera econômica quanto na jurídica. Ato contínuo, a sua adequação deve caminhar em conjunto com a ideia da dignidade da pessoa humana e a garantia aos demais direitos fundamentais.

5 Conclusão

Após o desenvolvimento de todas as questões mencionadas neste estudo, somos conduzidos à inevitável indagação sobre o futuro do Direito e à discussão acerca da restrição dos direitos fundamentais. É imperioso acentuar que o fenômeno da globalização, apesar de ter gerado novos direitos, como é o caso dos direitos de quarta geração, acarretou na limitação ao desenvolvimento de direitos fundamentais consagrados em regimes democráticos.

Nesse viés, e diante da exigência da Nova Ordem Mundial, observa-se uma contraposição entre o Estado-Cidadão e o Estado-Polícia. Porém, a proteção de certos direitos fundamentais, como o direito à vida, às liberdades pessoais e à segurança são basilares e considerados como o mínimo disponível a todo ser humano e de observância imperativa pelos Estados. Há também direitos absolutos que não podem sofrer qualquer tipo de limitação, mesmo em casos excepcionais, como é o caso do direito fundamental de não ser escravizado e tampouco torturado.

Todavia, tem-se que o poder de regulamentação do Estado, que deveria ser realizado para a promoção dos direitos fundamentais, coloca-os em segundo plano, vislumbrando-se verdadeira restrição aos direitos humanos em prol do crescimento econômico e da livre concorrência.

Até mesmo porque, a revolução promovida pela globalização fomentou situações adversas no campo dos direitos fundamentais como os pensamentos xenófobos decorrentes das inúmeras migrações que ocorreram ao redor do mundo e o surgimento de pensamentos políticos extremistas. Além disso, com a instauração do contexto de insegurança e medo em razão dos recentes ataques terroristas, passou-se a discutir sobre a violação a direitos humanos para promover a segurança pública, como no caso julgado pelo Tribunal Constitucional Alemão, conhecido como o abate de avião.

---

fez já nascer o receio de transformação do Direito do Trabalho num Direito do Emprego". REDINHA, Maria Regina Gomes. *Op. cit.* p. 331.

Defendemos, salvo melhor Juízo, que ao Estado é vedada a limitação dos direitos humanos para a promoção da segurança pública. A medida estatal, para ser dotada de validade, deve ser pautada pelos princípios da proporcionalidade e razoabilidade, invocando os critérios de ponderação para harmonizar ao máximo os direitos fundamentais em conflito. Nesta esteira, o respeito aos direitos fundamentais dos cidadãos é pressuposto de validade dos atos do Estado que visam a promoção da segurança da população.

Para enfrentar o debate sobre a colisão de direitos fundamentais, é forçoso ventilar a respeito do princípio da dignidade da pessoa humana e o seu caráter vinculativo aos poderes do Estado e às relações particulares. Este princípio tem como finalidade servir como parâmetro mínimo para os atos estatais e, ainda, como limite à eventuais restrições a direitos fundamentais.

No âmbito laboral a discussão também se demonstra relevante e atual. Vale ressaltar que a inserção de novas tecnologias nos processos de produção das indústrias, o livre deslocamento de trabalhadores, a integração de culturas, a liberalização do mercado, a expansão das negociações entre os Estados e a busca pelo lucro com baixos custos de mão-de-obra, bem como o surgimento de graves crises internacionais, afetaram, diretamente, o modelo clássico das relações de trabalho e as garantias conferidas aos trabalhadores, tendo desencadeado a inevitável indagação sobre o futuro do trabalho.

Com o objetivo fomentar o lucro e o crescimento econômico e, via de consequência, de se esquivar de legislações trabalhistas e encargos fiscais mais rígidos e exigentes, verifica-se o surgimento de novas categorias de trabalhadores e formas de organização do trabalho, com a propagação dos contratos de prestação de serviço de natureza eminentemente civil ou os contratos de trabalho a termo, sonegando-se a real e típica relação de emprego, o que compromete a noção de estabilidade no emprego.

Por um lado, a globalização colaborou para a cooperação econômica entre os Estados e a circulação de bens e ideias, com o consequente crescimento econômico e geração de empregos. Porém, ao mesmo tempo, impôs problemas como a desigualdade salarial, o aumento desenfreado do desemprego, da pobreza e da miséria e a precarização do trabalho.

Este panorama decorre também do pensamento neoliberalista, que defende a redução de direitos trabalhistas e rechaça a proteção dos trabalhadores, a qual representa uma limitação ao desenvolvimento econômico da sociedade e da competitividade. Ato contínuo, observa-se o enfraquecimento das associações sindicais e a brusca diminuição da força social dos trabalhadores.

Os trabalhadores são diretamente prejudicados em virtude deste contexto de supressão e limitação de direitos, seja pelo denominado "mercado de leis" ou com o barateamento da mão-de-obra e a flexibilização de condições de trabalho. Assim, tendência é priorizar a busca pelo lucro em detrimento da promoção dos direitos sociais, da dignidade da pessoa humana e da valorização do trabalho.

Diante desta problemática, demonstra-se imperioso trazer à baila o princípio da dignidade da pessoa humana como uma forma de controlar e limitar estes atos públicos ou oriundos de particulares que visam suprimir os direitos trabalhistas conquistas historicamente.

Sendo o Direito do Trabalho um direito fundamental e considerando que este princípio reveste o cidadão enquanto pessoa humana, produz os seus efeitos sobre a forma como esta ocupa o seu papel na sociedade organizada e no Estado de Direito. E na sua dimensão econômica, o princípio se encontra intrinsecamente relacionado com o direito ao trabalho digno, em sua concepção mais ampla.

Todavia, faz-se mister clarificar que a aplicação da dignidade da pessoa humana não induz à imutabilidade e rigidez das condições do trabalho. Ao contrário, direciona para um controle dos atos que visam atentar contra o trabalho digno da pessoa humana. Frente aos efeitos da globalização, o Direito do Trabalho deve buscar uma reformulação, caminhando com a noção do trabalho digno, com o objetivo de se adequar à atual demanda do mercado, desempenhando o seu papel não só no campo protetivo, mas também promocional a nível de emprego.

Referências

ALEXY, Robert. *Teoria dos Direitos Fundamentais*. Tradução de Virgílio Afonso da Silva da 5ª edição alemã. São Paulo: Malheiros Editores, 2008.

AMADO, João Leal. *Contrato de Trabalho*. Coimbra: Coimbra Editora, 2013.

AMADO, João Leal. Flexigurança: "free to hire, free to fire?" (Nótula em torno da reforma da nossa legislação laboral). In: ANDRADE, Manuel da Costa et al. *Estudos em homenagem ao Prof. Doutor Jorge Figueiredo Dias*. Coimbra: Coimbra Editora, 2009.

ANTUNES, Ricardo. *A Rebeldia do Trabalho*. São Paulo: Ensaio, 1988. P. 77.

BATISTA JÚNIOR, Onofre Alves. *O outro Leviatã e a Corrida ao Fundo do Poço*. São Paulo: Almedina, 2015.

BAUMAN, Zygmunt. *Globalização: as consequências humanas*. Tradução de Marcus Penchel. Rio de Janeiro: Jorge Zahar, 1999.

BOBBIO, Norberto. *A era dos Direitos*. Tradução de Carlos Nelson Coutinho. 7ª Tiragem. Rio de Janeiro: Campus, 1992.

BONAVIDES, Paulo. *Curso de Direito Constitucional*. 15ª edição. São Paulo: Malheiros Editores, 2004.

BRANDÃO, Paulo de Tarso. Reflexões sobre a flexibilidade dos Direitos Fundamentais. *O Direito e O Futuro. O Futuro do Direito.*, Coimbra, p.513-533, 2008.

CANOTILHO, J. J. Gomes. O Estado Garantidor. Claros – Escuros de um Conceito. In: NUNES, António José Avelãs; COUTINHO, Jacinto Nelson de Miranda. *O Direito e o Futuro. O futuro do Direito*. Coimbra: Almedina, 2008. p. 571-576.

CANOTILHO, J. J. Gomes. *Direito Constitucional e Teoria da Constituição*. 7. ed. Coimbra: Almedina, 2017. 1522 p.

CANOTILHO, José Joaquim Gomes. *Estudos sobre Direitos Fundamentais*. 2. ed. Coimbra: Coimbra Editora, 2008.

CASSAR, Vólia Bomfim. *Direito do Trabalho*. 8ª Ed. São Paulo, Editora Método, 2013.

DELGADO, Maurício Godinho; DELGADO, Gabriela Neves. *A Reforma Trabalhista no Brasil*: com os comentários à lei 13.467/2017. São Paulo: LTr, 2017.

FALK, Richard. *A globalização predatória:* Uma crítica.. Lisboa: Instituto Piaget, 1999.

FERNANDES, Antônio Monteiro. *Direito do Trabalho*. 17. ed. Coimbra: Almedina, 2014. p. 627-633,

Gorz, Andre. *O imaterial: conhecimento, valor e capital*. Tradução de Celso Azzan Júnior. São Paulo: Annablume, 2005. 107 p.

HESPANHA, Pedro. Mal-estar e risco social num mundo globalizado. *In*: SANTOS, Boaventura de Sousa. *Globalização: fatalidade ou utopia?* Porto: Edições Afrontamento, 2002. p. 163-196.

LEITÃO, Luís Manuel Teles de Menezes. A precariedade: um novo paradigma laboral? *In* ABRANTES, José João (Coordenação Científica). *Congresso Europeu de Direito do Trabalho*: Comunicações apresentadas no Congresso organizado pela ELSA Nova Lisboa e Faculdade de Direito da Universidade Nova de Lisboa realizado nos dias 12, 13, 14 de abril de 2012. Coimbra: Grupo Almedina, 2014. 508 p.

LEITÃO, Maria da Glória. O novo paradigma do Direito do Trabalho: – que futuro para o Direito do Trabalho? Há Direito do Trabalho no futuro? Os desafios que enfrenta o Direito do Trabalho no séc. XXI, num mundo em mudança acelerada. *In* ABRANTES, José João (Coordenação Científica). *Congresso Europeu de Direito do Trabalho*: Comunicações apresentadas no Congresso organizado pela ELSA Nova Lisboa e Faculdade de Direito da Universidade Nova de Lisboa realizado nos dias 12, 13, 14 de abril de 2012. Coimbra: Grupo Almedina, 2014. p. 223-236.

LEITE, Carlos Henrique Bezerra. *Curso de Direito do Trabalho*. São Paulo: Saraiva, 2018.

LEITE, Jorge. *Direito do Trabalho.* Volume I. Coimbra, 2003. p. 91-94 e 107-112.

LUKÁCS, George. *Ontologia do Ser Social*: Os Princípios Ontológicos Fundamentais de Marx. São Paulo: LECH, 1979. p. 87.

LUÑO, Antonio Enrique Pérez. A desconstrução da lei no constitucionalismo global. *Revista de Estudos Constitucionais, Hermenêutica e Teoria do Direito,* Rio Grande do Sul, p.129-141, 2014.

MARQUES, Mário Reis. A dignidade humana como *prius* axiomático. *Estudos em Homenagem Ao Prof. Doutor Jorge de Figueiredo Dias,* Coimbra, p.542-566, 2010.

MOCK, Hanspeter. Guerre contre le terrorisme et droits de l'homme.: Réflexions à propos du rapport de la Fedération internationale des droits de l'homme (FIDH) intitulé "L'anti-terrorisme à l'épreuve des droits de l'homme: les clés de la compatibilité". *Revista Trimestral de Direitos do Homem,* ano 17, n. 65, jan. 2016.

NOVAIS, Jorge Reis. *A dignidade da pessoa humana.* Dignidade da Pessoa Humana, Volume II. Coimbra: Grupo Almedina, 2016. 295 p.

NOVAIS, Jorge Reis. *A dignidade da pessoa humana.* Dignidade e Direitos Fundamentais, Volume I. Coimbra: Grupo Almedina, 2016. 200 p.

PAYE, Jean-Claude. Lutte antiterririste: la fin de l'État de Droit. *Revista Trimesral de Direitos do Homem,* ano 15, n. 57, jan. 2004.

RAMALHO, Maria do Rosário Palma. *Tratado de Direito do Trabalho*: Parte III – Situações Laborais Colectivas. 2. ed. Coimbra: Almedina, 2015. p. 27-59.

REDINHA, Maria Regina. A precariedade do emprego – uma interpelação ao Direito do Trabalho. *In* MOREIRA, António (Coordenação). *I Congresso Nacional de Direito do Trabalho*: Memorias. Coimbra: Livraria Almedina, 1998. p. 327-344.

REIS, João Carlos Simões. O Direito Laboral Português na crise atual. *Direito e Desenvolvimento,* João Pessoa, v. 7, n. 2, p.9-45, 2016.

SUPIOT, Alain. Perspectiva jurídica de la crisis económica de 2008. *Revista Internacional del Trabajo, vol. 129, n. 2.* 2010. p. 165-177.

TUPINAMBÁ, Carolina. A jornada de trabalho e a Lei n. 13.467/2017: o esvaziar da ampulheta na nova lógica da contagem do tempo do trabalho = The work journey and law n. 13.467/2017: emptying of the hourglass in the new logic of job time count. *Revista do Tribunal Regional do Trabalho da 3ª Região,* Belo Horizonte, MG, n. especial, p. 49-66, nov. 2017.

URBANO, Maria Benedita. Globalização: os direitos fundamentais sob stress. *Estudos em Homenagem Ao Prof. Doutor Jorge de Figueiredo Dias,* Coimbra, p.1024-1048, 2010.

Informação bibliográfica deste texto, conforme a NBR 6023:2018 da Associação Brasileira de Normas Técnicas (ABNT):

COMÉRIO, Murilo Siqueira; PAULA, Guilherme Dalmonechi Thompson de. A globalização e os impactos nos direitos fundamentais: análise no contexto laboral. qual o futuro do trabalho? *In*: TUPINAMBÁ, Carolina (Coord.). *As novas relações trabalhistas e o futuro do Direito do Trabalho:* as novidades provenientes da globalização, de influxos do Direito comparado e da internacionalização de contratos laborais. Belo Horizonte: Fórum, 2021. (Coleção Fórum As novas relações trabalhistas e o futuro do direito do trabalho. Tomo IV.) p. 39-69. ISBN 978-65-5518-223-1.

EL FUTURO DE LAS RELACIONES COLECTIVAS DE TRABAJO EN CENTROAMERICA Y EL CARIBE

CARLOS AYALA MONTERO

1 Antecedentes

Las relaciones colectivas de trabajo como es sabido, surgieron antes de las normas jurídicas formales autónomas y heterónomas del trabajo, casi con el propio sistema de producción capitalista. La revolución industrial produjo una relación de trabajo anomia, que a su vez provocó reacciones inéditas en el marco de dichas relaciones de trabajo. Así, ante la explotación sin límites del trabajo humano y los fallidos intentos de solventar esa realidad por vía de la destrucción de las máquinas o de las cartas dirigidas a las autoridades, surgió la idea entre los trabajadores, de organizarse y paralizar la producción, cuyas primeras consecuencias fueron virulentas y cruentas pero que logró finalmente llamar la atención de los inversionistas empleadores.

Así nació la negociación y los acuerdos colectivos sobre las condiciones de trabajo, en ausencia de normas jurídicas estatales que regularan el trabajo, desde mediados del siglo XVIII, en las fábricas de Inglaterra, Alemania, Francia y otros países europeos, cuyo objetivo último siempre fue lo que se conoce como justicia social, en los términos concebidos por John Stuart Mill[1] y la Iglesia Católica.[2]

La existencia de esta fuente de derecho muy sui géneris desde el punto de vista jurídico, entre el grupo organizado de los trabajadores y los empleadores, no tuvo nunca otro objetivo que reconocer, hacer vigente y crear derechos en favor de los trabajadores desde la perspectiva individual, aunque con el surgimiento de la Organización Internacional del Trabajo se ha reconocido expresamente el derecho de sindicarse también a los empleadores. Dicho en términos simples, el sindicato surgió para asegurar los derechos de las personas que trabajan para un inversionista empleador.

Esta perspectiva llegó a las playas de Latinoamérica de la mano del concepto de defensa del trabajo de los mineros y constructores de ferrocarriles en Suramérica, de los trabajadores de las plantaciones en Centroamérica y el Caribe y luego de los trabajadores fabriles, en las primeras décadas del Siglo XX pero en su devenir, estas relaciones han pasado por altibajos, en alguna medida influidos por los acontecimientos sociales, políticos, económicos e impregnados de la cultura y sub culturas de la región.

Hoy se habla del impulso de la producción en base a la tecnología de punta, que conllevará a reducir los empleos y a readaptar a los trabajadores en el mejor de los casos; todo ello en un mundo laboral en donde las organizaciones de trabajadores se verían disminuidas o desaparecidas como consecuencia de esta realidad sin embargo, no resulta fácil pensar al menos en esta región del mundo, en la desaparición absoluta del trabajo humano y consecuentemente de su explotación, debido a que la lógica del sistema obliga a la existencia de trabajadores

---

1 En su libro Utilitarismo, Stuart Mill señalaba que la sociedad debería tratar igualmente bien a los que se lo merecen es decir, a los que merecen absolutamente ser tratados igualmente. Según Mill, este es el más elevado estándar abstracto de justicia social y distributiva hacia el que todas las instituciones, así como los esfuerzos de todos los ciudadanos virtuosos, deberían converger en el mayor grado posible.

2 En la encíclica Gaudium et Spes (alegría y esperanza), expedida en el transcurso del Concilio Vaticano II (1962-1965). Según dicha encíclica, existe justicia social cuando la sociedad posibilita que cada persona, asociación o pueblo, disponga de los medios necesarios según su naturaleza y condición, para poder desarrollarse plenamente, lo cual implica el bien común.
Según la doctrina de la iglesia, el bien común conlleva tres elementos esenciales: el respeto a la persona, el bienestar social, y el desarrollo y la paz a modo de estabilidad y seguridad social. La autoridad entonces, debe garantizar la justicia social para la búsqueda del bien común.

consumidores, lo que lleva a pensar que los sindicatos deben reajustarse, repensarse pero siendo parte de la lógica del sistema, será imposible su desaparición mientras subsista el sistema capitalista de producción.

En Centroamérica y el Caribe las relaciones de producción diseñadas para una economía dependiente y terciaria, con un alto grado de sostenibilidad productiva e inestabilidad laboral, son escenarios propicios más para la transformación de las relaciones de trabajo que para la desaparición de las mismas, aún con el uso de la tecnología aplicada a la producción. En esos escenarios, los trabajadores requieren aún, organizarse con nuevas tareas y perspectivas pero siempre impulsando la justicia social.

Cuando se aborda el tema del futuro del trabajo, se responde casi automáticamente desde la óptica del uso de la tecnología en la producción, dejando de lado otros aspectos trascendentales del trabajo y las relaciones que engendra. Por ejemplo, no se ha profundizado hasta ahora acerca de cuál será la reacción de los trabajadores y sus organizaciones frente al uso de la tecnología de punta como la inteligencia artificial, etc.; si reaccionarán como en los orígenes de la revolución industrial, rechazando las máquinas en tanto consideren que ellas son las causas de sus males; sabotear la producción tecnológica o asimilarla; apropiarse del conocimiento para controlar la tecnología o simplemente aceptar la reducción del empleo ante esta realidad.

Otro aspecto no considerado hasta ahora es si la paralización de la producción en un mundo tecnologizado será obra de los trabajadores o de los inversionistas, en busca de crear la necesidad de sus productos en el mercado para subir los precios, en base a la ley de oferta y demanda. La reacción de los consumidores ante la tecnología; su aceptación, asimilación o rechazo, o su uso limitado y a regañadientes, es otro elemento a considerar cuando se habla de uso de avances tecnológicos en la producción de bienes y servicios.

Quien controlaría la producción de la tecnología? las empresas multinacionales, los Estados, o el capital nacional y aún los micros y pequeños empresarios? Será el uso de la tecnología en la producción objeto de tasas impositivas nacionales para equilibrar la falta de dinero circulante que produciría el desempleo que según algunos autores surgirá con su uso? Estas interrogantes no se han abordado al hablar de la tecnología como el norte que marque el futuro del trabajo pero tampoco se han abordado las realidades actuales de nuestros países para asomarse al futuro de las relaciones de trabajo. No se ha planteado cómo se van a resolver en regiones como Centroamérica y el Caribe, las hasta ahora insuperables barreras estructurales económicas que impiden el desarrollo del mercado, la sostenibilidad de las empresas y la estabilidad y crecimiento laboral, la ausencia de políticas públicas que enfrenten, desde los propios actores del mundo del trabajo, estas realidades, para bienestar de todos.

Muy exiguo ha sido el análisis acerca de las relaciones individuales de trabajo en el futuro, con o sin uso de tecnología de punta, inteligencia artificial, etc. y las relaciones colectivas de trabajo en las regiones más difíciles del mundo del trabajo como Centroamérica y el Caribe, han estado ausente del análisis del futuro del trabajo, por lo que resulta interesante atender éste ángulo del debate acerca del futuro laboral.

2 El futuro del trabajo o el trabajo del futuro?

Se ha dicho que actualmente la economía mundial posee marcadas heterogeneidades tecnológicas, productivas e institucionales, que generan desequilibrios, polarización y tensiones a lo interno de cada país y entre ellos. Por eso, sería necesario desarrollar políticas y reglas orientadas a la reducción de asimetrías y atacar los problemas del desarrollo y del rezago tecnológico, y en ese camino, adquiere sentido el debate sobre el trabajo del futuro.[3]

Hay que aclarar a qué nos referimos cuando hablamos del futuro del trabajo puesto que el tiempo es infinito y el futuro de ayer es el presente de hoy y el pasado de mañana. En el foro mundial de OIT en Ginebra en abril de 2017, se propuso asomarnos a la siguiente década, desde la perspectiva actual, para dar respuesta a esta primera inquietud.

En segundo lugar, si se plantea el hecho que siempre habrá trabajo, que la sociedad requiere solución de sus necesidades de bienes y servicios, que sólo se satisfacen con el quehacer humano, aun en los tiempos de la robótica, la automatización, la digitalización y la inteligencia artificial y por lo tanto, se debe hablar del trabajo del futuro y no del futuro del trabajo.

Esta perspectiva implica de suyo una discusión subyacente sobre el tema pues cuestionarnos acerca del futuro del trabajo, lleva implícito la posibilidad que una posible respuesta sea la desaparición del mismo, del trabajo humano concebido en los términos de un esfuerzo individual en condiciones de subordinación y de dependencia

---

[3] DIRSKEN, Uta. *El futuro del trabajo comienza ahora. Opciones para encarar!* Fundación Frederich Ebert Stiftung. 2018. Disponible em: http://library.fes.de/pdf-files/bueros/uruguay/14594-20180809.pdf.

económica, perspectiva que no pareciera muy realista si consideramos la esencia del sistema de producción capitalista, que no es otra que la producción de bienes y servicios para obtener ganancia y de la cual la plusvalía es decir, el pago parcial de la producción a los trabajadores, es parte consustancial; por lo tanto si no hay trabajo, no hay plusvalía y el sistema se afectaría en su esencia.

Lo acertado sería abordar el trabajo con una perspectiva de futuro y no al revés, puesto que las formas de trabajo y aún las relaciones que ella engendra pueden ser variadas pero no así el propio trabajo, que aunque ha sido negado por algunos autores como Rifkin, Fukuyama y otros, sigue formando parte de la esencia del sistema en que vivimos.

Hasta ahora, la visión del futuro del trabajo se enfoca en sugerencias de economía colaborativa para encubrir las desigualdades de poder entre empleadores y trabajadores y para incumplir derechos y obligaciones descritos en normas de las empresas, nacionales y supranacionales, en una especie de confrontación incesante entre la axiología del trabajo humano y la obtención de ganancia a costa de ese trabajo.

La precarización del trabajo se esconde en las propuestas de flexibilidad, y el futuro digital se convierte en el paraíso del consumo sin mayores opciones para los trabajadores. Se sugiere entonces presentar una concepción más objetiva, a partir de alternativas y de una visión del uso de la tecnología más incluyente y sostenible.

3 Tecnología, empleo y distribución de la riqueza

Los analistas del mundo industrializado han concluido que no será posible la desaparición absoluta del trabajo pero que si aún la robotización, la digitalización y la aplicación de las nuevas tecnologías, incluida la inteligencia artificial y los neurochips llevasen a disminuir drásticamente los puestos de trabajo, habría que buscar mecanismos distintos al salario para poner dinero en manos de los "ex trabajadores" a fin que puedan consumir los bienes y servicios producidos con la tecnología que los desplazó del empleo, como medio de asegurar la sobrevivencia del propio sistema de producción capitalista, puesto que cada trabajador en tanto receptor de ingresos, es un consumidor de los bienes y servicios que produce el sistema y al dejar de percibir dichos ingresos por cesar en su condición de trabajador, no podría consumir bienes y servicios a ningún precio, por la falta de ingresos.

En América Latina, la preocupación por el impacto que pueden tener las nuevas tecnologías en el trabajo, es superada por la preocupación por la informalidad, el subempleo y el desempleo estructurales que aún no están resueltos, y que además subsisten en entornos políticos difíciles, que se expresan en confrontaciones e inestabilidad social y laboral.[4]

La falta de empleos, los salarios insuficientes, incongruentes con el índice de precios y el costo de vida en general, dificultan objetivamente la incorporación de tecnología de punta a la producción en Centroamérica y el Caribe. Esta situación impide pensar en avances tecnológicos profundos pues si en la actualidad el consumo se dificulta, el uso de tecnología que sustituya los escasos y precarios puestos de trabajo aumentaría la precariedad social y por supuesto, los ingresos de los empleadores.

Si la tecnología en verdad es utilizada en el sector terciario y con ello se destruyen y se generan empleos, la pregunta obligada es: cuál es el fin de los inversionistas al promover el uso de la tecnología más avanzada posible? La respuesta es sin dudas, el abaratamiento de los costes de producción entre los que se incluye la "mercancía" llamada mano de obra. Con ésta lógica, el uso de la tecnología no buscará en la región mejorar las condiciones de las personas que trabajan, sino la de los inversionistas. En consecuencia, su uso no augura mejorar la situación de los trabajadores pero podría conllevar a los escenarios previstos por los países industrializados descritos anteriormente, en donde ya se empieza a pensar en asegurar el consumo y no sólo la producción de bienes y servicios y para asegurar el consumo, debe asegurarse una renta o ingreso a las personas, principalmente a los desplazados por la tecnología.

En esta región, caracterizada por la fuerte desigualdad en la distribución del ingreso y una impresionante concentración de la riqueza y del poder, rodeada de hostilidad ideológica profunda hacia la justicia social, existe un alto riesgo de que las nuevas tecnologías profundicen la inequidad.

Teóricamente, el cambio tecnológico y las altas calificaciones exigidas a los trabajadores a partir del uso de la tecnología, amenazan los empleos "medios", que conforman el espacio entre los altamente calificados y los sin calificación; la brecha tenderá a acentuarse. Las políticas de flexibilidad laboral, y la consecuente reducción de los derechos de los trabajadores prevén un posible empeoramiento de las condiciones laborales, que se traducirá en más trabajo precario.

---

[4] Ver, informe LANDABURU, María Katia. *El rol del Estado y la relaciones laborales en América Latina.* XXII Congreso Mundial de Derecho del trabajo y la Seguridad Social. Turín. 2018.

En estos escenarios, los avances sociales logrados por algunos países en la región como Costa Rica y Panamá según el Banco Mundial, la tasa de crecimiento económico en ascenso (lento pero creciendo) y los derechos laborales reconocidos en las reformas normativas de años recientes en Nicaragua, El Salvador y Costa Rica, se verían afectadas por la disminución en la ganancia y del ingreso de los trabajadores, debido al uso de la tecnología de punta.

Si al disminuir o eliminar el costo de la mercancía llamada trabajo humano debido al uso de la tecnología se producen mercancías con precios más baratos, aún así, no será posible adquirirlas por la falta de ingresos de los trabajadores-consumidores, todo lo cual implica que el capital concentrado en cada vez menos manos, tampoco crecería, aunque si empeoraría la condición socioeconómica de la población.

Enfrentar creativamente todas esta posibilidades es precisamente la misión del colectivo de trabajadores en estos nuevos escenarios en la región y consecuentemente, las relaciones colectivas de trabajo deben estar enfocadas en esta perspectiva.

4 La empresa del siglo XXI

Se ha dicho que el humanismo e incluso la teología en la que se fundó históricamente la protección del trabajo humano ante la explotación, ha sido sustituido por el dataismo es decir, el endiosamiento de la data y la tecnología, lo que se traduce en que ya no será necesario proteger a las personas que trabajan sino a los datos y la tecnología; asegurar su uso optimizado, etc. Este criterio supone un trabajo y una empresa sin seres humanos o con una reducción drástica del mismo en la producción sin embargo, ello no parece ser absoluto al calor del análisis de lo que ocurre en el mundo real de la producción.

En Europa en 2018 surgió al mercado la patineta electrónica controlada remotamente por un software, al que las personas pueden tener acceso por internet y pagar con tarjeta de crédito para utilizarlas. El programa le indica al consumidor el lugar o lugares donde puede retirar su patineta (generalmente parques y plazas públicas) pero el usuario puede dejarla en cualquier lugar y con ayuda de un localizador satelital, el software sabrá donde esta la patineta. Este invento tecnológico permitirá al consumidor movilizarse rápida y fácilmente sin los problemas que ocasiona el tráfico urbano. Prácticamente no requiere de actividad humana sin embargo, alguien (humano) debe recoger las patinetas; alguien debe darle mantenimiento al software y reparar los daños físicos o mecánicos que puedan sufrir las patinetas; alguien debe transportarlas; pintarlas; limpiarlas etc., todo lo cual indica que este nuevo negocio, basado en la tecnología, producirá empleos para los humanos en vez de disminuirlos.

Según estudios de la Universidad de Oxford del año 2013, el 47% de los empleos desaparecerían en los próximos años como consecuencia de los cambios tecnológicos, a lo cual se ha respondido que la lógica de los avances tecnológicos es que destruyen y crean empleos, por ejemplo, la máquina impresora generó más empleos que los tipógrafos contratados por los periódicos; lo mismo ocurrió cuando en la industria automovilística apareció la robotización en la producción.

Cuando en 1980 aparecieron los cajeros automáticos en Estados Unidos, se temía por la pérdida de empleos en los bancos pero 5 años después no era esa la realidad y en 2002 según describe Andrés Oppenheimer en su obra "Sálvese Quien pueda", había en Estados Unidos 352,000 cajeros automáticos y 527,000 empleados bancarios, cifra superior a la de 1980. El mismo autor indica que Amazons compró más robots y contrató a más personas, etc.

Hay quienes indican que las empresas que usan tecnología contratarán menos personas reduciendo drásticamente el empleo, siendo este el desempleo, el principal problema del mundo del trabajo en la actualidad, lo que implica de suyo la necesidad de abordarlo y justipreciar si la causa del desempleo en el mundo y en nuestra región se debe al uso de la tecnología, al aumento demográfico, a la globalización económica o a cuáles otras razones. No se puede concluir que única y exclusivamente la tecnología aplicada a la producción origina desempleo.

De acuerdo al criterio de obtención de ganancia con la menor inversión posible, resulta importante destacar, tal como lo predica la Constitución de la OIT, que el trabajo humano no es una mercancía pero agregaríamos que sin embargo, es tratado como una mercancía, al extremo que los propios trabajadores del siglo XXI y de la región, consideran que el trabajo humano es un medio para satisfacer sus necesidades básicas. Pocos se detienen a pensar que el trabajo es un medio de realización personal, es una necesidad humana y es por esa razón que existió desde que el hombre empezó a conocer su entorno, hace miles de años.

La forma de producir en base a un contrato "libremente acordado entre las partes" es una ficción que convive con el reconocimiento doctrinal y jurídico de que las partes de este contrato no son iguales y de allí que surja la necesidad de la protección por parte de las normas jurídicas, que están por encima de ese contrato.

La empresa nacida en la revolución industrial del siglo XVIII se ocupó originalmente de contratar personas para que transformaran la materia prima y no se interesó por otras necesidades de la población que no fuera la demanda de bienes materiales. Hoy sin embargo, la iniciativa privada es decir la inversión, se interesa en vender todo lo que sea posible, incluso los recursos naturales, transformados o no; los servicios que las personas requieran (no sólo los llamados básicos, sino también los que están en niveles superiores del interés humano como la cultura, el entretenimiento, etc.) e incluso, la inversión privada se interesa en fomentar las necesidades en la mente de las personas y venden ese servicio a quienes a su vez venden los bienes y servicios. Por último la tecnología se vende por precios al alcance de los ingresos medios y se "vende" la necesidad de obtener la misma, de manera irracional.

En este contexto, el propio servicio de administración de las empresas se les vende a los inversionistas y se busca abaratar el "costo" de la "mercancía" llamada trabajo, incluso se vende la idea de que el ser humano no inversionista sólo debe preocuparse por obtener ingresos, sin importar la estabilidad en el empleo o las condiciones de trabajo. Es el caso según afirman algunos, de los llamados millenials, que no ven la empresa como una fuente de ingresos, ni sienten la necesidad de dedicarse a trabajar según los criterios tradicionales de una empresa, con un espacio físico, de carácter permanente, dedicada a la producción de algo en concreto. Las plataformas digitales y quizás la inteligencia artificial en un futuro cercano, buscan no sólo abaratar los costos de esta mercancía llamada trabajo, sino desaparecer ese costo si fuera posible olvidando que la tecnología es parte del desarrollo humano y las relaciones de producción no pueden dejar de existir en tanto existan empresas que busquen como fin último, la mayor ganancia posible.

No puede haber empresas sin la participación del inversionista (sea este una persona, un consorcio o el Estado), aunque utilice la más avanzada tecnología; sin el concurso de un grupo de personas que pongan su conocimiento al servicio de esa inversión y en la medida en que ello sea de esa forma, habrá conflictos en cuanto a la distribución de las ganancias entre ambos, trabajadores e inversionistas y consecuentemente, se requerirá de un colectivo de los trabajadores que interactúe con los empleadores para resolver el día a día de ese conflicto interminable dentro del sistema.

Si las nuevas empresas no contratan trabajo humano, no se pueden considerar empresas en el sentido tradicional de la palabra, que es la conjunción de la inversión con el esfuerzo humano asalariado pero más que eso, se acercarían objetivamente a la conclusión de algunos pensadores europeos, acerca de la necesidad de poner en manos de los seres humanos no inversionistas, dinero para consumir los productos elaborados por ella, dinero que debería salir de sus ganancias acumuladas, situación que el capital no ha aceptado hasta ahora y que no es coherente con la lógica de la obtención de ganancia ya que nadie daría dinero de su bolsillo para que le compren sus productos y además sería imposible de esa manera, obtener ganancias.

5 Las relaciones colectivas de trabajo

Como se ha indicado, las relaciones colectivas de trabajo son consecuencia histórica y sociológica de la forma de producción capitalista, en ausencia de normas que regulasen las relaciones de trabajo individual pero al aparecer la legislación laboral proteccionista no desaparecieron los colectivos de trabajadores, con independencia de la denominación que asumieran pues por una parte, se hizo necesaria su existencia para hacer cumplir las normas y los acuerdos intra empresas y por la otra, precisamente la necesidad de que la introducción de nuevas modalidades en cuanto a la administración, los métodos y la tecnología aplicada a la producción de bienes y servicios no fuesen causas de disminución, eliminación o afectación de los derechos de los trabajadores o incluso la necesidad de legislar o acordar nuevos derechos en esas nuevas circunstancias, provocó la permanencia de las organizaciones de trabajadores, que luego fueron protegidas por la legislación nacional e internacional.

La capacidad de las organizaciones sindicales de los trabajadores de agruparse en niveles más complejos y abarcadores desde el punto de vista geográfico y de la actividad económica de la empresas hasta que finalmente se agruparon a nivel mundial y regional por afinidad ideológica, ayudó a consolidar la existencia de los sindicatos, hasta que el sector empleador se acostumbró a convivir con ellos, en una especie de unidad y lucha de contrarios cuasi institucional en la sociedad actual.

Existen algunos elementos que caracterizan las diferentes modalidades en que se dan las relaciones colectivas de trabajo a nivel nacional, regional y mundial, entre las cuales podemos destacar en primer lugar la estructura económica pues la estabilidad laboral depende mucho del tipo de economía de cada país y región. Así por ejemplo, donde existe un énfasis en el desarrollo industrial, hay mayor estabilidad y demanda de empleo, basada en un amplio colectivo de trabajadores que origina un mayor grado de actividad sindical, mayor que en las economías basadas en la agricultura (donde hay más individualismo en la producción), Por su parte, las economías basadas en el comercio y servicios, dificultan por su propia naturaleza, de inestabilidad empresarial y laboral, la existencia y desarrollo de organizaciones de trabajadores.

El marco jurídico en que se desarrollan las relaciones colectivas por supuesto que es otro elemento importante pues aunque el mismo a su vez está vinculado a la correlación de fuerzas políticas e ideológicas, no es menos cierto que los principales sindicatos al menos en América y especialmente en Centroamérica y el Caribe, debido a diversos factores, históricamente se identificaron con propuestas político ideológicas que entraban y salían de la administración del Estado.

En ese marco, la regulación jurídica de las relaciones individuales y colectivas reflejó esa correlación de fuerzas. Hoy existe una gran variedad de propuestas normativas que se caracterizan por reconocer un tanto tímidamente la libertad sindical;[5] y en algunos casos, se limita o impide por la propia norma el ejercicio de esa libertad sindical, razón por la cual el Comité de Libertad Sindical de OIT recibe un alto volumen de quejas y denuncias por infracción de los derechos colectivos consagrados en la legislación internacional, desde América Latina. En el caso del Caribe y Centroamérica, las denuncias en ocasiones como es el caso de Colombia, Guatemala y Honduras, implican la privación de la vida de los sindicalistas y la impunidad de sus asesinos.

La jurisprudencia también complementa la normativa vigente y expresa sin dudas esa ambivalencia, producto de la correlación ideológica y política que hemos expresado. Es por ello que encontramos tribunales constitucionales que reconocen la aplicación directa de las normas de OIT como en el caso de Colombia y tribunales de la misma jerarquía en otros países como Costa Rica o Guatemala, que no son tan liberales en la interpretación de las normas favorables a las organizaciones de los trabajadores y otros como Panamá, que muy cautelosa y lentamente se acercan a la interpretación más progresista de esos derechos.

La tradición y cultura son sin dudas un elemento influyente en la conformación de las organizaciones sindicales y de su gestión. En el caso de Centroamérica y el Caribe, un sentimiento combinado de

5 Por ejemplo, el Convenio 151 de OIT sobre relaciones de trabajo en la administración pública, es uno de los menos ratificados en la región, con menos de una decena de países. En los últimos años los derechos individuales y colectivos de los empleados públicos ha tenido un impulso que aún no termina, gracias a la gestión sindical y de la OIT, así como de algunos gobiernos progresistas de la región, salvo excepciones como México que desde la Constitución de Querétaro reconoció los derechos laborales individuales y colectivos de los servidores públicos.

agresión histórica a la nación y de lucha sin cuartel, le da forma a la gestión sindical, en las difíciles condiciones en que ella se desarrolla. Pero también una sicología social de misticismo, de respeto a la autoridad, provenientes del pasado cultural de sus pueblos, incide en la gestión sindical de la región, así como la influencia cultural extranjera y de las corrientes ideológicas del sindicalismo internacional, que a veces son tan profundas que en casos como Panamá, no se ha logrado la unificación de centrales sindicales cuyas filiales regionales lo hicieron hace ya más de 10 años.

Pero una característica natural, genética que condiciona el desarrollo del colectivo de trabajadores es la tendencia a convivir en colectivo, a sentir mayor seguridad de enfrentar las dificultades si se hace en colectivo que si se hace individualmente. Yual Noah Harari ha indicado en su libro "Sapiens: de animales a dioses", que la seguridad del trabajo en colectivo y sus resultados, fue lo que impulsó al homo sapiens a avanzar y adaptarse al medio ambiente que le rodeó y eventualmente a dominarlo mejor que las otras especies que se extinguieron es decir, el trabajo en colectivo da seguridad y resultados deseados y se ha convertido en una necesidad en la actualidad, aun en los tiempos de la comunicación digital individual (sólo si una gran cantidad de personas posee aparatos móviles u otro equipo tecnológico común, pueden comunicarse entre sí. Nadie se comunica consigo mismo mediante las redes sociales; precisamente por eso se denominan "sociales").

Las necesidades de enfrentar las dificultades iguales para todos los trabajadores fue lo que originó históricamente el sindicato y es lo que lo mantiene con vida hasta hoy.

6 Las relaciones colectivas de trabajo en Centroamérica y el Caribe

El informe del Director Regional de la OIT presentado a la XIX Reunión Regional Americana en Panamá en octubre de 2018, indica que Latinoamérica y el Caribe sufren de una "crisis en cámara lenta" caracterizada por el hecho de que a los problemas no resueltos en el siglo XX hay que agregarle nuevos desafíos que afectan el mundo del trabajo como lo son los cambios demográficos, tecnológicos, nuevos paradigmas en la producción, nuevos modelos de negocios, nuevas formas de contratación e imperativos ambientales, especialmente el cambio climático.

En el caso de los pequeños Estados insulares del Caribe, los limitados recursos naturales, los mercados pequeños, limitadas oportunidades para el sector privado y costos elevados de producción, infraestructura, comunicación y energía y su vulnerabilidad ante catástrofes naturales, elevan exponencialmente esa crisis en cámara lenta.

La estructura económica del Caribe basada en minería, perforación, turismo y comercio limita la sostenibilidad de las empresas y la estabilidad laboral a la vez que fomentan la dependencia de la inversión extranjera, mientras que la agricultura se mantiene un tanto rezagada y con poca inversión.

En América Latina (incluida por supuesto la región de Centroamérica y el Caribe) se desaceleró la economía en los últimos cinco años; hay una tendencia crónica hacia la desigualdad; se dieron cambios tecnológicos sin preparar a la sociedad y las instituciones para esos cambios; aumentaron los flujos migratorios y hay señales crecientes de cambio climático. Aumentó el desempleo (de 6.1% hasta 7.9%); se precarizó el empleo, aumentando la tasa de informalidad hasta casi el 50% de los nuevos empleos.

CEPAL ha denominado la imposibilidad de eliminar o disminuir drásticamente las deficiencias estructurales en América Latina y el Caribe en las últimas 5 décadas "el talón de aquiles de la economía regional" y el BID lo ha descrito como la "tragedia de América Latina", que la hace una de las economías más desiguales del planeta.

Por último, según el informe del Secretario General de OIT en la XIX reunión Regional Americana de Panamá, en 2018, los índices de pobreza y extrema pobreza aumentaron en la región entre 2014 y 2018.

La presencia de trasnacionales en busca de abaratamiento de sus costos de producción en la región, resulta en una desigualdad laboral y una fuga de ingresos que obliga a considerar esta realidad en los próximos años.

La tasa de afiliación sindical en Centroamérica y el Caribe promedia el 8% (exceptuando a Cuba que posee una densidad del 30%), por debajo del promedio de América Latina, que es de 19%. La negociación colectiva en consecuencia, cubre también un número muy inferior al del resto de la región, y no se produce en forma sectorial sino por empresa, lo que disminuye las posibilidades de ampliar la cantidad de trabajadores beneficiarios. En algunos países como Panamá, el universo de beneficiarios de los convenios colectivos disminuye paulatinamente cada año.

La política de diálogo social a medias, limitada, debilitada por la falta de estabilidad política y la propia gestión sindical afectada por prácticas antisindicales de empleadores privados y del Estado, sumado a un liderazgo disminuido, expresan la realidad de los últimos años en la región, aunque se reconoce que en el caso del Caribe, la coalición sindical Congreso del Trabajo del Caribe, ha podido influir en alguna medida en instituciones supranacionales como CARICOM y la Organización de Estados del Caribe Oriental (OECS).

Con más de 40 centrales sindicales en el Istmo Centroamericano, el movimiento sindical del área ha mantenido una agenda de lucha en primer lugar por el aseguramiento de la libertad sindical, el derecho a la negociación colectiva y la defensa de los derechos laborales individuales de los trabajadores. A ello se ha sumado la lucha contra las discriminaciones, principalmente contra las mujeres. Pera la principal gestión sindical ha estado históricamente dirigida a enfrentar las políticas públicas excluyentes, discriminatorias y atentatorias contra los derechos de la población, lo que en no pocas ocasiones han pagado con su vida los sindicalistas.

La negociación colectiva ha estado dirigida a enfrentar las inequidades salariales, dejando un poco de lado los aspectos sociales. En ocasiones, la agenda sindical se ha visto obligada a enfrentar la legislación o la ausencia de la misma, con talante protector del trabajo y aún de la libertad sindical.

La legislación laboral de la región declara reconocer la libertad sindical pero no la fomenta; describe la negociación colectiva con altas restricciones e impide la huelga, aunque confiesa reconocerla como derecho. Las reformas producidas después de la ola flexibilizadora de los años 90, van atenuando estas realidades, siendo la última, la reforma procesal del trabajo de Costa Rica y digno de destacar, el acuerdo tripartita que originó una legislación laboral garantista en República Dominicana en 1992 y que la gestión sindical ha impedido que se reforme a la baja.

Las relaciones colectivas en este contexto, responden a la necesidad de los trabajadores, primero de organizarse y luego de asegurar desde la norma jurídica las garantías de funcionamiento, para luego gestionar el derecho de representar y defender a los trabajadores es decir sus derechos laborales individuales, reconocidos en la legislación, así como el concepto de ciudadanía en la empresa, a través de los llamados derecho innominados.

En este contexto, el derecho positivo, las actuaciones de los empleadores y autoridades así como la jurisprudencia en no pocas ocasiones, impiden, limitan u obstaculizan el libre ejercicio de los derechos colectivos de los trabajadores, en el entendimiento que dicho ejercicio conlleva a hacer respetar los derechos individuales en el trabajo. Es una expresión de resistencia ideológica a la concepción de que los trabajadores deben ser considerados personas y no mercancía en las relaciones de trabajo y al encontrar resistencia organizada en los trabajadores ante esta concepción, entonces estos elementos combinados: norma, actuación de los empleadores y jurisprudencia se combinan para impedir la organización de los trabajadores. En ocasiones esta combinación se expresa en persecuciones y represalias, prohibiciones legales; interpretaciones excluyentes de la norma e impunidad ante la infracción de la legislación vigente en el plano nacional e internacional.

7 Perspectivas de las relaciones colectivas de trabajo en la región

El trabajo humano ha sido siempre una necesidad social que ha engendrado satisfacciones y frustraciones así como confrontaciones. A partir de la revolución industrial y la aparición del trabajo asalariado, surgió la posibilidad de agrupar a los trabajadores que tenían los mismos intereses ante los empleadores, lo que indica que mientras exista trabajo humano asalariado, existirán desigualdades generadas en las relaciones de trabajo y consecuentemente, la posibilidad de organizarse para enfrentar esas dificultades, lo que constituye una realidad palpable, casi natural.

Según Yuval Noah Harari, una de las fundamentales razones por la cual el homo sapiens superó a otras especies de humanos fue su capacidad de pensamiento abstracto; su capacidad de pensar creativamente en las múltiples formas de convivencia que les permitió la unidad de su especie y enfrentar los problemas. Así surgió la familia, el Estado, la religión, la filosofía, el dinero, la libertad, etc.

Esta capacidad de solución abstracta, característica de nuestra especie, originó el sistema capitalista de producción, el mercantilismo y la sociedad dividida en clases sociales en base a su relación con la propiedad. También originó la posibilidad de agruparse para enfrentar en colectivo, las dificultades originadas en la sociedad capitalista, a menos que la idea central de la producción de bienes y servicios cambie y se enfoque en el beneficio de toda la sociedad, sin distinción alguna es decir, que todos y todas tengan acceso a todos los productos y a todos los servicios.

Hoy, la sociedad y la empresa no se parecen a la que existió en los orígenes del sistema pero su esencia se mantiene y su esencia consiste en asegurar la mayor ganancia posible al menor costo posible y ese costo incluye la explotación del trabajo humano. Pensar en la desaparición de ese tipo de trabajo implicaría de suyo, explorar la propia desaparición del sistema. Los inversionistas empleadores no podrían resistir (al menos en nuestra región) importar tecnología para producir y sustituir el trabajo humano al 100%, sin obtener a cambio ingresos y ganancias, debido a que no habría quien consuma sus productos.

Antes de pensar en ello, será menester resolver las grandes dificultades económicas y sociales de la región por lo que, de acuerdo a la visión de la OIT y de muchos otros organismos internacionales, será necesario enfrentar esas dificultades de manera prioritaria en los próximos años, antes de introducir tecnología de punta que pueda afectar más aún el trabajo humano.

La ONU ha acordado los Objetivos de Desarrollo Sostenible (ODS) como un compromiso de todos los países miembros para el año 2030, después que no se pudieron concretar los objetivos del milenio (el principal, reducir la pobreza a la mitad entre 2000 y 2015). En el caso de Latinoamérica, incluida Centroamérica y el Caribe, la tarea implica grandes cambios paradigmáticos; superar barreras estructurales que no se han derrumbado en décadas anteriores, superar la dependencia económica, la desigualdad, la discriminación, las creencias en soluciones místicas o religiosas, etc. Una tarea trascendental en este sentido será superar la filosofía individualista absoluta que ha afectado hasta los más progresistas dirigentes de la región, políticos, sindicales, y de muchas otras esferas de actuación humana.

Para aplicar la tecnología de punta al trabajo será menester primero asegurar lo que la OIT denomina un trabajo decente y una empresa sostenible, que garantice su propia estabilidad y la de sus trabajadores; instituciones gubernamentales sólidas, democráticas y estables, dirigidas por líderes con vocación y convicción democrática y solidaria. Habrá que adecentar primero el trabajo, superar la precariedad del mismo y en ese camino, las relaciones de trabajo colectivas jugarán un papel extremadamente importante.

La sociedad y en particular las organizaciones de trabajadores, en alianza con los consumidores y las organizaciones de la llamada sociedad civil, están compelidas a esforzarse por asegurar organizaciones y dirigentes democráticos, con vocación de solidaridad, que permita el relevo generacional y asegure la existencia de las tradiciones de lucha en las nuevas condiciones, poniendo especial énfasis en el aseguramiento legislativo de la vigencia de la libertad sindical, concebida en los términos de la doctrina y las normas internacionales del trabajo, encabezadas por OIT.

Aumentar en calidad y cantidad es un primer reto de las organizaciones de trabajadores para incidir en las políticas públicas y los cambios estructurales necesarios para impulsar la mejoría de los niveles de vida de la población en general y de los trabajadores en particular. De la capacidad de los homo sapiens que liderizan estas organizaciones o de los que de alguna manera influyan en ellas para crear abstracciones que concreten estas realidades dependerá el éxito de este emprendimiento.

En Centroamérica y el Caribe hace falta superar barreras estructurales como la vocación económica (superar la exportación de materia prima, el comercio y los servicios), la discriminación y exclusión como parte de la cultura popular; la creación, ejecución y eficacia de normas laborales individuales y colectivas; el impulso de políticas públicas sociales y relaciones económicas internacionales de dependencia recíproca y no supeditadas, así como la soberanía alimentaria; el respeto al medio ambiente e incluso el uso de la tecnología en la producción pero para bienestar de la población, de los trabajadores y de los inversionistas y no sólo de uno de estos grupos, así como el techo mínimo de derechos de la seguridad social y laboral de los migrantes y sólo los empleadores o los gobiernos, sin el concurso de los trabajadores organizados no podrán lograrlo, como no ha sido posible en los últimos 30 años.

Las relaciones colectivas de trabajo en el futuro en la región, deben reforzar y proteger la gestión sindical que aumente la afiliación sindical; combata la desigualdad en todos los ámbitos; coadyuve en la superación de las barreras estructurales descritas; apuntale para ello la negociación colectiva y el diálogo social efectivo y eficaz, con el apoyo de organizaciones internacionales como OIT; promover la formalidad en el empleo; la justicia social en las políticas públicas, las normas y en la jurisprudencia; vigilar el respeto y la vigencia de los derechos laborales y fundamentales; fomento de nuevas formas de empleo, de la educación y formación profesional; garantizar y promover mayor cobertura de seguridad social; trabajar de cara a enfrentar los problemas de los trabajadores migrantes, el desempleo juvenil y la promoción de políticas salariales y de transición justa de mercados e igualdad de género entre otras.

En el punto 7 de la Declaración de Panamá de la OIT de 2018, se indica que

> Para avanzar hacia un mejor futuro de la producción y del trabajo, es necesario generar y fortalecer la cultura del trabajo, el respeto de los derechos y el cumplimiento de las obligaciones de las partes involucradas en la relación laboral; alentar el espíritu emprendedor; generar más y mejores espacios y capacidades de reflexión estratégica y de planificación, que contribuyan al desarrollo y ejecución de programas y políticas a largo plazo. Nos comprometemos a promover la creación de estos espacios institucionales y su fortalecimiento.

Esta estrategia supone la participación de los trabajadores a través de sus organizaciones más representativas y ello sólo es posible en un adecuado y eficaz sistema de relaciones colectivas de trabajo, que sea causa y efecto de la aplicación de las estrategias descritas. Por ello el futuro de las relaciones colectivas de trabajo en la región depende más que todo, de la voluntad de los interactores sociales, especialmente de los propios trabajadores y sus estructuras organizativas.

La finalidad del trabajo humano no es el obtener un ingreso para satisfacer las necesidades básicas materiales, ni siquiera para satisfacer las necesidades materiales más elevadas. El trabajo es una necesidad de cada persona vista individualmente, no sólo una necesidad de la vida en sociedad. Fue lo que permitió que los seres humanos dominaran su entorno, la naturaleza y las otras especies o formas de vida. Es el motor que ha impulsado la vida en sociedad desde hace miles de años, bajo diferentes formas de relacionarse a propósito de la producción.

Desde este punto de vista, no es posible concebir una sociedad sin empleo o con un mínimo de empleo porque en este último caso, sería mayor la explotación de los que laboran que aquellos que están desempleados. En caso que no haya empleo humano, la sociedad misma se estancaría, habría muerto el instinto humano de investigar, conocer y dominar el mundo circundante para satisfacer sus necesidades de todo tipo.

La sustitución del trabajo humano tampoco es posible desde el punto de vista económico porque conllevaría a la total ausencia de consumidores y con ello acabaría la forma de producción capitalista. Luego, la lógica del sistema orilla a pensar en nuevas formas de empleo pero siempre con participación del trabajo humano asalariado, a menos que la sociedad concluya en la necesidad de trabajar solamente para la autorrealización, y las necesidades materiales estén cubiertas por toda la sociedad, sin ganancias, sin dinero, sin trueque, sin comercio y sin mercado. En ese contexto las relaciones colectivas de trabajo podrían repensarse casi hasta desaparecer.

Mientras exista el mercado, el trabajo asalariado y las desigualdades que se producen en esos escenarios, será casi imposible pensar en la disminución o desaparición de las relaciones colectivas de trabajo, sobre todo en sociedades tan desiguales como la región cuyo análisis abordamos en este trabajo. Por el contrario, el trabajo será más intenso y acelerado para elevar los resultados de esas relaciones colectivas de trabajo, en aras de superar inequidades históricas en sociedades como la nuestra, al menos en los próximos años.

Referências

CSA-OIT. Oficina de Actividades para Trabajadores (ACTRAV). Panorama Laboral Normativo en Materia de Libertad Sindical y Negociación Colectiva en América Latina y el Caribe. 2016. Sao Paolo.

Central América Data.Com. *Información de mercados en Centroamérica. Relaciones de Trabajo*. Disponible em: https://www.centralamericadata.com/es/search?q1=content_es_le:%22relaciones+de+trabajo%22.

DIRSKEN, Uta. *El futuro del trabajo comienza ahora. Opciones para encarar!* Fundación Frederich Ebert Stiftung. 2018. Disponible em: http://library.fes.de/pdf-files/bueros/uruguay/14594-20180809.pdf.

HARARI, Yuval Noah. *Sapiens. De Animales a Dioses*. Edición en español, Perenguin Randon House Grupo Editorial, S.A.U., Barcelona. 2017.

LANDABURU, María Katia. *El rol del Estado y la relaciones laborales en América Latina*. 2018. XXII Congreso Mundial de Derecho del trabajo y la Seguridad Social. Turín, Italia.

MURGAS TORRAZA, Rolando. *El trabajo del futuro y su protección*. 2017. Cuadernillos de la Fundación Electra. Montevideo, Uruguay.

OIT. Informe del Director General. *El Futuro del Trabajo que Queremos en Las Américas a Través del Diálogo Social*. XIX Reunión Regional Americana. Panamá 2-5 de Octubre 2018.

OIT. *La Declaración de Panamá*. XIX Reunión Regional Americana. Panamá 2-5 de Octubre 2018.

OIT. Preparando el futuro del trabajo que queremos en las Américas a través del Dialogo Social. Informe del Director General a la 19 Reunión Regional Americana. Panamá. Lima. 2018.

OIT. SEPULVEDA MALBRAN, Juan Manuel (Coord.). *Las organizaciones sindicales centroamericanas como actores del sistema de relaciones laborales*. San José. 2003.

OPENHEIMER, Andrés. *Sálvese quien pueda. El futuro del trabajo en la era de la automatización*. 2018. Editorial Debate. Colombia

SALA, Steve. Una visión sobre el futuro del trabajo. 2016. Disponible em: https://blogs.iadb.org/trabajo/2016/02/22/una-vision-sobre-el-futuro-del-trabajo/.

SWART, Gary; GARCIA-MILÁ, Pau. *El ocaso del empleo. Cómo sobrevivir en el futuro del trabajo.* Disponible em: http://blog.futurodeltrabajo.com/p/libro-el-ocaso-del-empleo.html.

VENTURA-DIAS, Vivianne. *Las aguas en que navega América Latina: oportunidades y desafíos para la transformación social-ecológica.* 2017. Fundación Friedrich Ebert Stiftung, Proyecto Regional Transformación Social-Ecológica. México.

Informação bibliográfica deste texto, conforme a NBR 6023:2018 da Associação Brasileira de Normas Técnicas (ABNT):

AYALA MONTERO, Carlos. El futuro de las relaciones colectivas de trabajo en Centroamerica y el Caribe. *In*: TUPINAMBÁ, Carolina (Coord.). *As novas relações trabalhistas e o futuro do Direito do Trabalho:* as novidades provenientes da globalização, de influxos do Direito comparado e da internacionalização de contratos laborais. Belo Horizonte: Fórum, 2021. (Coleção Fórum As novas relações trabalhistas e o futuro do direito do trabalho. Tomo IV.) p. 71-90. ISBN 978-65-5518-223-1.

PROTOCOLOS DA ORGANIZAÇÃO INTERNACIONAL DO TRABALHO: NATUREZA JURÍDICA E EFETIVIDADE DAS NORMAS INTERNACIONAIS DO TRABALHO

LUIZ EDUARDO GUNTHER

ANDRÉA DUARTE SILVA

1 Introdução

Criada em 1919 como parte do Tratado de Versalhes que pôs fim à Primeira Guerra Mundial, a Organização Internacional do Trabalho (OIT) dedica-se, entre outros fins, a formular e aplicar as normas internacionais do trabalho: convenções, protocolos, recomendações, resoluções e declarações. Com quase cem anos de existência, vem desempenhando de maneira notável seu papel, cujo prêmio Nobel da Paz em 1969 só confirmou sua atuação diferenciada em relação a outros entes internacionais.

A OIT desempenhou um importante papel em momentos históricos de todo o mundo – a Grande Depressão americana, a descolonização, a criação do Solidarność na Polônia, a vitória sobre o *Apartheid* na África do Sul – e, hoje, na construção de um marco ético e produtivo para uma justa globalização.[1]

O papel da OIT, de elaborar normas e monitorar o seu cumprimento, tem grande relevância nessa época globalizada, com A tecnologia a modificar, de forma intensa, as vidas dos empregadores e trabalhadores. Suas convenções, que possuem inequívoca natureza jurídica de tratado, inclusive de direitos humanos, constituem, nesse início do século XXI, ponto de referência essencial para o conhecimento, interpretação, aplicação e aprimoramento do Direito do Trabalho.

Atualmente a OIT adota 189 convenções, 203 recomendações e seis protocolos, alguns datando de 1919. Naturalmente, alguns desses instrumentos não mais correspondem às necessidades atuais. Para solucionar esse problema, a OIT revisa as convenções, que substituem as antigas, ou adota instrumentos denominados protocolos, que lhe acrescentam novas disposições com o objetivo de aperfeiçoá-las e atualizá-las, conferindo-lhes maior flexibilidade.[2]

Segundo a OIT, por meio de seu site Normlex,[3] o protocolo

> É um dispositivo processual para adicionar maior flexibilidade a uma convenção ou para estender suas obrigações. Os protocolos também são tratados internacionais, mas que, no contexto da OIT, não existem independentemente, pois estão sempre ligados a uma convenção. Como as convenções, estão sujeitos a ratificação. Eles permitem a adaptação a condições variáveis e permitem lidar com dificuldades práticas que surgiram desde a adoção da Convenção, tornando-as, assim, mais relevantes e atualizadas. Os protocolos são particularmente apropriados quando o objetivo é manter intacta uma convenção que já

---

1 INTERNATIONAL LABOUR ORGANIZATION. *History of the ILO*. Disponível em: https://www.ilo.org/global/about-the-ilo/history/lang--en/index.htm. Acesso em: 21 fev. 2019.

2 INTERNATIONAL LABOUR OFFICE. *Rules of the game*. A brief introduction to International Labour Standards. Disponível em: https://www.ilo.org/wcmsp5/groups/public/---ed_norm/---normes/documents/publication/wcms_318141.pdf. Acesso em: 21 fev. 2019. [Tradução livre dos autores do texto original em inglês].

3 Normlex é a página da Internet da OIT (com versões em inglês, francês e espanhol) que constitui "um novo sistema que reúne informações sobre as Normas Internacionais do Trabalho (como informações sobre ratificações, requisitos para envio de relatórios, comentários dos órgãos de supervisão, etc.) e sobre as legislações nacionais trabalhistas e previdenciárias". Disponível em: https://www.ilo.org/dyn/normlex/en/f?p=NORMLEXPUB:1:0::NO:::. Acesso em: 19 fev. 2019 [Tradução livre dos autores do texto original em inglês].

tenha sido ratificada e que possa receber mais ratificações, alterando ou acrescentando certas disposições sobre pontos específicos.[4]

Assim, protocolo é um instrumento que revê parcialmente uma convenção, evitando a adoção de um novo instrumento, com o objetivo de atualizá-la, dado que esses importantes instrumentos de direitos humanos foram elaborados em contexto diferente do atual.

2 As convenções e os protocolos da OIT

As convenções da OIT são tratados multilaterais abertos, de natureza normativa, elaborados pela Conferência Internacional do Trabalho, a fim de regulamentar o trabalho no âmbito internacional, além de outras questões que lhe são conexas.

As convenções ratificadas são de aplicação obrigatória, mas mesmo as não ratificadas constituem-se em importantes fontes de Direito do Trabalho. Nesse sentido ficou cristalizado entendimento na I Jornada de Direito do Trabalho, realizada no Tribunal Superior do Trabalho, em Brasília, em 2007, por meio de seu Enunciado 3, II, sobre as fontes de Direito do Trabalho, Direito Comparado e convenções e recomendações da OIT:

> Convenções e recomendações da OIT. O uso das normas internacionais, emanadas da Organização Internacional do Trabalho, constitui-se em importante ferramenta de efetivação do direito social e não se restringe à aplicação direta das convenções ratificadas pelo país. As demais normas da OIT, como as convenções não ratificadas e as recomendações, assim como os relatórios dos seus peritos, devem servir como fonte de interpretação da lei nacional e como referência a reforçar decisões judiciais baseadas na legislação doméstica.

O art. 19 da Constituição da OIT dispõe que, se a Conferência Internacional do Trabalho pronunciar-se pela aceitação de propostas relativas a um assunto na sua ordem do dia, deverá decidir se essas propostas tomarão a forma de uma convenção ou de uma recomendação (nesta hipótese, quando o assunto tratado, ou um de seus aspectos, não permitir a adoção imediata de uma convenção). Em ambas as situações, para que uma convenção ou recomendação seja aceita em votação final

---

4 NORMLEX. *What is a Protocol?* Disponível em: https://www.ilo.org/dyn/normlex/en/f?p=NORMLEXPUB:71:0::::#q6 [Tradução livre dos autores do texto original em inglês]

pela Conferência, são necessários dois terços dos votos dos presentes. O Diretor-Geral da Repartição remete a cada um dos Estados Membros uma cópia autêntica da convenção ou da recomendação.

A todos os Estados Membros será dado conhecimento da convenção para fins de ratificação. Os Estados Membros têm o compromisso de submeter, dentro do prazo de um ano (a contar do encerramento da sessão da Conferência), a convenção à autoridade competente sobre a matéria, a fim de que esta a transforme em lei ou tome medidas de outra natureza. A convenção, na verdade, constitui-se em um tratado-lei de caráter multilateral. É um tratado-lei porque desse documento emanam normas jurídicas de caráter geral, aplicáveis indefinidamente em todos os Estados que a ela aderirem, vale dizer, não se criam normas jurídicas particulares suscetíveis de esgotar-se por sua só aplicação em um caso concreto. É de caráter multilateral porque a ela podem aderir muitos Estados.[5]

Dessa dupla característica (tratado-lei/multilateral) surge o desdobramento elaborativo da convenção em dois momentos ou atos:

a) a criação da norma jurídica internacional, ou seja, o ato-regra realizado pela Conferência Internacional ao aprovar por dois terços de votos o texto de uma convenção;
b) o ato-condição realizado a partir de cada Estado Membro ao ratificar a convenção, pelo qual se compromete a ele submeter-se, nascendo desde esse momento a obrigatoriedade da norma, contanto que se tenham cumprido as condições estipuladas no ato-regra (determinado número de ratificações, transcurso de certo prazo, etc.).[6]

A formação diferenciada da OIT, em comparação com os demais organismos internacionais, com a reunião de representantes de interesses, em sua maioria, antagônicos (Estados, empregadores e empregados) e a incansável produção legislativa em matéria trabalhista, somada à originalidade na fiscalização da aplicação e eficácia destas normas nos Estados Membros a colocam em posição de prestígio e credibilidade no cenário mundial.

A Conferência Internacional do Trabalho ocorre todos os anos em Genebra, no mês de junho, e reúne todos os Estados Membros. Como assevera a OIT,

---

5 PLÁ RODRIGUEZ, Américo. *Los convenios internacionales del trabajo*. Montevideo: Facultad de Derecho y Ciencias Sociales de la Universidad de la Republica, 1965. p. 296.

6 *Idem*.

Cada Estado Membro é representado por uma delegação composta por dois delegados governamentais, um delegado dos empregadores, um delegado dos trabalhadores e seus respectivos conselheiros técnicos (os delegados dos empregadores e dos trabalhadores são nomeados de acordo com as organizações nacionais mais representativas de cada categoria).[7]

São diversas as funções da Conferência Internacional do Trabalho, também chamada de "parlamento internacional do trabalho":

> Em primeiro lugar está a de elaborar e adotar normas internacionais do trabalho, sob a forma de Convenções e de Recomendações. As Convenções são tratados internacionais que, uma vez adotadas pela Conferência, se submetem à ratificação pelos Estados Membros. A ratificação cria, para o Estado, obrigação jurídica de aplicar as disposições da Convenção em questão. As Recomendações, por outro lado, destinam-se a orientar a ação no plano nacional, mas não estão abertas à ratificação e não são juridicamente vinculantes.[8]

Segundo o "Manual de procedimentos relativos às convenções e recomendações internacionais do trabalho", editado pela OIT, "a conferência tem recorrido a diversos meios para assegurar a flexibilidade das normas. Por exemplo: (...) j) adoção de um protocolo facultativo a uma convenção, seja permitindo a ratificação da própria convenção de forma mais flexível ou estendendo as obrigações que decorrem da convenção".[9]

Segundo o site da OIT Brasil, convenções e protocolos são "tratados internacionais que definem padrões e pisos mínimos a serem observados e cumpridos por todos os países que os ratificam".[10] O procedimento para ratificar uma convenção ou protocolo da OIT, por qualquer um de seus 187 Estados Membros, "é um ato soberano e implica sua incorporação total ao sistema jurídico, legislativo, executivo e administrativo do país em questão, tendo, portanto, um caráter vinculante".[11]

---

7 INTERNATIONAL LABOUR ORGANIZATION. *About the ILC*. Disponível em: http://www.ilo.org/ilc/AbouttheILC/lang--en/index.htm. Acesso em: 21 fev. 2019 [Tradução livre dos autores do texto original em inglês].

8 *Idem*.

9 ORGANIZAÇÃO INTERNACIONAL DO TRABALHO. Bureau Internacional do Trabalho Genebra. *Manual de procedimentos relativos às convenções e recomendações internacionais do trabalho*. p. 6-7. Disponível em: https://www.ilo.org/lisbon/lang--pt/index.htm. Acesso em: 21 fev. 2019.

10 ORGANIZAÇÃO INTERNACIONAL DO TRABALHO. *Normas internacionais de trabalho*. Convenções e protocolos. Disponível em: https://www.ilo.org/brasilia/temas/normas/lang--pt/index.htm. Acesso em: 20 fev. 2019.

11 *Idem*.

3 A natureza jurídica dos protocolos da OIT

A natureza jurídica desses instrumentos normativos e seus efeitos comportam aprofundamentos doutrinários. As convenções e os protocolos equiparam-se a tratados internacionais, enquanto as recomendações constituem fonte de inspiração legislativa.

A Conferência da Organização Internacional do Trabalho adotou o primeiro Protocolo em 1982, a respeito da Convenção nº 110, de 1958, sobre as condições de emprego dos trabalhadores em fazendas (1958). Posteriormente, foram adotados Protocolos à Convenção nº 81, de 1947, relativa à inspeção do trabalho na indústria e no comércio (em 1995), à Convenção nº 89, de 1948, sobre o trabalho noturno das mulheres na indústria (em 1990), à Convenção nº 147, de 1976, sobre as normas mínimas da Marinha Mercante (em 1996), à Convenção nº 155, de 1981, sobre a segurança e saúde dos trabalhadores (em 2002) e à Convenção nº 29, de 1930, relativa ao trabalho forçado ou obrigatório (em 2014).

Segundo explicita a própria OIT, no "Manual de procedimentos relativos às convenções e recomendações internacionais do trabalho", no capítulo destinado à natureza da revisão das convenções,

> A revisão formal (incluindo a revisão "parcial") de uma convenção, ou por vezes de diversas convenções, conduz na maioria dos casos à adoção de uma convenção completamente nova. A Conferência pode também proceder à revisão parcial de uma convenção através da adoção de um *protocolo* ou da adoção de disposições, numa nova convenção, cuja aceitação põe fim às obrigações resultantes das disposições correspondentes de uma convenção anterior. Certas convenções preveem igualmente procedimentos específicos para a alteração de anexos. Finalmente, sem que isso constitua formalmente uma revisão, a atualização de determinados dados técnicos ou científicos está prevista em certas convenções através de uma técnica de referência aos dados mais recentes publicados sobre a matéria (grifo nosso).[12]

Como explicita Jean-Michel Servais, esse procedimento objetiva revisar algumas disposições, porque evita a adoção de uma convenção inteiramente nova. Do ponto de vista legal, ele é encarado como uma forma de convenção, adotado da mesma maneira e com os mesmos efeitos. Entende o autor que não impede, naturalmente, a convenção originária a ratificações, porém, em cada um dos outros aspectos, gera

---

12 Manual de procedimentos relativos às convenções e recomendações internacionais do trabalho. *Op. cit.*, p. 42.

os mesmos efeitos que uma convenção revisora. Assim, do ponto de vista legal, o protocolo é uma forma de convenção, porque adotado da mesma maneira e com os mesmos efeitos.[13]

Em termos jurídicos, "os protocolos são da mesma natureza jurídica e valor que as convenções; portanto só obrigam os Estados que os ratificarem".[14]

No Brasil, o protocolo se internaliza da mesma forma que uma convenção. Deve-se traduzir o texto para o português, passar pelo crivo do Congresso Nacional e, aprovado pelo Legislativo, o ato deve ser depositado na OIT (decreto-legislativo). Em seguida, o Presidente da República deve emitir um decreto para determinar que esse tratado seja observado, o que equivale à promulgação-publicação e executoriedade da norma internacional. Ressalte-se, porém, que nenhum dois seis protocolos hoje adotados pela OIT foram internalizados pelo Brasil.

A Organização Internacional do Trabalho possui atualmente 187 Estados Membros e adotou, até o presente momento, 189 convenções, seis protocolos e 205 recomendações, somando 400 instrumentos.[15] O Brasil adota sete das oito Convenções fundamentais, três das quatro prioritárias e 87 das 177 técnicas. Das 97 convenções ratificadas pelo Brasil, 79 estão em vigor, 12 denunciadas e quatro instrumentos ab-rogados.[16] Nenhum instrumento foi ratificado nos últimos doze meses.[17]

As deliberações da estrutura tripartite da OIT designaram oito convenções como fundamentais, as quais integram a Declaração de Princípios Fundamentais e Direitos no Trabalho da OIT (1998). Estas convenções devem ser ratificadas e aplicadas por todos os

---

13 SERVAIS, Jean-Michel. *Derecho internacional del trabajo*. Buenos Aires: Heliasta, 2011. p. 58 [Tradução livre dos autores do texto original em espanhol].

14 BEAUDONNET, Xavier. *Direito internacional do trabalho e direito interno*: manual de formação para juízes, juristas e docentes em direito. Tradução de Sieni Campos Traduções. Turim: Centro Internacional de Formação da OIT, 2011. p. 46.

15 NORMLEX. *As of today*. Disponível em: https://www.ilo.org/dyn/normlex/en/f?p=NORMLEXPUB:1:0. Acesso em: 20 fev. 2019.

16 DIREÇÃO GERAL DO EMPREGO E DAS RELAÇÕES DE TRABALHO DE PORTUGAL. *Ratificação da alteração à Constituição da OIT, de 1997, sobre a ab-rogação de convenções obsoletas*. "Na 85ª Sessão da Conferência Internacional do Trabalho, 1997, foi aprovada uma Emenda à Constituição da OIT, traduzida na adição de mais um parágrafo ao art. 19º, de forma a permitir que, por iniciativa do Conselho de Administração, a Conferência Internacional do Trabalho pudesse ab-rogar, por maioria de dois terços dos votos dos delegados presentes, qualquer Convenção que tivesse perdido o seu objeto ou deixasse de representar uma contribuição útil para a prossecução dos objetivos da Organização". Disponível em: https://www.dgert.gov.pt/ratificacao-da-alteracao-a-constituicao-da-oit-de-1997-sobre-ab-rogacao-de-convencoes-obsoletas. Acesso em: 20 fev. 2019.

17 NORMLEX. *Ratifications for Brazil*. Disponível em: https://www.ilo.org/dyn/normlex/en/f?p=1000:11200:0::NO:11200:P11200_COUNTRY_ID:102571. Acesso em: 20 fev.2019.

Estados Membros da OIT. Entre as convenções fundamentais, o Brasil somente não ratificou, até o momento, a Convenção nº 87, que trata da liberdade sindical e proteção do direito de sindicalização. Outras quatro convenções referem-se a assuntos de especial importância e são consideradas prioritárias. Entre as prioritárias, falta o Brasil ratificar a Convenção nº 129, relativa à inspeção do trabalho na agricultura.[18]

4 Os protocolos em espécie – síntese explicativa

Nenhum dos seis protocolos da OIT em vigor foi ratificado pelo Brasil. Entretanto, em 10 de setembro de 2015 o Ministério do Trabalho e Emprego publicou a Portaria nº 1.237, instituindo o "Grupo de Trabalho Tripartite para analisar os instrumentos da Organização Internacional do Trabalho (OIT) não ratificados pelo Brasil, conforme aprovado na reunião de 13 de maio de 2015, da Comissão Tripartite de Relações Internacionais – CTRI". Nada de concreto foi encontrado a respeito dos resultados dos trabalhos desse grupo.

Segundo o "Manual de procedimentos relativos às convenções e recomendações internacionais do trabalho",

> Dois protocolos adotados até agora pela Conferência introduzem de fato uma maior flexibilidade nas duas respetivas convenções. São os seguintes:
>
> i) Protocolo de 1990 (P089) à Convenção (nº 89) sobre Trabalho Noturno de Mulheres, Revista, 1948;
> ii) Protocolo de 1982 (P110) à Convenção (nº 110) sobre Plantações, 1958.
> Outros três protocolos estendem as obrigações nos termos das convenções que parcialmente reveem:
> i) Protocolo de 1995 (P081) à Convenção (nº 81) sobre Inspeção do Trabalho, 1947;
> ii) Protocolo de 1996 (P147) à Convenção (nº147) sobre Marinha Mercante (Normas Mínimas), 1976;
> iii) Protocolo de 2002 (P155) à Convenção (nº 155) sobre Segurança e Saúde e Segurança dos Trabalhadores, 1981.[19]

---

[18] ORGANIZAÇÃO INTERNACIONAL DO TRABALHO. Normas. *Classificação*. Disponível em: https://www.ilo.org/public//portugue/region/ampro/brasilia/rules/organiza.htm. Acesso em: 21 fev. 2019.

[19] Manual de procedimentos relativos às convenções e recomendações internacionais do trabalho. Op. cit., p. 17-18.

Para efeitos didáticos, abordaremos os protocolos pelo número da convenção, fora de sua ordem cronológica. Observe-se que nenhum dos protocolos se encontra oficialmente traduzido para o português. No entanto, eles podem ser encontrados em língua nacional em trabalho publicado pela *Revista do Tribunal Regional do Trabalho da 9ª Região*, ano 40, n. 72, p. 23-245, jan./dez. 2015.

4.1 P029 – Protocolo de 2014 relativo à Convenção sobre o Trabalho Forçado ou Obrigatório, de 1930

Diz respeito à Convenção nº 29 da OIT, que foi ratificada pelo Brasil em 1957 e se encontra em vigor. É considerada uma das convenções fundamentais da OIT. O Protocolo 29 foi adotado na 103ª Sessão da Conferência Internacional do Trabalho (11 de junho de 2014). O seu preâmbulo, dentre outras razões, diz que foi criado "para tratar das lacunas na implementação da Convenção, e reafirma-se que as medidas de prevenção, proteção e reparação, tais como compensação e reabilitação, são necessárias para alcançar a supressão efetiva e sustentada do trabalho forçado ou obrigatório".[20] Em seu artigo 2º, o Protocolo determina as medidas que devem ser tomadas para prevenir o trabalho forçado ou obrigatório, a saber: educação e informação dirigidas aos empregadores e às pessoas consideradas particularmente vulneráveis a fim de evitar que sejam vítimas dessa modalidade; esforços para garantir que a legislação sobre o tema e o controle de seu cumprimento abranjam os trabalhadores de todos os setores da economia; fortalecimento dos serviços de fiscalização; proteção dos trabalhadores migrantes contra práticas abusivas ou fraudulentas no processo de recrutamento e colocação; apoio aos setores público e privado para que atuem com diligência, além de medidas para enfrentar as causas geradoras e os fatores que aumentam o risco do trabalho forçado ou obrigatório. Além disso, todo Estado Membro deverá adotar "medidas eficazes para identificar, remover e proteger todas as vítimas de trabalho forçado ou obrigatório e para permitir sua recuperação e readaptação, assim como para proporcionar-lhes outras formas de assistência e apoio", (art. 3º) e deve "cooperar entre si para assegurar a prevenção e a eliminação de todas as formas de trabalho forçado ou obrigatório" (art. 5º). Além

[20] MOVIMENTO AÇÃO INTEGRADA. *Conferência Internacional do Trabalho*. Protocolo à Convenção 29. Disponível em: http://www.acaointegrada.org/wp-content/uploads/2014/11/protocolo-trabalho-forcado.pdf. Acesso em: 21 fev.2019.

disso, os Estados Membros deverão assegurar que todas as vítimas de trabalho forçado ou obrigatório tenham efetivo acesso a ações judiciais e suas respectivas indenizações (art. 4º).

Importante ressaltar que, além da Convenção nº 29 e do Protocolo de mesmo número, a OIT também possui a Convenção nº 105, sobre a abolição do trabalho forçado, de 1957, e a Recomendação sobre Trabalho Forçado (medidas complementares), de 2014, pois, segundo a entidade, "para muitos governos ao redor do mundo, a eliminação do trabalho forçado continua a ser um importante desafio no século 21. O trabalho forçado não é apenas uma grave violação de um direito humano fundamental, mas também uma das principais causas da pobreza e um obstáculo para o desenvolvimento econômico".[21]

Em maio de 2017, foi lançada, no Senado brasileiro, uma campanha para que o Brasil ratifique o P029.[22] O evento também serviu para a divulgação da página da Internet da campanha *"50 For Freedom"*, liderada pela OIT, parceiros, Confederação Sindical Internacional e Organização Internacional dos Empregadores. A campanha busca o apoio da população mundial para que pelo menos 50 Estados Membros assinem o protocolo. Até 21 de fevereiro de 2019, o Protocolo 29 havia sido ratificado por 29 Estados Membros, sendo seis da África, um da Ásia e Pacífico, 19 da Europa e Ásia Central e três das Américas (Argentina, Jamaica e Panamá).[23] Todas as pessoas podem participar da campanha pelo site http://50forfreedom.org/pt/.

4.2 P081 – Protocolo de 1995 relativo à Convenção sobre a Inspeção do Trabalho na Indústria e no Comércio, de 1947

Foi adotado na 82ª Sessão da Conferência Internacional do Trabalho, em 22 de junho de 1995, e se refere à Convenção nº 81 da OIT, ratificada pelo Brasil em 1989 e considerada uma convenção prioritária.

---

21 ORGANIZAÇÃO INTERNACIONAL DO TRABALHO. *Normas internacionais sobre trabalho forçado*. Disponível em: https://www.ilo.org/brasilia/temas/trabalho-escravo/WCMS_393063/lang--pt/index.htm. Acesso em: 20 fev. 2019.

22 SENADO NOTÍCIAS. *Lançada campanha para que Brasil assine protocolo de combate à escravidão*. Disponível em: https://www12.senado.leg.br/noticias/materias/2017/05/09/lancada-campanha-para-que-brasil-assine-protocolo-de-combate-a-escravidao. Acesso em: 21 fev. 2019.

23 50forfreedom. *Veja todos os países*. Disponível em: http://50forfreedom.org/pt/ratifications/. Acesso em: 21 fev. 2019.

Cada Estado Membro que ratificar este Protocolo deverá estender a aplicação das disposições da Convenção nº 81 para locais de trabalho considerados não comerciais. O instrumento também faculta aos Estados Membros criarem condições especiais para a fiscalização dos locais de trabalho, assim como para permitir o acesso diferenciado dos agentes que irão inspecioná-los, facultando-se-lhes prestar assessoria "na formulação de medidas eficazes para minimizar os riscos durante o treinamento em casos de trabalhos potencialmente perigosos e participar do controle na implantação dessas medidas" (artigo 6º).

4.3 P089 – Protocolo de 1990 relativo à Convenção sobre o Trabalho Noturno (Mulheres) (revisada), 1948

Foi adotado na 77ª Sessão da Conferência Internacional do Trabalho (26 de junho de 2014) e se relaciona à Convenção nº 89 da OIT, ratificada no País em 1957. Diz o Protocolo que a legislação nacional poderá prever alterações quanto à duração do período que é considerado como sendo "noturno" em setores, atividades ou estabelecimentos, sempre ouvidas as organizações representativas de empregadores e trabalhadores. Também proíbe a aplicação, às trabalhadoras, das alterações por um determinado período antes e depois do parto (dezesseis semanas, das quais oito, pelo menos, antes da data presumida do parto). Determina que a legislação nacional poderá permitir a exclusão das proibições se a trabalhadora expressamente a solicitar, desde que não haja perigo para sua saúde ou a de seu filho; sendo apresentado atestado médico que demonstre ameaça para a saúde da genitora ou da criança, a proibição deverá aplicar-se a outros períodos que se situem durante a gravidez ou durante certo período após o parto. Durante este tempo, a trabalhadora não poderá ser demitida ou receber aviso prévio, exceto se existir justa causa não relacionada com a gravidez ou com o parto. Sua renda deverá se manter em nível suficiente para a garantia do sustento de si mesma e de seu filho em condições de vida adequadas. A manutenção da renda poderá ser assegurada "pela atribuição de trabalho diurno, prorrogação da licença-maternidade, fornecimento de prestações de seguridade social ou por qualquer outra medida adequada, ou por uma combinação destas medidas" (artigo 3º).

4.4 P110 – Protocolo de 1982 relativo à Convenção sobre as Condições de Emprego dos Trabalhadores em Fazendas, 1958

Refere-se à Convenção nº 110 da OIT, que não está em vigor no Brasil, pois foi denunciada em 1970. O Protocolo 110 foi adotado na 68ª Sessão da Conferência Internacional do Trabalho (18 de junho de 1982). Define o que significa o termo "fazenda", aduzindo que pode o Estado Membro, após consulta às organizações representativas de empregadores e trabalhadores interessados, quando existirem, estender a aplicação da Convenção a outros estabelecimentos. Também esclarece o Protocolo que o termo "fazenda" compreende, normalmente, os trabalhos de transformação primária de produtos da fazenda, lá realizados ou em local próximo a ela. A agricultura ainda é um fator econômico importante em muitos países em desenvolvimento. Segundo a OIT, "o Protocolo também cobre o recrutamento e o envolvimento de trabalhadores migrantes e fornece proteção aos trabalhadores em fazendas em relação a seus contratos de trabalho, salários, turnos de trabalho, assistência médica, maternidade, indenização por acidentes de trabalho, liberdade de associação, fiscalização e habitação".[24]

4.5 P147 – Protocolo de 1996 relativo à Convenção sobre as Normas Mínimas da Marinha Mercante, 1976

Foi adotado na 84ª Sessão da Conferência Internacional do Trabalho (22 de outubro de 1996) e se refere à Convenção nº 147 da OIT, em vigor no Brasil desde 1991. Traz observações sobre o que dispõe a Convenção sobre Discriminação em Matéria de Emprego e Ocupação, de 1958, sobre o que significa o termo "discriminação". Afirma o Protocolo, também, que todo Estado Membro que ratificar este instrumento deverá ampliar a lista das convenções, a saber: Convenção 111 da OIT; Convenção das Nações Unidas sobre o Direito do Mar, 1982; Convenção Internacional sobre Normas de Treinamento de Marítimos, Emissão de Certificados e Serviço de Quarto, em sua versão alterada de 1995, da Organização Marítima Internacional.

[24] Rules of the game. *Op. cit.*, p. 97.

4.6 P155 – Protocolo de 2002 relativo à Convenção sobre Segurança e Saúde dos Trabalhadores, 1981

Adotado na 90ª Sessão da Conferência Internacional do Trabalho (20 de junho de 2002) à Convenção nº 155, que foi ratificada pelo Brasil em 1992. Tem como fim "melhorar os procedimentos de registro e de notificação dos acidentes do trabalho e das doenças profissionais, assim como promover a harmonização dos sistemas de registro e de notificação com o objetivo de identificar suas causas e de adotar medidas preventivas". Esta política deve ser desenvolvida levando-se em consideração as condições e a prática nacionais de cada Estado Membro. Define os termos "acidente do trabalho", "doença profissional", "acontecimento perigoso" e "acidente de percurso" e como se darão seus sistemas de registro e notificação, além de tornar obrigatória a publicação das estatísticas a respeito dessas ocorrências.

5 Considerações finais

Apesar de existir uma enorme lacuna de estudos sobre o tema, os protocolos às convenções da OIT são de suma importância no cenário do Direito Internacional do Trabalho. Atualizam e conferem flexibilidade às convenções para que tenham efetividade no cenário internacional.

Informação bibliográfica deste texto, conforme a NBR 6023:2018 da Associação Brasileira de Normas Técnicas (ABNT):

GUNTHER, Luiz Eduardo; SILVA, Andréa Duarte. Protocolos da Organização Internacional do Trabalho: natureza jurídica e efetividade das normas internacionais do trabalho. *In*: TUPINAMBÁ, Carolina (Coord.). *As novas relações trabalhistas e o futuro do Direito do Trabalho:* as novidades provenientes da globalização, de influxos do Direito comparado e da internacionalização de contratos laborais. Belo Horizonte: Fórum, 2021. (Coleção Fórum As novas relações trabalhistas e o futuro do direito do trabalho. Tomo IV.) p. 91-103. ISBN 978-65-5518-223-1.

EL TRABAJO DECENTE: PERSPECTIVAS LATINOAMERICANAS

OSCAR HERNÁNDEZ ÁLVAREZ

1 El concepto de trabajo decente en la perspectiva de la OIT

La Memoria que el Director General de la OIT presentó en 1999 a la 87 Conferencia Internacional del Trabajo comienza con estas palabras: "La presente Memoria propone una finalidad primordial para la OIT en estos momentos de transición mundial, a saber, la disponibilidad de un trabajo decente para los hombres y las mujeres del mundo entero. Es la necesidad más difundida, que comparten los individuos, las familias y las comunidades en todo tipo de sociedad y nivel de desarrollo. El trabajo decente es una reivindicación mundial con la que están confrontados los dirigentes políticos y de empresa de todo el mundo. Nuestro futuro común depende en gran parte de cómo hagamos frente a ese desafío".[1] En dicha Memoria se describe el trabajo decente como "trabajo productivo en condiciones de libertad, equidad, seguridad y dignidad, en el cual los derechos son protegidos y que cuenta con remuneración adecuada y protección social".

Pocos meses después, en la Memoria del Director Regional a la 14ª Reunión Regional de los Estados miembros de la OIT en las Américas, Lima 1999, se define el trabajo decente aparece "como un empleo de calidad que respete los derechos de los trabajadores y a cuyo respecto se desarrollen formas de protección social".[2] Señala Oscar Ermida Uriarte que "llaman la atención algunas diferencias: se sustituye la idea de trabajo productivo por la de empleo de calidad; no aparece la referencia a los ingresos adecuados, que puede considerarse subsumida en la de calidad del empleo y tampoco figura la referencia al tripartismo y el diálogo social, aunque ésta también podría considerarse ínsita en el respeto a los derechos de los trabajadores".[3]

El mismo año, en un documento presentado a finales de 1999 ante Organización Mundial de Comercio, el propio Director General, ensayó otra definición diciendo que "por trabajo decente se entiende el trabajo que se realiza en condiciones de libertad, equidad, seguridad y dignidad humana".[4] Posteriormente en su Informe General ante la Sexta Conferencia Regional Europea, el Director General presenta al trabajo decente como "el trabajo productivo en el cual los derechos son respetados, con seguridad y protección y con la posibilidad de participación en las decisiones que afectan a los trabajadores".[5]

La evidente generalidad de la expresión "trabajo decente" y la necesidad de darle un contenido más preciso, justificó que la OIT encomendara al Instituto Internacional de Estudios Sociales la elaboración del paradigma de trabajo decente y la constitución de un grupo de trabajo a tales efectos. En un trabajo editado por el Instituto

---

1 Memoria del Director General a 87 Conferencia Internacional del Ttrabajo. OIT, Ginebra, 1999.

2 *Trabajo decente y protección para todos. Prioridad de las Américas,* Memoria del Director Regional a la 14ª Reunión Regional de los Estados miembros de la OIT en las Américas, OIT, Lima 1999, p. ii.

3 Oscar Ermida Uriarte, Concepto y medición del trabajo decente. Grupo Bologna-Castilla- La Mancha, Montevideo, 2000.

4 Juan SOMAVIA, Un trabajo decente para todos en una economía globalizada: una perspectiva de la OIT, documento presentado a la Tercera Conferencia Ministerial de la OMC (30 nov.- 3 dic. 1999), http://www.ilo.org.

5 Juan SOMAVIA, *Introduction,* en "Globalizing Europe. Decent work in the information economy. Report of the Director General", Sixth European Regional Meeting, ILO, Geneva 2000, vol. I, p. X

en 2006 se dice: "El concepto de trabajo decente sintetiza las diferentes dimensiones del trabajo, tales como empleo y la calidad de éste, derechos en el trabajo, representación y voz en el trabajo, igualdad de género y protección social, a la vez que incluye la contribución del trabajo a la producción y los ingresos, por una parte, y a la integración social y realización personal, por otra. En cierto modo, esto es meramente un replanteamiento de los objetivos tradicionales del mundo del trabajo. Los elementos del programa de trabajo decente no son nuevos y la diferencia principal reside en la intención de integrar estos componentes en un todo coherente. Se necesita disponer de un marco integrado para comprender en su totalidad el papel del trabajo en la sociedad y en la economía, en la empresa y en la comunidad, así como su contribución a los objetivos individuales y colectivos".[6]

2 Trabajo decente y trabajo digno

La mayoría de las constituciones latinoamericanas establece el deber del Estado, correspondiente a un derecho del trabajador, de garantizar a éste un empleo o trabajo "digno" o ejecutado en condiciones dignas o que le permitan una existencia digna o decorosa.[7] El análisis de las constituciones latinoamericanas nos lleva a concluir que los constituyentes latinoamericanos formularon la obligación tutelar del Estado en materia laboral pensando en el desarrollo de políticas orientadas por el concepto fundamental de que el trabajador merece una ocupación digna y equitativa, que le permita satisfacer decorosamente sus necesidades y las de su familia. Cabe preguntarse si esa noción de "trabajo digno", cara a la tradición constitucional latinoamericana a partir del siglo XX, es diferente a la noción de "trabajo decente" recientemente propugnada por la OIT. En este mismo sentido, cabe la interrogante de si la formulación del concepto de "trabajo decente" comporta o no un cambio significativo en la orientación teórica que ha orientado la acción que la OIT ha desarrollado en materia de promoción de la protección del trabajo, a partir de la declaración hecha en el Preámbulo de su

---

6 Instituto Internacional de Estudios Sociales, El trabajo decente en la economía globalizada: una estrategia de investigación, OIT, Ginebra.Junio 2016.

7 Puede verse las constituciones de Argentina (art. 14 bis), Bolivia (art. 46), Colombia (art. 25), Costa Rica (art. 56), Ecuador (art. 33), El Salvador (art 37), Honduras (art 127), México (art. 123), Nicaragua (art. 82), Panamá (art. 64), Paraguay (art. 86), República Dominicana (art. 62), Venezuela (art. 87).

Constitución, en 1919 cuando habla de la necesidad de "un trabajo realmente te humano".[8]

Como hemos visto en el punto anterior, el concepto mismo de "trabajo decente" ha sido objeto de diversas formulaciones por parte de sus propios promotores. La descripción más técnica y aproximativa del "trabajo docente" es la que hace el IIES, la cual, como hemos visto, concluye que este vocablo sintetiza las diferentes dimensiones del trabajo y "en, en cierto modo, es meramente un replanteamiento de los objetivos tradicionales del mundo del trabajo".

En mi particular punto de vista, la noción de "trabajo decente" acuñada y promovido por la OIT en las últimas dos décadas, no es sustancialmente distinta de la noción de "trabajo realmente humano", empleado por la Constitución de la OIT en 1919, o de trabajo "digno", o "en condiciones dignas y equitativas" empleado por las constituciones latinoamericanas. No obstante de que, a mi particular juicio, la noción de "trabajo docente", más allá de sus peculiaridades terminológicas, no constituye un aporte teórico fundamental, debo reconocer que su empleo y difusión ha tenido una utilidad funcional. Por una parte, el Director General, en su momento, fundamentó en el "trabajo docente" una reforma estructural de la Oficina Internacional del trabajo, suplantando una estructura que comprendía treinta y nueve programas departamentales por otra concebida alrededor de cuatro objetivos estratégicos (la promoción de los derechos fundamentales en el trabajo, el empleo, la protección social y el diálogo social.) que sustentan las nuevas estructuras organizativas concebidas alrededor de un objetivo único: el programa de "trabajo docente". Por otra parte, el esfuerzo por llenar de contenido la expresión de trabajo decente y constituirla en paradigma unificador de las actividades de la OIT, significó el refrescamiento de muchas de ellas, dejándose hacer sentir en el mundo político, académico y sindical.

No obstante, muchos puntos quedan pendientes dentro de la agenda de la OIT para el siglo XXI. Uno, de carácter estructural institucional, estriba en la reforma estatutaria, aprobada en 1986 pero pendiente de la ratificación requerida de dos tercios de los miembros. Esta reforma, "democratiza" por decirlo de algún modo, la constitución del Consejo de Administración, eliminando la presencia permanente en el mismo, de los diez países con mayor desarrollo industrial. Otros tienen que ver con la necesaria adaptación de la actividad de la OIT,

[8] Constitución de la OIT, Preámbulo, Ginebra, 1919.

tanto la normativa, como la de investigación y asistencia técnica, a la dinámica de profundos cambios que viene experimentado el mundo del trabajo, hoy muy diferente al existente en 1919, cuando vio luz la organización.

3 Trabajo decente y legislación laboral en Latinoamérica

En relación al estudio de las legislaciones laborales en América Latina, se puede señalar que la recurrencia a un mismo sistema general de fuentes, facilita que más allá de las particularidades propias de cada uno de los veinte diferentes países que comprende la región, pueden determinarse tendencias y problemas comunes generalizados en los diferentes países. cuyos ordenamientos jurídicos han experimentado frecuentemente influencias no sólo comunes, sino, además, recíprocas. En efecto, en la formación y consolidación de las legislaciones laborales latinoamericanas, tuvieron gran influencia la Ley Federal del Trabajo de México y el Código del Trabajo de Chile, ambos de 1930, así como también los convenios y recomendaciones de la OIT. A partir de los años treinta y hasta finales de los ochenta se registra el proceso de formación y consolidación del Derecho del Trabajo en América Latina, durante el cual se promulgaron Códigos y Leyes Generales de Trabajo y surgieron y se estabilizaron, una serie de tendencias generales, presentes en muchas de las legislaciones de la región y que permiten caracterizar lo que hoy día podríamos denominar el Derecho Latinoamericano del Trabajo tradicional, el cual se caracterizó por una evolución inspirada en la ampliación de la tutela legislativa prestada al trabajador. Esa legislación laboral tradicional, vigente en su mayor parte, pues con altos y bajos ha logrado supervivir a los choques de las tendencias flexibilizadoras, establece, en líneas generales, niveles de protección relativamente altos. Sus contenidos, especialmente en cuanto al derecho individual se refiere, suelen estar en conformidad con los parámetros establecidos por los convenios internacionales de la O.I.T. Puede decirse que los derechos y garantías que las legislaciones laborales latinoamericanas conceden a los trabajadores, se encuentran en un nivel similar al ofrecido por las legislaciones europeas y que es más alto que el ofrecido por las legislaciones de algunos países desarrollados, especialmente los de inspiración anglosajona, que en muchos aspectos, siguen privilegiando la autonomía de la voluntad de las partes.

Relacionando esta valoración con el tema que nos ocupa, nos atrevemos a concluir que, en general y salvo algunos aspectos que comentaré de seguidas, las legislaciones laborales de los países latinoamericanos, pueden encuadrarse dentro del paradigma del "trabajo decente". Así, pues, los problemas del trabajo decente en América Latina no se encuentran, salvo excepciones muy particulares, en la elaboración de una normativa tutelar, sino la existencia de vastos sectores laborales no sujetos a tutela.

4 Trabajo decente y flexibilización laboral

La tendencia a la ampliación de la tutela legislativa al trabajador, que caracterizó, como hemos visto, al Derecho del Trabajo Latinoamericano tradicional, vino a ser cuestionada por quienes, especialmente dirigentes del sector empresarial, consideraron que el continuo proceso de expansión de las normas laborales había llegado a crear rigideces en el mercado de trabajo, que determinaban situaciones insostenibles, especialmente en condiciones de dificultades económicas y de cambios tecnológicos. Tales rigideces, sostienen los autores de este planteamiento, estorban el crecimiento de la economía y el aumento del empleo, al punto que la normativa que las sostiene, en lugar de ser beneficiosa para los trabajadores, como teóricamente pretende ser, les resulta perjudicial, por lo cual tal normativa debe ser flexibilizada. Este planteamiento llega a sus extremos en la voz de quienes, más que la necesidad de flexibilizar el mercado de trabajo, propugnan su desregulación.

El planteamiento anterior es formulado y desarrollado especialmente en Europa Occidental durante la década de los 80. Sus repercusiones en América Latina fueron tardías y se vinieron a hacer realidad en los años noventa, cuando, en algunas reformas legislativas efectuadas dentro del marco de las políticas de ajuste acordadas por los gobiernos con los organismos financieros internacionales, se recogieron algunos aspectos fundamentales de las tendencias flexibilizadoras que a partir de los años 80 inspiraron las reformas laborales europeas.

Así, en los años noventa en Colombia, Argentina, Perú, Ecuador, Brasil se aprobaron reformas legislativas que, alegando la finalidad de aumentar el empleo y fortalecer la economía, rebajaron los niveles de protección garantista establecidos por la legislación tradicional. Estas reformas flexibilizaron diversas materias. Entre otras, favorecieron la contratación 'precaria del trabajo mediante el fomento de modalidades de contratación temporal, a tiempo parcial, programas precarios para jóvenes en formación; flexibilización de la jornada de trabajo y el salario; disminución de la protección a la permanencia en el empleo; eliminación del pago de compensaciones de tiempo de servicios calculadas al último salario; contratación por horas, en cuyo régimen el salario pactado por hora comprende todos los beneficios laborales tradicionales; limitaciones a la negociación colectiva y al ejercicio de la huelga. La orientación de estas reformas sustituye el paradigma del "trabajo decente" por el paradigma del "trabajo productivo" Sus propulsores anteponen la productividad y los resultados económicos a las condiciones de trabajo y empleo. Desde su óptica, los requerimientos de competitividad que comporta la economía globalizada justifican reformas que bajen costos e y flexibilicen la operatividad de las empresas, aun cuando supongan una disminución de los niveles de protección laboral.

No obstante la trascendencia de estas reformas, las mismas no significa que las tendencias flexibilizadoras se hayan impuesto en América Latina al punto de establecer un panorama general del Derecho Laboral totalmente diferente al garantista tradicional. Por una parte, las referidas reformas no comportaron una exclusión total del sistema protector sino una modificación localizada a determinadas áreas, especialmente a aquellas alrededor de las cuales se centró la presión del sector empleador en favor de la flexibilización. Por otra parte, coetáneamente a las reformas que podrían considerarse "flexibilizadoras", se produjeron otras que no sólo mantuvieron el esquema tutelar tradicional, sino que, en algunos aspectos, lo reforzaron. Se puede decir, más bien, que el panorama del Derecho Laboral latinoamericano con posterioridad a la década de los 90 se caracteriza por la dinámica lucha entre dos tendencias, la tradicional, que pretende que, aun haciendo las adaptaciones que fueren requeridas, debe mantenerse el carácter tutelar e imperativo que caracteriza desde su origen al Derecho del Trabajo y la neoliberal, que alegando la necesidad de eliminar rigideces que obstaculizan el buen funcionamiento del mercado de trabajo, persigue flexibilizar el ordenamiento jurídico laboral, rescatando el papel preponderante de la autonomía de la voluntad y tendiendo hacia la individualización de las relaciones de trabajo. Los dos paradigmas, "trabajo decente" y "trabajo productivo" estén presentes en forma coetánea y contradictoria en América Latina. La prevalencia de uno u otro dependerá fundamentalmente de las orientaciones políticas e ideológicas predominantes en cada país.

5 Trabajo decente y tutela laboral. Los problemas del trabajo sin tutela en América Latina

El paradigma de "trabajo decente no puede lograrse sin una legislación tutelar del trabajo orientada según los principios propios del Derecho del Trabajo. Se ha visto que, salvo las grietas caudas por el neoliberalismo flexibilizador, tal orientación tutelar está presente en la generalidad de las legislaciones laborales latinoamericanas. No obstante ello, es necesario precisar que en América Latina existen vastos sectores laborales de trabajo sin tutela, en los cuales no puede decirse que predomine un "trabajo decente".

Entre las manifestaciones más importantes del trabajo sin tutela podemos citar:

A) Casos de ineficacia en la aplicación de la legislación laboral;
B) Casos de encubrimiento de las relaciones laborales;
C) Sectores excluidos del ámbito de aplicación del Derecho del Trabajo.

A) La ineficacia de la legislación laboral

Uno de los retos que tradicionalmente se ha planteado el Derecho del Trabajo en América Latina y que aún continúa planteado es el de la relativa eficacia de la legislación laboral. Desde sus indicios la doctrina laboral latinoamericana señaló la existencia de una brecha entre la normatividad laboral y la realidad social de los países. Como se ha visto, las legislaciones laborales latinoamericanas establecen, en líneas generales, niveles de protección relativamente altos. El problema consiste en que no siempre estos niveles de protección establecidos en las normas son aplicados en la práctica. El grado de ineficacia de la legislación laboral ha constituido y sigue constituyendo un grave problema social en la generalidad de los países de América Latina, no obstante que el reforzamiento de los sistemas democráticos en la región y el mejoramiento de la inspección del trabajo han producido progresos en el grado de cumplimiento de la legislación del trabajo.

B) El encubrimiento de las relaciones laborales

Una de las causas de ausencia de tutela laboral son las relaciones de trabajo encubiertas o fraude laboral, En estos casos, el empleador, prevalido de su situación de superioridad económica frente al trabajador, hace que éste convenga en dar a la relación laboral que vincula a ambos, una calificación jurídica distinta o que declare haber recibido pagos o beneficios que no recibió.

La protección que la legislación laboral otorga al trabajador, supone correlativamente una carga para el patrono, en cuanto limita su libertad de acción en la empresa y aumenta sus costos de producción. buena parte de los patronos acepta pacíficamente tal carga, no sólo por respeto y obediencia a la ley laboral, sino también por la convicción de que ésta, al crear normas que coadyuvan al control de la fuerza de trabajo, contribuye al establecimiento de un marco institucional dentro del cual es más factible lograr un sistema adecuado de relaciones de trabajo, que canalice oposiciones de intereses que de otra manera podrían degenerar en conflictos agudos y negativos para los objetivos generales de la producción. Sin embargo, algunos patronos tratan de escapar de los costos y limitaciones que les acarrea la legislación del trabajo y la seguridad social, para lo cual ocultan las relaciones laborales que mantienen con sus trabajadores, bajo el disfraz de una vinculación jurídica de otra naturaleza, generalmente civil o mercantil. Se trata, entonces, de casos de fraude laboral o encubrimiento de las relaciones de trabajo muy extendidas en américa latina y que suponen un vasto sector laboral fuera del "trabajo decente". El fraude laboral supone el empleo de artificios destinados a bien sea a negar la relación de trabajo dándole la apariencia de una relación de distinta naturaleza, en cuyo caso nos encontraríamos frente a un encubrimiento, o a crear la apariencia formal de que el trabajador realizó ciertos actos que en la verdad nunca cumplió (por ejemplo, la firma en blanco de una hoja para ser utilizada posteriormente como carta de renuncia) o que ha disfrutado de beneficios que en la práctica nunca recibió (por ejemplo, la firma de formatos de recibo en los cuales aparece que un trabajador a comisión percibió, además de sus comisiones, el pago correspondiente a días de descanso y días feriados que nunca le fueron pagados). Los casos de fraude a la ley laboral no deben confundirse con los de mero incumplimiento de la misma. En estas últimas situaciones, el patrono no niega o encubre mediante artificios la relación de trabajo que mantiene, sino que, simplemente, no da cumplimiento a las obligaciones que la Ley le impone como consecuencia de dicha relación.

En los casos de fraude a la Ley laboral, la desprotección que afecta a los trabajadores presenta las siguientes características específicas:

i. Ausencia de normas protectoras

Dado que los mecanismos de fraude tienden a darle a las relaciones laborales encubiertas una apariencia civil o mercantil, los trabajadores sujetos de las mismas están en la práctica excluidos de la legislación laboral, razón por la cual carecen de la tutela mínima que el Estado venezolano garantiza a los trabajadores subordinados. En consecuencia, a tales relaciones le son usualmente aplicables sólo las normas establecidas por la legislación civil y mercantil y por los contratos por ellos celebrados, los cuales en la práctica les son unilateralmente impuestos. Tal normativa es inadecuada para prestar una protección suficiente a dichos trabajadores, quienes se ven obligados a acudir a la administración de justicia si desean hacer valer sus derechos conforme a la legislación laboral. El recurso a los tribunales, con todo lo que ello implica en dificultades de acceso, costos y en la dilación causada por el retardo procesal, normalmente se produce luego del el rompimiento de la relación, por lo cual la acción estatal de reparación ocurre, si es que se produce, al finalizar la relación encubierta y no durante su vigencia.

ii. Las condiciones de empleo y remuneración

El encubrimiento de la relación de trabajo no necesariamente conlleva a condiciones de empleo y remuneración precarias. En algunas actividades trabajadores que prestan servicios en condiciones de fraude suelen recibir salarios muy por encima del mínimo legal y del promedio de trabajadores similares en condiciones regulares de contratación laboral, y disfrutan de una estabilidad superior a la usual en el mercado. Eso ocurre porque muchas de las empresas que utilizan las formas típicas de encubrimiento de la relación de trabajo están ubicadas en las áreas más competitivas del sector formal de la economía y por ende son las que ofrecen mejores condiciones de trabajo a quienes les prestan servicios De ahí, que el fraude tiene como finalidad, justamente, disminuir las incidencias secundarias que ese nivel de ingresos tuviese de ser considerado salario, pero no necesariamente precarizar las condiciones de trabajo. Esta circunstancia no puede llevar a. desconocer que en la mayoría de los sectores en los cuales se hace uso frecuente de los mecanismos fraudulentos, la remuneración es muy baja y las condiciones de trabajo son deficientes.

iii. Las condiciones de higiene y seguridad

Por la misma razón de que muchos de los casos de encubrimiento se dan en empresas competitivas del sector formal, no es infrecuente que trabajadores sujetos a dichas relaciones se beneficien de condiciones de higiene y seguridad aceptables. Sin embargo, contra la vigencia de buenas condiciones de higiene y seguridad en las relaciones encubiertas conspira el hecho de no estar sujetas en la práctica a los procedimientos de inspección propios de las relaciones de trabajo subordinadas. En algunos casos las condiciones de trabajo son especialmente duras, caracterizándose por jornadas prolongadas y en condiciones desfavorables.

iv. La seguridad social

Los trabajadores que prestan servicios en condiciones de fraude, al tomar la apariencia de prestadores de servicios civiles o mercantiles encuentran suelen experimentar dificultades para obtener la protección de la seguridad social. Esta circunstancia perjudica notablemente la situación de los trabajadores que prestan servicios en condiciones de fraude, incluso en aquellos casos, anteriormente comentados, en los cuales obtienen altos ingresos.

v. La libertad sindical

La negación del carácter laboral de las relaciones encubiertas comporta el desconocimiento de los derechos sindicales y de negociación colectiva de los trabajadores sujetos a las mismas. Es de señalar que en aquellos sectores de trabajadores sujetos a relaciones encubiertas que tienen mayores ingresos, la motivación por los temas de organización profesional y de negociación de condiciones de trabajo es menor que en los sectores de ingresos bajos, así como también lo es su convicción de pertenencia a la clase trabajadora. En todo caso, la existencia de un gran contingente de trabajadores que prestan servicios en condiciones de fraude o encubrimiento de las relaciones de trabajo sumado a la informalización de la economía, son factores que han favorecido la disminución de la tasa de afiliación sindical.

C) Sectores excluidos del ámbito de aplicación del Derecho del Trabajo

Uno de los primeros y principales problemas que tuvo que enfrentar el Derecho del Trabajo es el de la determinación de su ámbito de aplicación, esto es, el de delimitar las fronteras de la tutela que estaba llamado a proporcionar. En general, la doctrina y las legislaciones latinoamericanas aceptan la subordinación como un elemento clave para la existencia del contrato de trabajo y, en consecuencia, para la determinación del ámbito de su aplicación. Al lado de la subordinación, se establecen el carácter personalísimo, la voluntariedad, la ajenidad y la onerosidad del trabajo como factores delineantes de ese ámbito; en consecuencia, aquellos sectores que se encuentran fuera de esa delimitación, se encuentran desprovistos de la tutela de la legislación laboral y, en consecuencia, con mayores dificultades de alcanzar el paradigma del trabajo decente.

Entre los sectores excluidos del ámbito de aplicación de la legislación laboral, podemos señalar los siguientes:

i) Trabajo autónomo

Dado que el Derecho del trabajo ha centrado en el concepto de subordinación el elemento clave para la delimitación de su ámbito de aplicación,un importante sector de los trabajadores, los llamados trabajadores autónomos, quedan fuera de su protección, aun cuando, en muchos casos, tienen las mismas características (debilidad económica e imposibilidad práctica para proteger por si solos sus propios intereses profesionales), que históricamente han justificado la tutela que el Derecho del Trabajo ofrece a los trabajadores dependientes.

El tema del trabajo autónomo, que a nivel mundial puede considerarse entre los más importantes de la agenda laboral del siglo XXI, reviste especial trascendencia para América Latina, pues en esta región el trabajo autónomo tiene características que lo hacen muy vulnerable, ya que, por una parte alrededor del noventa por ciento de los trabajadores autónomos son personas que carecen de formación profesional. Por otra parte, el trabajo autónomo está estrechamente vinculado a los problemas del trabajo informal, ya que la mayoría de los trabajadores autónomos son informales, constituyendo mayoría en este sector. Es de señalar que el trabajo informal tiene una gran presencia en la región, hasta el punto de que, dependiendo de los distintos países, entre el cuarenta y cincuenta por ciento de los trabajos se lleva a cabo en el sector informal, el cual tiene grandes índices de crecimiento, calculándose que por cada diez nuevos puestos de trabajo, siete se crean en este sector., También debe señalarse que en América Latina la presencia de mujeres en el trabajo autónomo es frecuente en posiciones de menor estatus. Por lo tanto, se puede decir que la inexistencia de una adecuada protección del trabajo autónomo es una carencia de la política social en los países de América Latina.

Estas consideraciones nos llevan a difíciles interrogantes ¿Quién debe tutelar el trabajo autónomo y mediante cuáles modalidades? ¿Será el Derecho del Trabajo el instrumento adecuado para proveerla? En nuestra opinión, el hecho de que las legislaciones del trabajo tengan en el trabajo subordinado el centro de su atención, se explica en buena parte por razones técnicas y no sólo por motivos ideológicos. De hecho, la extensión pura y simple del Derecho del Trabajo a los trabajadores verdaderamente independientes, se encuentra con la dificultad de que la mayor parte de la tutela laboral individual está concebida sobre la base de derechos del trabajador exigibles a un empleador, a quien se imponen correlativas obligaciones. Sin embargo, el trabajador verdaderamente autónomo – a diferencia entre los trabajadores dependientes enmascarados con ropa de independiente -, no tiene un empleador. No hay un empleador al cual se pueda exigir el pago de un salario mínimo, el recargo horas extraordinarias, el respeto del descanso semanal o las vacaciones. Por lo tanto, no es fácil la aplicación mecánica de las instituciones de Derecho del Trabajo, especialmente del individual, a trabajadores autónomos. Estas instituciones no pueden ser trasplantadas al trabajo autónomo, el cual podría encontrar una adecuada tutela a través de instrumentos diferentes al Derecho del Trabajo.

Un estudio comparativo de las prácticas legislativas de tutela del trabajo autónomo nos permite distinguir varias modalidades tutelares, diferentes a la legislación laboral propiamente dicha.

A) Tutela a través de la seguridad social

En general, la protección de los trabajadores autónomos en los países estudiados se deja en manos de la Seguridad Social. Buena parte de las legislaciones latinoamericanas, permiten la afiliación de trabajadores autónomos a la Seguridad Social, pero en la práctica el número de los autónomos afiliados a los sistemas de seguridad social no es significativo., Entre las causas de la baja afiliación de los autónomos, está el hecho de que ellos deben pagar la totalidad de las cotizaciones, ya que no existe un empleador que contribuya con el pago, ni el Estado se hace cargo del mismo.

B) La tutela a través de la protección social

En algunos países se ha venido desarrollando un sistema de protección social que comprende un conjunto de políticas orientadas a disminuir la vulnerabilidad y a mejorar la calidad de vida de los ciudadanos, en particular los que carecen más de protección, a fin de obtener como mínimo el derecho a la salud, a la pensión y al trabajo. Este sistema comprende los trabajadores autónomos.

C) La tutela mediante el reconocimiento de los derechos colectivos

El derecho a la organización colectiva de los autónomos está reconocido expresamente en varias legislaciones.

D) Tutela a través de la jurisdicción social

La tendencia a conferir competencia a la jurisdicción del trabajo para conocer las controversias de trabajadores no dependientes tiene sus más remotos antecedentes en Italia. En América Latina esta tendencia se ha manifestado recientemente en varios países.

E) Tutela de las condiciones de higiene y la seguridad en el trabajo

En varios países la normativa referente a la higiene y seguridad en el trabajo, es aplicable a las actividades llevadas a cabo por los trabajadores no dependientes.

F) Tutela de las condiciones de empleo y la remuneración

En general, en América Latina la determinación de las condiciones de empleo y remuneración de los trabajadores autónomos se ha confiado a la libre voluntad de las partes, en ejercicio de su autonomía individual y colectiva. Algunas organizaciones colectivas de trabajadores autónomos, especialmente los profesionales y los transportistas.

ii) Trabajo cooperativo

Las cooperativas son una forma asociativa mediante la cual un grupo de personas constituyen una entidad destinada a obtener, mediante el esfuerzo participativo de sus miembros, ciertos fines comunes. Una de las modalidades de cooperativismo es la asociación para prestar determinados tipos de servicios.

Las cooperativas, al igual que los sindicatos, surgen como expresiones de la lucha del movimiento obrero gestado a raíz de la revolución industrial.

Por eso, históricamente sindicatos y cooperativa han compartido espacios de colaboración. Sin embargo, en las últimas décadas se ha hecho uso del cooperativismo como un instrumento de desplazamiento del sindicalismo y de evasión de la legislación laboral.

En efecto, varias legislaciones latinoamericanas excluyen el trabajo cooperativo o asociativo del ámbito de aplicación de la legislación laboral. Ello, aunado a la inexistencia un régimen especial sobre el trabajo asociativo, crea un área de trabajo desregulado. Por ello se ha incrementado la práctica de convertir trabajadores subordinados que prestan servicios laborales a una determinada persona en trabajadores asociados en una cooperativa que contrata civilmente los mismos servicios con la misma persona, con lo cual se evade la aplicación de la legislación laboral. Por otra parte, la contratación de mano de obra con cooperativas de trabajo es una de las modalidades de relaciones triangulares que usan algunas empresas para realizar parte del proceso productivo evitando las cargas económicas que supone la protección laboral. En ambos casos se, sustituye el paradigma de "trabajo decente" por el de "trabajo productivo".

La OIT en su 90ª Conferencia – junio del 2002 – advirtió de este peligro para los trabajadores, aprobando un texto en donde indicaba que las políticas nacionales deberían "... velar porque no se puedan crear o utilizar cooperativas para evadir la legislación del trabajo, ni ello sirva para establecer relaciones de trabajo encubiertas y luchar contra las seudocooperativas, que violan los derechos de los trabajadores, velando por que la legislación del trabajo se aplique en todas las empresas".

iii) Trabajo voluntario

Trabajo voluntario es aquél en el cual la persona que presta servicios no lo hace con la finalidad de obtener una remuneración, sino por motivos religiosos, ideológicos, de solidaridad social o de entretenimiento. El trabajo voluntario se ha considerado al margen del Derecho del Trabajo y tradicionalmente no ocupó un sector considerable de la sociedad. No obstante, en las últimas décadas, el voluntariado social ha experimentado una notable expansión. Esta expansión se ha evidenciado, por una parte en el voluntariado social que se ocupa especialmente en la atención de funciones que originariamente eran cumplidas totalmente por el estado y que éste ha venido dejando total o parcialmente en manos privadas. En este caso la motivación de los voluntarios obedece a razones de altruismo social. Por otra parte, la exigencia académica de realizar prácticas profesionales por parte de estudiantes que aspiran a una titulación, ha dado lugar a una compleja situación de estudiantes que realizan pasantías, que en muchos casos no son remuneradas. Allí la motivación no es el altruismo social, sino la necesidad de cumplir un requisito académico. Las pasantías gratuitas de estudiantes pueden dar lugar a abusos por parte de empresas que las utilizan para satisfacer sus necesidades de mano de obra sin pagar ninguna remuneración.

La atención que el Derecho del Trabajo ha prestado al trabajo voluntario tiene mucho que ver con la lucha por la abolición del trabajo forzoso. Esa atención se centra en determinar si bajo la apariencia de un voluntariado no se esconde un trabajo forzoso.

Hay verdaderos y falsos "voluntarios". Corresponde al sistema tutelar del trabajo verificar la autenticidad de la voluntariedad, pues de no existir ésta, se estaría ante la presencia de un caso de fraude laboral y correspondería la aplicación plena de la legislación laboral.

Pero más allá del tema del "rescate" de los falsos voluntarios, se requiere la tutela del trabajo voluntario en materias como la limitación de la jornada de trabajo, las condiciones de higiene y seguridad laboral, la responsabilidad en casos de enfermedades o accidentes generados por el trabajo. La ausencia, en la mayoría de los países latinoamericanos, de normas tutelares del trabajo voluntario facilita que el mismo pueda alejarse del paradigma de "trabajo decente".

iv) Trabajo familiar

Se considera trabajo familiar a la prestación de servicios que los miembros de una familia realizan para un establecimiento común. Muchas legislaciones excluyen el trabajo familiar del ámbito de aplicación de la legislación del trabajo y lo consideran trabajo no remunerado. Se parte del concepto de que la familia no es solo una unidad de convivencia, sino que es una unidad patrimonial y de gestión. De allí, que el trabajo llevado a cabo por el miembro de una familia para un establecimiento de la misma, no pueda ser considerado como prestado por cuenta ajena sino en beneficio propio, de donde resulta que falta uno de los elementos propios del contrato de trabajo.

Es de observar que el trabajo familiar no remunerado debe ser objeto de una precisa regulación legal que ponga límites que impidan que se someta a los miembros de la familia a una suerte de trabajo esclavo. Entre otras cosas, debe limitarse de manera reducida el número de personas que comprende el grupo familiar; debe exigirse el requisito de la convivencia entre quienes prestan el trabajo familiar; el trabajo debe ser prestado a personas individuales y no a sociedades civiles o mercantiles.

En todo caso, el trabajo familiar no remunerado requiere necesariamente de una tutela referida al menos a ciertas condiciones mínimas, como lo son la limitación de la jornada de trabajo, las condiciones de higiene y seguridad y la responsabilidad por enfermedades o accidentes generados por la prestación de servicios.

La ausencia de una regulación precisa del trabajo familiar en la mayoría de las legislaciones laborales latinoamericanas favorece la creación de condiciones laborales que se alejan del paradigma del "trabajo decente".

A grandes rasgos he presentado los que, a mi juicio, son los principales problemas que "el trabajo decente" o "trabajo digno" enfrenta en América Latina en el siglo XXI. La adecuada atención de esos problemas requiere de una variedad de instrumentos y programas públicos y sociales que deben formularse y ejecutarse de manera equilibrada y eficiente, de manera que la tutela conferida al trabajo no constituya un factor que perturbe la vida armoniosa de la sociedad. En este orden de ideas el Derecho Laboral es uno de los varios instrumentos de que dispone la sociedad para la tutela del trabajo humano, pero no el único. En todo caso, el eficaz desempeño del papel que el Derecho del Trabajo tiene asignado dentro de una sociedad democrática depende, a su vez, de la eficacia con que cumplan su función los distintos actores que participan en el proceso de formación y desarrollo de esta disciplina: – Los legisladores, quienes deben crear normas claras y precisas, que tomen en cuenta la realidad social en que la van a ser aplicadas, para que la finalidad de la tutela pueda ser compatible con los requerimientos de la producción y del equilibrio social. – Los empleadores y sus organizaciones, que deben comprender que sus específicos intereses profesionales no encuentran mejor garantía que el funcionamiento de un sistema de relaciones laborales justo y equilibrado, lo cual no puede ser logrado sino mediante el respeto y el cumplimiento de las normas del trabajo. – Los trabajadores y sus organizaciones, que deben comprender que no habrá adecuado funcionamiento del sistema si ellos no cumplen sus deberes con el mismo celo que exigen el disfrute de sus derechos, que no habrá remuneración justa si no hay producción adecuada. – Los jueces y los agentes de la administración del trabajo, quienes deben ser los principales garantes del cumplimiento de la normativa laboral y que deben actuar con eficiencia, tesón e imparcialidad, para poner fin a la brecha entre realidad y norma que ha caracterizado nuestro mundo laboral. En fin, el sector académico, que debe contribuir con el estudio permanente de los temas que dan vida al Derecho del Trabajo y que debe superar la sublime tentación de la erudición, para dedicar sus esfuerzos al estudio de los problemas reales de la sociedad y del trabajo.

6 Conclusiones

Primera: La noción de "trabajo decente" permite agrupar, en un solo vocablo las características que debe tener el trabajo humano según la Constitución, las Declaraciones, los Convenios y las Recomendaciones de la OIT. Desde el punto de vista de su contenido no es sustancialmente distinta de la noción de "trabajo realmente humano", empleado por la Constitución de la OIT en 1919, o de trabajo "digno", o "en condiciones dignas y equitativas" empleado por las constituciones latinoamericanas.

Segunda: El empleo y difusión de la noción de "trabajo decente" ha tenido una utilidad funcional, tanto desde el punto de vista de la reestructuración interna de la OIT, del refrescamiento de muchas de sus actividades, s, dejándose hacer sentir en el mundo político, académico y sindical.

Tercera: Las legislaciones laborales latinoamericanas, concebidas tradicionalmente en un sentido garantista, se orientan, en términos generales, por el paradigma del "trabajo decente". Tal paradigma ha resultado afectado en algunas materias por las reformas flexibilizadoras aprobadas en algunos países.

Cuarta: La consecución de los objetivos del programa de "trabajo decente" va más allá de elaboración de normas legislativas propias del Derecho del trabajo. Se requiere el diseño no sólo de normas sino de políticas sociales destinadas a la tutela de los sectores vulnerables y que las mismas sean aplicadas con el firme compromiso del Estado y de los diversos factores de la sociedad. Sin ello, "el trabajo docente" no pasará de ser una afortunada expresión retórica".

Informação bibliográfica deste texto, conforme a NBR 6023:2018 da Associação Brasileira de Normas Técnicas (ABNT):

HERNÁNDEZ ÁLVAREZ, Oscar. El trabajo decente: perspectivas latino-americanas. *In*: TUPINAMBÁ, Carolina (Coord.). *As novas relações trabalhistas e o futuro do Direito do Trabalho:* as novidades provenientes da globalização, de influxos do Direito comparado e da internacionalização de contratos laborais. Belo Horizonte: Fórum, 2021. (Coleção Fórum As novas relações trabalhistas e o futuro do direito do trabalho. Tomo IV.) p. 105-122. ISBN 978-65-5518-223-1.

LAS EMPRESAS IDEOLÓGICAS. A PROPÓSITO DE LAS SENTENCIAS DEL TRIBUNAL DE JUSTICIA DE LA UNIÓN EUROPEA (GRAN SALA) DE 17 DE ABRIL Y 11 DE SEPTIEMBRE DE 2018

REBECA KARINA APARICIO ALDANA

1 Existencia de empresas con ideario religioso ¿Ejercicio del derecho a la libertad religiosa o ideológica?

Actualmente, los empleadores, inmersos en un mundo globalizado, se encuentran con una pluricultural plantilla de trabajadores que se integran a la empresa y que tienen derecho fundamental al respeto a sus diferencias. Este "derecho a la diversidad" obliga al empleador a facilitar las medidas o condiciones que le resulten posibles para permitir a los trabajadores el ejercicio pleno y sin discriminación de aquellos aspectos que les permiten desarrollarse como seres humanos, dentro de cualquier ámbito, incluida la empresa, reconociendo su doble dimensión individual y social.

La diversidad religiosa es una realidad innegable en la sociedad actual. El derecho a la libertad religiosa "tiene por objeto la fe y la práctica – pública y privada – de la religión".[1] Así, desde su dimensión subjetiva, es importante tener en cuenta que la religiosidad desarrolla una de las dimensiones íntimas de la personalidad humana: la espiritualidad, por lo que constituye un derecho personalísimo[2] y autónomo, de tal forma que todo sujeto es inmune a la coacción o imposición del acto de fe por parte del Estado,[3] o de cualquier otro particular, pues es un aspecto de su personalidad que se desarrolla dentro de su ámbito interno.

Desde la dimensión objetiva o social, toda persona se encuentra facultada para "actuar con arreglo a sus propias convicciones y mantenerlas ante terceros",[4] por lo que el derecho a la libertad religiosa implica también el vivir de acuerdo con las exigencias que se deriven de esas determinadas convicciones religiosas.[5]

Vistas así las cosas, derecho a la libertad religiosa permitiría a los trabajadores exigir al empresario, en tanto las actividades productivas de la empresa no se vean perjudicadas, facilitar el ejercicio del derecho fundamental del trabajador a la libertad religiosa, siendo, en consecuencia, su deber realizar determinadas adaptaciones o modulaciones que aseguren el pleno respeto de este derecho por parte de los trabajadores,[6] buscando vías de adecuación y ajuste razonable entre el ejercicio del derecho a la libertad religiosa y la organización del trabajo.[7]

---

1 Javier HERVADA XIBERTA y José ZUMAQUERO, *Textos internacionales de Derechos Humanos*, Eunsa, Pamplona, 1978, p. 149.

2 Antonio Luis MARTÍNEZ PUJALTE, "Libertad de conciencia y tratamiento médico", *Persona y Derecho*, Nº 41, 1999, p. 399.

3 Al respecto: *Vid.* Concilio Vaticano II, declaración, *Dignitatis Humanae*, Nº 1-3 y 10.

4 STC 177/1996, de 11 de noviembre, fundamento jurídico 9 (RTC 1996\177).

5 Vicente BELLVER CAPELLA, "La dimensión prestacional del derecho a la libertad religiosa", *Humana Iura*, Nº 6, 1996, p. 264 -265.

6 Iván Antonio RODRÍGUEZ CARDO, "Libertad religiosa y contrato de trabajo: Sentencia TC 19/1985, de 13 de febrero". En Joaquín GARCÍA MURCIA (Dir.), *Derechos del trabajador y libertad de empresa. 20 casos de jurisprudencia constitucional*, Thomson Reuters Aranzadi, Pamplona, 2013, p. 274.

7 VALDÉS DAL RÉ hace referencia a ciertos indicios que tiene en cuenta la jurisprudencia norteamericana para identificar la necesidad de una acomodación razonable entre el derecho a la libertad religiosa del trabajador y la organización empresarial siendo estos los siguientes: "*a)* Tener una creencia religiosa de buena fe, que entra en conflicto con las obligaciones contractuales, creencia esta que no exige pertenencia a una iglesia determinada; b) Haber informado al empresario sobre dicha creencia, que, de otro lado puede expresarse no sólo en el momento de la estipulación del contrato sino en una secuencia posterior de ejecución y c) Haber sido sancionado por negarse a cumplir las obligaciones derivadas del contrato. Ofrecidos estos indicios, al empleador le corresponde demostrar que no cabe una *"reasonable*

Ahora, para efectos de lo que aquí interesa es necesario distinguir entre el derecho a la libertad religiosa y el derecho a la libertad ideológica. El derecho a la libertad religiosa defiende, nuclearmente, la relación del hombre con un Ser Supremo. El derecho a la libertad ideológica tiene como bien debido un sistema de ideas, creencias o convicciones.

Así, mientras el derecho a la libertad ideológica ampara un ideario o sistema de ideas o creencias, el derecho a la libertad religiosa protege una relación vital y, por ello, aunque este último derecho incluya la doctrina o ideario de las diversas religiones, estas ideas y su promoción no constituyen su objeto primordial, sino la relación o comunión del sujeto específico – que asume como propia una fe o creencias – con el ser que reconoce como divino o supremo.[8]

Las empresas ideológicas tienen como objeto asumir una doctrina o creencia, como base de su misma actividad productiva.[9] Esta finalidad empresarial encuentra respaldo en la tutela constitucional del pluralismo que, como valor fundamental del ordenamiento jurídico, no permite a los poderes públicos y a los particulares desconocer el interés legítimo de las organizaciones empresariales de infundir en las mismas un contenido axiológico, ideológico o de creencia asentado en un ideario.

Por tanto, en este tipo de organizaciones, cualquier ánimo de lucro– si lo hay – es opacado por la finalidad de infundir y promover una determinada ideología o fe[10] y, por ende, su existencia y ejercicio de sus actividades, al asentarse en determinadas ideas o doctrina confesional supone el ejercicio del derecho a la libertad ideológica de la organización.

Esta finalidad resulta, muchas veces, compatible con el ejercicio del mismo derecho por parte de sus trabajadores, dado que trabajar en empresas de tendencia permitirá a aquellos que comparten la mismas ideas o creencias alcanzar plenamente sus objetivos profesionales, pues su actividad laboral no sólo les facultará a hacer praxis de su arte, ciencia o técnica, sino también desarrollarán tales habilidades o

---

accommodatio" (razonable acomodación) sin incurrir en *"undue hardship"* (carga excesiva)". Fernando VALDÉS DAL RÉ, "La Libertad religiosa y su problemática acomodación con la organización del trabajo", *Relaciones Laborales,* Nº 2, 2004, p. 101.

8 Rebeca Karina APARICIO ALDANA, *Derechos a la libertad ideológica, religiosa y de conciencia en las relaciones jurídico laborales,* Thomson Reuters – Aranzadi, Cizur Menor, 2017, p. 160 a 162.

9 Fernando DE VICENTE PACHÉS, *El derecho del trabajador al respeto a su intimidad,* Consejo Económico y Social, Madrid, 1998, p. 101 -102.

10 Luis CASTILLO CÓRDOVA, *Libertad de cátedra en una relación laboral con ideario. Hacia una interpretación armonizadora de las distintas libertades educativas,* Tirant lo Blanch, Valencia, 2006, p. 420.

conocimientos, desde una perspectiva ideológica o religiosa compartida con su empleador.[11]

2 Tratamiento de los trabajadores dentro de las empresas de tendencia

Dada la finalidad de las empresas de tendencia existen tareas que resultan inseparables del contenido ideológico o de creencia de la organización, estas, por tanto, necesitan de personal que pueda cumplir con el objetivo de promocionar o desarrollar el ideario que inspira las labores de la corporación, realizando su prestación de forma adecuada al guardar sus actos coherencia con los principios ideológicos, valores morales o religiosos de la institución a la cual brinda sus servicios.[12]

A este tipo de trabajadores de las empresas de tendencia se les conoce como trabajadores ideológicos y se caracterizan porque sus funciones guardan cierta relación con campo ideológico, religioso y moral regulado por el ideario, siendo sus actos capaces de incidir en el contenido axiológico de la institución en la medida en que son relevantes para la vigencia y coherencia de los preceptos que defiende públicamente la empresa pudiendo con ellos favorecer o perjudicar el desarrollo interno o perspectiva externa de la gestión ideológica de su empleador.[13]

Ahora, no todos los trabajadores dentro de una empresa ideológica tienen la misma relación con el ideario, las prestaciones son diversas y, por ello, no todos los trabajadores se verán obligados, en virtud de su relación laboral, a realizar prestaciones que directamente se relacionen con el mismo, incluso, muchos de los trabajadores desempeñan actividades que no tienen relación alguna con la finalidad ideológica o religiosa de su empleador.[14]

---

[11] *Vid.* María Giovanna MATTAROLO, *Il rapporto di lavoro subordinato nelle organizzazioni di tendenza. Profili generali,* Cedam, Pádova, 1983, p.69-70; Umberto GUERINI, "L'impresa di tendenza e le norme penali dello statuto dei lavoratori", *Rivista Giuridica dei lavoro e della previdenza sociale,* Nº 3, 1981, p. 155 -156; y, Joaquín APARICIO TOVAR, "Relación de trabajo y libertad de pensamiento en las empresas ideológicas". En AAVV. *Lecciones de Derecho del Trabajo. Homenaje a los profesores Bayón Chacón y Del Peso y Calvo,* Universidad de Madrid – Facultad de Derecho, 1980, p. 292.

[12] Silvana SCIARRA, "Il divieto di indagini sulle opinioni", *Rivista trimestrale di Diritto Procedura Civile,* 1977, p. 1068.

[13] Luis CASTILLO CÓRDOVA, *Libertad de cátedra… Op. Cit.,* p. 427.

[14] Sobre la necesidad de tener en cuenta un concreto ámbito en el que el ejercicio de determinados derechos del trabajador deben desarrollarse: *Vid.* Juan GORELLI HERNÁNDEZ, "El deber

Por ello, las modulaciones que los trabajadores deberán realizar al ejercicio de sus derechos fundamentales, en razón de que su empleadora es una empresa ideológica, no serán las mismas, sino que estas "vendrán definidas por la afectación al contenido del ideario que pueda producir su prestación laboral".[15]

Justamente, por ello, el artículo 4 de la Directiva 2000/78 de la Unión Europea establece que en el caso de actividades profesionales de iglesias y de otras organizaciones públicas y privadas cuya ética se base en la religión o en las convicciones, no constituirá discriminación una diferencia de trato basada en a la religión o las convicciones cuando: "por la naturaleza de esa actividad o contexto en el que se desarrollen, dichas actividades constituyan un requisito profesional esencial, legítimo y justificado, respecto a la ética de la organización".

Así, dentro de la empresa de tendencia existen dos tipos de trabajadores: los ideológicos y los no ideológicos.

No debe olvidarse que la relación laboral implica necesariamente el reconocimiento de determinado ámbito de acción que venga determinado: 1. por el contrato de trabajo;[16] y, 2. por las particulares circunstancias en las que el trabajador deba desempeñar sus funciones. Ello permite distinguir el alcance de las responsabilidades que, dentro o fuera de la empresa, puede tener el trabajador con respecto a su deber de coherencia con el ideario, existiendo trabajadores ideológicos cuya relación con él sea más intensa que otros.

Los trabajadores no ideológicos o neutros, por su parte, son aquellos que simple y llanamente, no se relacionan de forma alguna con el ideario, en tanto su prestación no tiene nada que ver con la ideología de la empresa y, por ello, sólo tienen el deber de respetar las ideas que la empresa profesa o defiende.

Vistas así las cosas, "la vigencia del ideario- como manifestación del derecho del titular del centro- así como la prestación laboral contratada deberán ser los principales puntos de referencia para determinar: (...) el concreto deber de respeto al ideario, los derechos del trabajador que podrán ser modulados, y el alcance de las modulaciones; así como las consecuencias que se pueden genera [para el trabajador] por el ejercicio indebido (...) de sus derechos".[17]

---

de obediencia y despido por desobediencia", *Revista Española de Derecho del Trabajo,* Nº 87, 1998, p. 91.

15 Luis CASTILLO CÓRDOVA, *Libertad de cátedra... Op. Cit.,* p. 448.

16 *Vid.* Juan GORELLI HERNÁNDEZ, "El deber de obediencia ... *Op. Cit.,* p. 91.

17 Luis CASTILLO CÓRDOVA, *Libertad de cátedra... Op. Cit.,* p. 455.

Así, es la relación que existe entre la prestación de trabajo con el ideario de la empresa lo que diferencia a los trabajadores neutros de los ideológicos y, entre estos últimos, distingue aquellos que se relacionan con mayor o menor intensidad con el contenido ideológico de la empresa,[18] lo que determinará su mayor o menor grado de responsabilidad en el logro de los fines defendidos por el ideario empresarial y que, por lo tanto, permitirá también determinar su mayor o menor grado de compatibilidad o coherencia de sus actos laborales o privados a la adecuación o ajustamiento a la ideología o creencia de la empresa.[19]

3 Empresas de tendencia y derecho de acceso al empleo

Como ya dijimos, dado que la característica esencial de las empresas de tendencia es desarrollar un objetivo ideológico o creencia, la facultad del empresario no debe limitarse a comprobar la simple o mera capacidad profesional del aspirante, sino que al resultar necesario que parte de su personal conozca, o, incluso, de ser el caso, comulgue con su ideario.

Así, en el caso de los trabajadores ideológicos, el objeto de su prestación consiste en promover o difundir dicha ideología, por lo que debe de reconocerse, como un criterio de selección absolutamente válido y legítimo, el conocimiento, o, incluso, dependiendo de la mayor intensidad con que se relacione la prestación con el ideario, la afinidad ideológica o de creencia del postulante al puesto de trabajo en la medida en que puede asegurar, facilitar, mejorar y perfeccionar el cumplimiento de la prestación.

Ello justifica que, en la fase de contratación, el futuro empleador indague sobre las opiniones religiosas o ideológicas del postulante con la finalidad de comprobar, dependiendo del alcance de la relación laboral ideológica, la coincidencia, el conocimiento o el nivel de respeto a la tendencia o ideario de la empresa del que opta por el puesto de trabajo; preguntas sobre las que el trabajador debe dar una respuesta verdadera o real al momento de contratar, pues en caso contrario actuaría de mala fe.

---

18 Francisco Javier CALVO GALLEGO, *Contrato de trabajo y libertad ideológica. Derechos fundamentales y organizaciones de tendencia,* Consejo Económico y Social, Madrid, 1995, p. 225.

19 Rebeca Karina APARICIO ALDANA, *Derechos a la libertad ideológica ... Op. Cit.,* p. 61.

En este sentido, dado que el cumplimiento adecuado de la prestación exigida al trabajador dependerá de su capacidad para integrar su aptitud profesional a las opiniones y creencias de la empresa a la que desea formar parte, es lícito que el empresario le solicite manifieste determinadas opiniones personales relacionadas con la ideología de la empresa que carecerían de relevancia en las relaciones laborales ordinarias.

Obviamente, los requisitos que se impongan en la convocatoria de empleo a una empresa ideológica o las preguntas personales que se realicen en la entrevista de selección siempre girarán en torno a los aspectos que resulten imprescindibles para el desarrollo adecuado de la tarea que se pretende que el postulante desarrolle en la empresa; en consecuencia, no sería lícita la imposición de requisitos ideológicos o de creencia o la investigación de otros aspectos ideológicos o de la conducta privada del candidato que no se encuentren conectados con las características propias de la futura prestación.

4 ¿Qué empleadores pueden ser considerados tendência?

Para que se trate de una empleador de tendencia no es necesario ser una Iglesia o realizar, específicamente, labores destinadas a la instrucción o aprendizaje de determinado sistema de ideas o creencias, sino que las actividades que este empleador realice, tanto dentro como fuera de la misma, se encuentren influenciadas directamente por una determinada opción ideológica o de creencia. Esto significa que mientras la iglesia o empresa sea la principal depositaria del ideario o la dependiente o subordinada de esta se encuentre afectada por el espíritu de un determinado sistema de ideas o creencias y portadora o difusora, hacia el exterior, por cualquier medio, de esa influencia ideológica "inspirada en valores ideales claramente reconocibles", ambas deberán ser consideradas como empleadores de tendencia.

Así, si una empresa dependiente cumple con el requisito de verse influenciada por un ideario apareciendo como depositaria o defensora de un determinado contenido ideológico se puede afirmar que efectivamente estamos ante una organización de tipo ideológico con todas las consecuencias que ello puede generar sobre sus trabajadores.

Por ello, los centros hospitalarios o asistenciales, calificados como filiales de organizaciones de tendencia, generalmente religiosos, al servirles de medio para desarrollar sus actividades caritativas o humanitarias, también pueden ser considerados, por sí mismos, como empresas ideológicas, pues, aunque evidentemente su prestación principal es la sanitaria o asistencial, también pueden, a través de sus actos, ser reflejo de una inspiración axiológica concreta y brindar ciertos servicios destinados al seguimiento de un determinado culto o a la difusión de un específico sistema de pensamientos o ideas.

Así, una clínica católica podría tener al servicio de pacientes y familiares ciertos sacramentos o les permitiría realizar determinados ritos que frente al dolor, exaltación o premura de una enfermedad o de la muerte resultaría difíciles de cumplir en otros lugares o condiciones (misa, comunión, confesión, extremaunción; etc.). También, por ejemplo, los testigos de Jehová se sentirían más cómodos en un centro médico que comulgue con sus ideas y les ofrezca tratamientos que de modo alguno contraigan sus preceptos religiosos y que de no existir alternativas les acompañen espiritualmente, de acuerdo a sus creencia, hacia el inevitable final.

Por ello, las organizaciones instrumentales de las que se sirve la organización originaria, pueden ser incluso más importantes para efectos de transmisión del mensaje ideológico, en tanto difunden de manera práctica, a quienes prestan servicios y al público en general, la idea o concepción del mundo que inspira la labor diaria, tanto de la principal, como de la dependiente.

Entonces, de cara al exterior, el elemento decisivo para configurar una empresa de tendencia es el ideológico, es decir, que la actividad sea desarrollada para difundir una concepción determinada del mundo e inspirada en unos valores ideales claramente diferenciados, tanto si se trata de las organizaciones principales, como en las subordinadas, filiales o instrumentales de las que se sirve la organización originaria, siempre que se encuentre vigente el ideario y sea efectivamente pública su inspiración ideológica y, por ello, el deber de respeto de los trabajadores de la empresa dependiente al sistema de creencias e ideas debe predicarse de la misma manera que para los trabajadores de la institución principal.[20]

[20] Rebeca Karina APARICIO ALDANA, *Derechos a la libertad ideológica ... Op. Cit.*, p. 57 -60.

5 Análisis de las Sentencias del Tribunal de Justicia de la Unión Europea

5.1 Sentencia del Tribunal de Justicia de la Unión Europea de 17 de abril de 2018

5.1.1 Hechos y fundamentos del pronunciamiento:

Evangelisches Werk, iglesia protestante alemana, publicó una oferta de empleo de duración determinada para un proyecto de redacción del informe paralelo sobre el Convenio Internacional de las Naciones Unidas relativo a la eliminación de todas las formas de discriminación racial. Según dicha oferta de empleo, las tareas requeridas incluían:

- El seguimiento del proceso de redacción de los informes estatales sobre dicho convenio referentes al periodo comprendido entre 2012 y 2014.
- La elaboración del informe paralelo sobre el informe estatal alemán y de observaciones y contribuciones especializadas.
- La representación en el ámbito del proyecto, de la obra social evangélica de Alemania ante el mundo político, el público y las organizaciones de defensa de los derechos humanos, así como la cooperación en el seno de determinadas instancias; la información y coordinación respecto al proceso de formación de opinión en el ámbito de la asociación; y,
- La organización, administración, redacción de informes técnicos en el ámbito del trabajo.

Dicha oferta especificaba los requisitos que debían cumplir los candidatos.

Uno de ellos era del siguiente tenor:

> "Son requisitos fundamentales la pertenencia a una Iglesia protestante o a una Iglesia integrada en la comunidad de trabajo de las Iglesias cristianas de Alemania y la identificación con la misión de servicio social evangélico. Se ruega que indique su confesión en su currículo vitae".

Una persona, sin confesión alguna, solicitó el puesto publicado. Aun cuando su candidatura siguió en liza después de la primera selección realizada por la *Evangelisches Werk,* la interesada no fue convocada a la entrevista. Por su parte, el candidato finalmente seleccionado había indicado, respecto a su pertenencia confesional, que era "un cristiano miembro de la Iglesia protestante regional de Berlín".

Al considerar que su candidatura había sido rechazada por carácter de confesional, la persona que se considera afectada, presentó una demanda ante el Tribunal Laboral de Berlín, en la que solicitaba que se condenara a la *Evangelisches Werk* a pagarle una suma de 9788,65 euros. La interesada manifestó que la toma en consideración de la religión en el procedimiento de selección, identificable en la oferta de empleo en cuestión, contravenía la prohibición de discriminación de la Ley General de Igualdad de Trato de Alemania, interpretada de conformidad con el Derecho de la Unión, y que el artículo 9, apartado 1,[21] de dicha norma, no podría justificar la discriminación que había sufrido.

Por su parte la *Evangelisches Werk* alegó que, en este caso, la diferencia de trato por motivos de religión estaba justificada en virtud de lo establecido en el artículo 9, apartado 1 de la Ley General de Igualdad de Trato, pues el que la convocatoria haya exigido la pertenencia a una Iglesia cristiana está incluida en el derecho a la autonomía eclesiástica protegido por el artículo 140 de la Ley Fundamental de la República Federal de Alemania, en relación con el artículo 137, apartado 3, de la Constitución de Weimar.[22] Por ello, a su entender, tal derecho subjetivo respeta el Derecho de la Unión, en particular atendiendo al artículo 17 del Tratado de Funcionamiento de la Unión Europea.[23] Además, considera que debido a la naturaleza de la actividad contemplada por la oferta

---

[21] Artículo 9, apartado 1, de la Ley General de la Igualdad de Trato:
"1. Sin perjuicio de lo dispuesto en el artículo 8 [de la presente ley], también se admitirá una diferencia de trato basada en la religión o las convicciones en el caso de un empleo ofrecido por comunidades religiosas, entidades vinculadas a ella, con independencia de su forma jurídica, o, asociaciones que tengan como finalidad promover una religión o unas convicciones en la comunidad, cuando, con arreglo a la propia conciencia de dichas comunidades o entidades, una determinada religión o convicción constituya un requisito profesional justificado, en atención a su derecho de autonomía o a la naturaleza de sus actividades".

[22] De conformidad con el artículo 140 de la Ley Fundamental de la República Federal Alemana, forman parte integrante de la misma, lo dispuesto en los artículos 136 a 139 y 141 de la Constitución de Weimar, de 11 de agosto de 1919:
"1. No habrá una Iglesia del Estado.
2. Se garantiza la libertad para crear, asociaciones religiosas. Dichas asociaciones podrán federarse sin restricción alguna dentro del territorio estatal.
3. Las asociaciones religiosas regularán y administrarán sus propios asuntos de manera independiente y dentro de los límites de la ley que se aplica a todos. Designarán a sus cargos sin que participen en tales designaciones el Estado o las autoridades locales.
(...)
7. Las asociaciones cuya finalidad sea promover una convicción filosófica en la comunidad estarán asimiladas a las asociaciones religiosas.

[23] Tratado de funcionamiento de la Unión Europea:
"Artículo 17:
1. La Unión respetará y no prejuzgará el estatuto reconocido en los Estados miembros, en virtud del Derecho interno, a las iglesias y las asociaciones o comunidades religiosas.

de empleo en cuestión en el procedimiento de selección en cuestión, la pertinencia religiosa es una exigencia profesional justificada.

El Tribunal Supremo de lo Laboral Alemán considera que el resultado del litigio principal depende de si la distinción por razón de pertenencia religiosa efectuada por la *Evangelisches Werk* es lícita a efectos de lo dispuesto en el artículo 9, apartado 1, de la Ley General de Igualdad de Trato. No obstante, señala el referido tribunal, este precepto debe ser interpretado, de conformidad con el Derecho de la Unión. Por lo tanto, entiende que el resultado del litigio depende de la interpretación del artículo 4, apartado 2, de la Directiva 2000/78,[24] supuestamente incorporado al Derecho nacional mediante el artículo 9 de la Ley General de Igualdad de Trato. El Tribunal remitente precisa que esta diferencia de trato, además, debe de ejercerse en observancia de los preceptos y principios constitucionales de los Estados miembros, así como de los principios generales del Derecho de la Unión y lo establecido en el artículo 17 del Tratado de Funcionamiento de la Unión Europea.

Al respecto, el Tribunal Supremo de lo Laboral Alemán considera que no cabe deducir del artículo 4, apartado 2, de la Directiva 2000/78 ni de los considerandos de la misma que un empresario como el *Evangelisches Werk*, pueda determinar por sí mismo, de manera vinculante, que la religión sea, con independencia de la naturaleza de la actividad de que se trate, un requisito profesional justificado atendiendo a la ética de dicho empresario, y que los tribunales nacionales solo puedan ejercer al respecto un mero control de plausibilidad, en virtud del cual simplemente cabe aceptar la decisión de cada iglesia en lo que se refiere a los empleos que, en razón de sus actividades profesionales, deben, según sus criterios, contar con trabajadores ideológicos, cualquiera sea la naturaleza de los mismos, sin que pueda ejercerse sobre ellos un control jurisdiccional en profundidad.

Asimismo, considera que el Tribunal de Justicia de la Unión Europea aún no ha precisado algunas cuestiones referidas a la aplicación de las disposiciones de la Unión con respecto a las normas nacionales; así como con respecto a los requisitos vinculados a la religión que

---

2. La Unión respetará asimismo el estatuto reconocido, en virtud del Derecho interno, a las organizaciones filosóficas y no confesionales.
3. Reconociendo su identidad y su aportación específica, la Unión mantendrá un diálogo abierto, transparente y regular con dichas iglesias y organizaciones".

[24] Artículo 4, apartado 2, de la Directiva 2000/78:
"Los Estados miembros podrán mantener en su legislación nacional vigente el día de adopción de la presente Directiva, o establecer en una legislación futura que incorpore prácticas nacionales existentes el día de adopción

pueden, por la naturaleza de la actividad de la que se trate o de las circunstancias en que se desarrolle, tener la consideración de requisitos profesionales esenciales, legítimos y justificados respecto de la ética de la organización, en el sentido dispuesto en el artículo 4, apartado 2 de la Directiva.

Por estos motivos, el Tribunal Supremo de lo Laboral decidió suspender el procedimiento y plantear al Tribunal de Justicia las siguientes cuestiones prejudiciales:

1. ¿Debe interpretarse el artículo 4, apartado 2, de la Directiva 2000/78 en el sentido de que un empleador, como la demandada en el presente asunto – o la Iglesia en su lugar -, puede determinar por sí mismo de forma vinculante que, por la naturaleza de la actividad o el contexto en el que esta se desarrolla, una determinada confesión religiosa del candidato constituye un requisito profesional esencial, legítimo y justificado respecto de su ética?

2. En caso de respuesta negativa a la primera cuestión prejudicial:
¿Debe dejarse inaplicada en un litigio como el presente una disposición de Derecho nacional – concretamente el artículo 9, apartado 1, primera alternativa, de la Ley General de Igualdad de Trato alemana – mediante la cual se admite una diferencia de trato basada en la religión en el marco del empleo por las comunidades religiosas y por las entidades adscritas a esta cuando una determinada confesión religiosa, atendiendo a la definición de la propia identidad de la comunidad religiosa, constituya un requisito profesional justificado habida cuenta de su derecho a la libre determinación?

3. En caso de respuesta negativa a la primera cuestión pre judicial:
¿Qué requisitos han de cumplir la naturaleza de las actividades o el contexto en el que estas se desarrollan como requisito profesional esencial, legítimo y justificado respecto de la ética de la organización conforme al artículo 4, apartado 2, de la Directiva 2000/78.

A la primera pregunta el Tribunal Europeo de Derechos Humanos contesta que, cuando una Iglesia u otra organización cuya ética se base en la religión o en las convicciones alegue, en apoyo de un acto o decisión como el rechazo a una candidatura a un empleo en su ámbito, que por la naturaleza de las actividades de que se trate o por el contexto en que se hayan de desarrollarse, la religión es un requisito profesional esencia, legítimo y justificado respecto de la ética de dicha iglesia u organización, es necesario que esa alegación, llegado el caso, pueda ser objeto de un control judicial efectivo que exija garantizar que, en el caso concreto, se cumplen los requisitos señalados en el artículo 4, apartado 2 de la Directiva 2000/78.

A la tercera cuestión prejudicial considera que, si bien es cierto los Estados miembros y sus autoridades, en particular judiciales, deben salvo en los casos verdaderamente excepcionales abstenerse de apreciar la legitimidad de la propia ética de la Iglesia o de la organización de que se trate, no obstante, si le corresponde velar porque no se vulnere el derecho de los trabajadores a no ser discriminados en razón, entre otras, de religión y convicciones. Para ello será necesario analizar si el requisito profesional que se exigido por la iglesia u organización en cuestión es, por la naturaleza de las actividades de que se trate o por el contexto en que se desarrollen, esencial, legítimo y justificado respecto de esa ética.

Así, atendiendo a lo establecido en el artículo 4, apartado 2, de la Directiva 2000/78, la diferencia de tratado basada en la religión o en las convicciones se supedita a la existencia comprobable objetivamente de un vínculo directo entre el requisito profesional impuesto por el empresario y la actividad en que se trate. Tal vínculo puede derivarse o bien de la naturaleza de la actividad, por ejemplo, cuando implica participar en la determinación de la ética de la Iglesia o la organización en cuestión o colaborar en su tarea de predicación, o bien de las circunstancias en las que debe desarrollarse dicha actividad, como la necesidad de garantizar una representación fidedigna de la Iglesia o de la organización a efectos externos.

Además, como ya se dijo, este requisito profesional debe ser esencia, legítimo y justificado respecto de la ética de la Iglesia o de la organización. En relación a este punto el tribunal aclara que si bien no corresponde a los tribunales nacionales pronunciarse sobre la ética como tal que fundamenta el requisito profesional invocado, sí que le corresponde, no obstante, determinar, en cada caso concreto, si cumplen estos tres criterios respecto de la ética de la institución religiosa o de la empresa de tendencia.

El Tribunal de Justicia de la Unión Europea ha considerado pertinente precisar a qué se refiere el carácter esencial, legítimo y justificado, respecto de la ética de la organización para determinar cuándo nos encontramos frente a un requisito necesario para considerar a un puesto de trabajo como de tendencia, al que se hace referencia en el artículo 4, apartado 2, de la Directiva 2000/78.

El carácter "esencial" significa que la pertenencia a la religión o la adhesión a las convicciones en que se basa la ética de la Iglesia o de la organización de que se trate deben resultar necesaria debido a la importancia de la actividad profesional en cuestión para la afirmación de esa ética o el ejercicio de su derecho a la autonomía por parte de la Iglesia o de esa organización.

Con respecto al carácter "legítimo" este término pretende garantizar que el requisito de pertenencia a la religión o la adhesión a las convicciones en las que se basa la ética de la Iglesia o de la organización de que se trate no sirva para promover un objetivo ajeno a dicha ética o al ejercicio de su derecho a la autonomía por parte de la Iglesia o de esa organización.

En relación al carácter "justificado" se refiere a que quien haya exigido este requisito está obligada a demostrar, a la luz de las circunstancias de hecho del caso concreto, que el riego alegado de vulneración de su ética o de su derecho a la autonomía es probable y grave, de tal modo que el establecimiento de este requisito resulte verdaderamente necesario.

El Tribunal de Justicia de la Unión Europea añade que el requisito previsto en el artículo 4, apartado 2, de la Directiva 2000/78 debe ser conforme con el principio de proporcionalidad, dado que cualquier diferencia de trato debe ejercerse respetando, en particular, los principios generales del Derecho Comunitario, entre los cuales se encuentra el principio de proporcionalidad, por lo que los órganos jurisdiccionales nacionales deben comprobar si el requisito de que se trata es apropiado y no excede lo necesario para alcanzar el objetivo previsto.

En conclusión, el Tribunal de Justicia de la Unión Europea responde a la tercera cuestión prejudicial precisando que el requisito profesional esencial, legítimo y justificado que en dicho precepto se contempla implica un requisito necesario y objetivamente dictado, respecto de la ética de la Iglesia o de la organización de que se trate, por la naturaleza de la prestación o las circunstancias en que se desarrolle la actividad profesionales en cuestión y no puede amparar consideraciones ajenas a dicha ética o al derecho a la autonomía de esa iglesia o de esa organización. Este requisito debe atenerse al principio de proporcionalidad.

Por último, en lo que se refiere a la segunda cuestión pre judicial, el Tribunal de Justicia de la Unión Europea recuerda que corresponde a los órganos jurisdiccionales nacionales resolver si, y en qué medida, un precepto nacional, como, por ejemplo, el artículo 9, apartado 1, de la Ley General de Igualdad de Trato, puede interpretarse de conformidad con el artículo 4, apartado 2 de la Directiva 2000/78. Para ello, los tribunales nacionales deberán tener en consideración: el conjunto de normas de derecho interno y aplicar los métodos de interpretación que resulten necesarios, para tal fin; debiendo cuidar no llevar a cabo una interpretación *contra legem* de dicho precepto nacional.

Ahora, es importante tener en cuenta que, en virtud del artículo 21, apartado 1, de la Carta de Derechos Fundamentales de la Unión Europea,[25] la prohibición de cualquier discriminación basada en la religión o las convicciones tiene carácter imperativo como principio general del Derecho de la Unión. Esta prohibición es suficiente por sí sola para conferir a los particulares un derecho invocable como tal en un litigio que les enfrente en un ámbito regulado por el Derecho de la Unión.

En este mismo orden de ideas, el artículo 47 de la referida Carta de Derechos Fundamentales de la Unión Europea relativo al derecho a la tutela judicial efectiva, es suficiente por sí solo y no es preciso que sea desarrollado por otras normas de Derecho de la Unión o del Derecho nacional para conferir a los particulares un derecho subjetivo invocable como tal.

Por ello, en el caso de que fuera imposible efectuar una interpretación de la Directiva 2000/78, conforme al precepto nacional controvertido en el litigio principal, el tribunal nacional está obligado a garantizar, de acuerdo a sus competencias, la protección jurídica para los justiciables derivada de los artículo 21 y 47 de la Carta de Derechos Fundamentales de la Unión Europea, garantizando su plena eficacia, dejando de aplicar, de ser necesario, cualquier norma nacional que los contradiga.

En conclusión el tribunal responde a esta segunda cuestión prejudicial señalando que los tribunales nacionales, al conocer un litigio entre dos particulares, cuando no puede interpretar el Derecho nacional aplicable de conformidad con lo dispuesto en el artículo 4, apartado 2, de la Directiva 2000/78, está en la obligación de garantizar, con arreglo a sus atribuciones, la protección jurídica que se deriva para los justiciables de lo establecido en el artículo 21 y 47 de la Carta, así como la plena eficacia de estos preceptos, dejando sin aplicar, si es necesario, cualesquiera de las normas nacionales que los contradigan.

---

25 Artículo 21 No discriminación de la Carta de Derechos Fundamentales de la Unión Europea: 1. Se prohíbe toda discriminación, y en particular la ejercida por razón de sexo, raza, color, orígenes étnicos o sociales, características genéticas, lengua, religión o convicciones, opiniones políticas o de cualquier otro tipo, pertenencia a una minoría nacional, patrimonio, nacimiento, discapacidad, edad u orientación sexual.

5.1.2 Crítica de la sentencia

Respecto este pronunciamiento cabe destacar los siguientes aspectos relevantes:

Que, tanto las Iglesias como las organizaciones cuya ética se base en la religión o las convicciones pueden decidir que puestos de trabajo pueden ser consideradas de tendencia atendiendo a la naturaleza de las actividades de que se trate o por el contexto en que se haya de desarrollar la prestación.

Ahora, esta decisión, aunque autónoma en su origen, no supone que los órganos jurisdiccionales no puedan controlar judicialmente estas decisiones. Por el contrario, estos quedan legitimados para garantizar que tales decisiones por parte de las empresas de tendencia se realicen respetando los criterios establecidos en el artículo 4, apartado 2, de la Directiva 2000/78, es decir, deberán corroborar que el establecer como requisito profesional el pertenecer a determinada religión o profesar las mismas convicciones de la empresa, constituyen un requisito profesional esencial, legítimo y justificado respecto de la ética de dicha organización.

Aquí, cabe señalar que el Tribunal deja en claro que, aunque el control judicial no se trate de un mero control de plausibilidad basado en la conciencia eclesiológica, no corresponde a los tribunales nacionales, pronunciarse sobre la ética como tal que fundamenta el requisito profesional invocado. Sin embargo, lo que le corresponde a los tribunales nacionales es determinar, en cada caso concreto, si cumplen los tres criterios respecto de la ética que impone la norma comunitaria, es decir, si tales requisitos son esenciales, legítimos y justificados.

En este orden de ideas, resulta pertinente señalar que el órgano jurisdiccional no analizará "la ortodoxia religiosa"[26] de las razones que llevaron a la iglesia u organización de tendencia a decidir que determinado puesto de trabajo es de tendencia, sino que simplemente se limitará a constatar si lo que la religión considera requisito de ineludible contenido axiológico o de creencia para acceder a determinado puesto de trabajo es efectivamente esencial, legítimo y justificado, para ello basta realizar una mera comparación objetiva entre los argumentos sostenidos por el empleador de tendencia para darle tal categoría y los tres requisitos que debe cumplir tal calificación. De verificar los tribunales de que tal decisión se basa en razones objetivas, entonces, la

[26] STC 128/2007, de 4 de junio, fundamento jurídico 12 (RTC 2007\128).

decisión no será discriminatoria, siendo, en consecuencia, una decisión compatible con los derechos fundamentales.[27]

Para estos efectos, el Tribunal se ha detenido a conceptualizar cada uno de estos criterios, con el fin de que se determine, en cada caso concreto, si los puestos de trabajo que se califican como de tendencia efectivamente responden a la ética de la Iglesia u organización. De la lectura de cada uno de ellos queda claro que lo importante a la hora de comprobar la existencia de los mismos es que la decisión de la Iglesia u organización religiosa o de convicción se fundamenta en la razonable necesidad de que el puesto de trabajo sea desempeñado por una persona que comparta la axiología o creencias de su empleadora, ya sea por la importancia de la actividad profesional en cuestión para la afirmación de esa ética o el ejercicio de su derecho a la autonomía o porque tal requisito resulta necesario en razón de que objeto de la prestación consiste en promover, justamente, esa ética o creencia, o hacer efectivo el ejercicio de la autonomía ideológica o de creencia de la que gozan este tipo de empleadores, por lo que una persona que desconozca o no profese el mismo ideario de la empresa empleadora, resultaría inidónea para realizar tales funciones.

Por ello, el último de los requisitos, que sea justificado, se asienta sobre la base de los anteriores, pues lo que corresponderá a la Iglesia u organización religiosa o de convicción es acreditar la necesidad de la empleadora de imponer, como requisito para poder acceder al puesto de trabajo, el pertenecer a la religión o creencia, pues lo que trata es evitar el riesgo a la vulneración de su ética o de su autonomía, el contratar una persona que no conociera o no compartiera su ideario, por lo que el establecimiento del requisito de pertenecer a la misma religión o compartir las mismas ideas resulta menester para que las actividades que se le asignarán se realicen de forma adecuada.

Sólo desde esta perspectiva, es posible la aplicación del principio de proporcionalidad, donde los órganos jurisdiccionales, desde el caso concreto, podrán determinar si la decisión de las empresas de tendencia – de considerar requisitos religiosos o ideológicos como adecuados para el cargo – es o no apropiada y no excede lo necesario para alcanzar los objetivos que se propone.

Esto último resulta relevante porque el Tribunal de Justicia de la Unión Europea resalta un análisis desde una perspectiva objetiva, a partir

---

27 Posición similar, en lo que respecta a los profesores de religión: *Vid.* Antonio MARTÍN VALVERDE, "Libertad religiosa, contrato de trabajo y docencia de religión", *Revista Española de Derecho del Trabajo*, Nº 138, 2008, p. 290.

de cada caso concreto, fundamentado en unos criterios delimitativos del ejercicio legítimo por parte de las empresas ideológicas de su derecho a definir los términos de una relación laboral de tendencia, descartando una ponderación restrictiva que, en lugar de brindar una solución justa y respetuosa de todos los derechos fundamentales involucrados, se limita a jerarquizar y a considerar a determinados derechos, por causas absolutamente endebles e insostenibles, asentadas en una libertad individual sin límites, como "derechos cenicienta o inferiores"[28] lo que trastoca crudamente cualquier visión de los derechos fundamentales como realidades intangibles, inalienables e inviolables, constitucionalmente protegidas y, en consecuencia, trasgrede gravemente los cimientos del pensamiento neoconstitucional: el respeto de la persona humana y su dignidad.

Atendiendo al caso concreto, consideramos que dado que entre las funciones asignadas se encontraba la representación, en el ámbito del proyecto, de la obra social evangélica de Alemania ante el mundo político, el público y las organizaciones de defensa de los derechos humanos, así como la coordinación respecto al proceso de formación de opinión en el ámbito de la asociación, nos encontramos frente a una actividad que podría ser calificada como de tendencia, dada la naturaleza misma de la prestación y las circunstancias en que se desarrollaría tal función es decir en el marco de un proyecto de redacción del informe paralelo sobre el Convenio Internacional con Naciones Unidas relativo a eliminación de todas las formas de discriminación racial, pues las funciones suponen representar al ideario de la *Evangelisches Werk* y de las Iglesias protestantes dentro de ese marco.

Por ello, incluso el requisito para acceder al empleo no se circunscribe únicamente a los miembros de la *Evangelisches Werk*, sino a la pertenencia a una iglesia protestante o a una iglesia integrada en la comunidad de trabajo de las iglesias cristianas de Alemania.

Por último, en lo que se refiere al artículo 4 de la Directiva 2000/78 dentro del ordenamiento alemán consideramos que es posible una interpretación acorde con el artículo 9, apartado 1 de la Ley General de Igualdad de Trato alemana, pues la finalidad que inspira ambas disposiciones es la admitir como posible una diferencia de trato no discriminatoria en el caso de que el empleo ofrecido por la empresa de tendencia se sustente en razones objetivas, que determinen que el

---

[28] Sobre los derechos príncipe y derechos cenicienta: *Vid.* Pedro SERNA BERMUDEZ y Fernando TOLLER, *La interpretación constitucional de los derechos fundamentales. Una alternativa a los conflictos de derechos,* La Ley, Buenos Aires, 2000, p. 14-18.

requisito solicitado de compartir la misma ideología o profesar la mismas religión o creencia resulte esencial y determinante para el ejercicio de la prestación, de tal forma que su exigencia resulte justificada y proporcionada.

5.2 Sentencia del Tribunal de Justicia de la Unión Europea de 11 de septiembre de 2018

5.2.1 Hechos y fundamentos del pronunciamiento

IR es una sociedad de responsabilidad limitada de Derecho alemán que tiene por objeto social el desempeño de las funciones de Caritas (confederación internacional de organizaciones católicas de fines caritativos) como expresión de la vida y la esencia de la Iglesia católica y se dedica en particular a la gestión de hospitales. IR no persigue propiamente fines lucrativos y depende del Arzobispado católico de Colonia (Alemania).

Uno de los médicos de dicho centro hospitalario que se desempeña como jefe del servicio de medicina interna, en virtud de un contrato de trabajo basado en el Reglamento de Servicio Eclesiástico 1993, estaba casado conforme al rito católico, pero se divorció contrayendo matrimonio nuevamente, sin que se hubiera anulado su matrimonio.

El hospital, cuando tuvo conocimiento de su segundo matrimonio, despidió al médico en septiembre de 2009.

Por este motivo, el trabajador presento una demanda ante la Tribunal Laboral Alemán alegando que su segundo matrimonio no era causa justificada de despido, al vulnerar el principio de igualdad de trato, dado que el Reglamento de Servicio Eclesiástico 1993 no contemplaba ninguna consecuencia en el caso de un jefe de servicios protestante o de religión contrajera un nuevo matrimonio.

Por su parte, la IR alegó que el despido era justificado porque el trabajador desempeñaba funciones directivas por lo que al contraer un matrimonio nulo con arreglo al Derecho Canónico habría infringido claramente los deberes que le incumbían en virtud de su contrato laboral.

El Tribunal Laboral alemán considera que la resolución del litigio principal depende de si el despido del trabajador por parte del hospital es lícito con arreglo al artículo 9, apartado 2, de la Ley de Igualdad de Trato el mismo que debe interpretarse de conformidad con el Derecho de la Unión.

Para ello, considera necesario determinar si al tratarse de una sociedad de capital de Derecho privado que es propiedad de la Iglesia católica, IR está comprendida en el ámbito de aplicación del artículo 4, apartado 2, párrafo segundo de la Directiva 2000/78 y, por consiguiente, tiene derecho a exigir a sus trabajadores una actitud de buena fe y lealtad hacia la ética de dicha Iglesia.

Por ello, decide consultar al Tribunal de Justicia de la Unión Europea si debe interpretarse el artículo 4, apartado, 2 segundo párrafo de la Directiva 2000/78 en el sentido que la Iglesia puede decidir imperativamente que una organización – como la parte demandada en el presente litigio – deba diferenciar, al exigir a los trabajadores con responsabilidades directivas una actitud de buena fe y de lealtad, entre los que pertenecen a esa Iglesia.

También, el Tribunal Laboral Alemán consulta al Tribunal de Justicia de la Unión Europea sobre cuestiones ya antes resueltas por el mismo en la Sentencia del Tribunal de Justicia de la Unión Europea, de 17 de abril de 2018, en específico si en virtud del Derecho de la Unión, un tribunal nacional está obligado a inaplicar, en un litigio entre particulares, una disposición nacional que no puede interpretarse de conformidad con el artículo 4, apartado 2, párrafo segundo, de la Directiva 2000/78 y sobre los requisitos para que pueda exigirse a los trabajadores de una iglesia u otras organizaciones referidas en dicha disposición una actitud de lealtad y de buena fe hacia la ética de la organización.

Con respecto a la primera consulta el Tribunal de Justicia de la Unión Europea deja en claro que dado que el artículo 4, apartado 2, segundo párrafo, de la Directiva 2000/78 al definir el ámbito de aplicación incluyendo a Iglesias y demás organizaciones públicas o privadas, hace que las consideraciones sobre la naturaleza y forma jurídicas de la entidad en cuestión no pueden incidir en la aplicabilidad de esta disposición a situaciones como la controvertida en el litigio principal. Concretamente, la referencia a las organizaciones privadas incluye las entidades que, al igual que IR, se han constituido con arreglo al Derecho Privado.

Por último, en lo que a esto respecta, el Tribunal precisa que la disposición comunitaria en cuestión sólo será de aplicación a las Iglesias y a las demás organizaciones públicas o privadas "cuya ética se base en la religión o en las convicciones", siendo de aplicación a las actividades profesionales de los trabajadores.

Con respecto a las dos siguientes consultas, el Tribunal de Justicia de la Unión Europea se remite a los argumentos sostenidos en su pronunciamiento, de 17 de abril de 2018. Cabe señalar, sin embargo, que con respecto a la determinación como válida de la exigencia de convocar trabajadores de tendencia para determinados puestos de trabajo dentro de las empresas ideológicas, el tribunal recalca, nuevamente, que debe tenerse en cuenta: 1. La naturaleza de las actividades de que se trate; o, 2. El contexto en que estas actividades se desarrollen para calificar a dicho requisito como esencial, legítimo y justificado, para la religión o las convicciones que se pretenden promover con la empresa de tendencia.

Así, la legalidad de la diferencia de trato basado en la religión o en las convicciones está supeditada a la existencia objetivamente comprobable de un vínculo directo entre el requisito profesional impuesto por el empresario y la actividad en que se trate. Por ello, aunque corresponde al juez nacional, en último término, valorar los hechos, el Tribunal considera que la observancia de un aspecto concreto de la ética de la Iglesia Católica: el carácter sagrado e indisoluble del matrimonio religioso no parece ser un requisito esencial de la actividad profesional que realiza el trabajador, a saber, la prestación de asesoramiento y asistencia médica en el hospital y la gestión de servicio de medicina interna cuya jefatura ostentaba, más aún cuando el empleador ha confiado puestos de responsabilidad médica con funciones directivas, análogos al puesto ocupado por el trabajador en cuestión, a personas que no son de religión católica, por lo que no están sujetos a la misma exigencia de observar una actitud de buena fe y lealtad hacia la ética de la IR.

5.2.2 Crítica

Al respecto coincidimos con el Tribunal de Justicia de la Unión Europea que es posible que cualquier tipo de organización que se base en la religión o en determinado sistema de ideas o creencias, le puede ser aplicable el artículo 4, apartado 2, segundo párrafo, de la Directiva 2000/78, es decir, puede ser calificada como empresa de tendencia.

Por ello, en el caso concreto una empresa dependiente de una institución eclesial, como IR – sociedad de capital de Derecho privado que es propiedad de la Iglesia católica – al cumplir con el requisito de verse influenciada por el ideario de las creencias de la institución religiosa a la cual pertenece puede ser concebida como una organización de tipo ideológica con todas las consecuencias que ello puede generar a sus trabajadores, más aún al tratarse de un hospital pues, como ya se dijo, este tipo de centros de atención sirven de medios a las organizaciones religiosas para desarrollar sus actividades caritativas o humanitarias.

Así, aunque la prestación principal de un hospital sea la sanitaria o asistencial, ello suele ser reflejo de una inspiración axiológica concreta y brindar, en razón de la misma, ciertos servicios destinados al seguimiento de un determinado culto o a la difusión de un específico sistema de pensamientos o ideas.

Ahora, ello no quiere decir, como ya se ha adelantado, que todos los trabajadores que laboran en una empresa de tendencia se encuentren vinculados de la misma manera al ideario, todo dependerá del objeto de su prestación y/o de las circunstancias en que deba brindarse la misma.

En consecuencia, se comparte, también, la opinión del Tribunal de Justicia de la Unión Europea, pues en el caso concreto parece claro que para el puesto y las actividades que realiza el trabajador despedido lo elemental para el ejercicio de su prestación es el conocimiento y pericia en las labores propias de la ciencia y gestión médica, por lo que no forma parte esencial de la misma la íntima ligazón de este personal con el ideario de la institución en la cual labora, al grado de tener que respetar estrictamente preceptos de alto contenido ético como el no contraer segundas nupcias después de haberse divorciado.

Esta ausencia de esencialidad y necesidad de considerar este puesto como vinculado con el ideario de la empleadora queda claramente demostrado, como también lo señala el tribunal, por el hecho de que no se requería para desempeñar tales funciones que se profesara la religión católica, sino que era posible contratar especialistas de religiones diversas a las que no se les imponía, por obvias razones, los preceptos de la Iglesia católica.

Referências

APARICIO ALDANA, Rebeca Karina. Derechos a la libertad ideológica, religiosa y de conciencia en las relaciones jurídico laborales, Thomson Reuters – Aranzadi, Cizur Menor, 2017.

APARICIO TOVAR, Joaquín. "Relación de trabajo y libertad de pensamiento en las empresas ideológicas". En AAVV. Lecciones de Derecho del Trabajo. Homenaje a los profesores Bayón Chacón y Del Peso y Calvo, Universidad de Madrid – Facultad de Derecho, 1980.

BELLVER CAPELLA, Vicente "La dimensión prestacional del derecho a la libertad religiosa", Humana Iura, Nº 6, 1996.

CALVO GALLEGO, Francisco Javier. Contrato de trabajo y libertad ideológica. Derechos fundamentales y organizaciones de tendencia, Consejo Económico y Social, Madrid, 1995.

CASTILLO CÓRDOVA, Luis. Libertad de cátedra en una relación laboral con ideario. Hacia una interpretación armonizadora de las distintas libertades educativas, Tirant lo Blanch, Valencia, 2006.

DE VICENTE PACHÉS, Fernando. El derecho del trabajador al respeto a su intimidad, Consejo Económico y Social, Madrid, 1998.

GORELLI HERNÁNDEZ, Juan. "El deber de obediencia y despido por desobediencia", Revista Española de Derecho del Trabajo, Nº 87, 1998.

GUERINI, Umberto. "L'impresa di tendenza e le norme penali dello statuto dei lavoratori", Rivista Giuridica dei lavoro e della previdenza sociale, Nº 3, 1981.

HERVADA XIBERTA, Javier y ZUMAQUERO, José. Textos internacionales de Derechos Humanos, Eunsa, Pamplona, 1978.

MARTÍN VALVERDE, Antonio. "Libertad religiosa, contrato de trabajo y docencia de religión", Revista Española de Derecho del Trabajo, Nº 138, 2008.

MARTÍNEZ PUJALTE, Antonio Luis. "Libertad de conciencia y tratamiento médico", Persona y Derecho, Nº 41, 1999.

MATTAROLO, María Giovanna. Il rapporto di lavoro subordinato nelle organizzazioni di tendenza. Profili generali, Cedam, Pádova, 1983.

RODRÍGUEZ CARDO, Iván Antonio. "Libertad religiosa y contrato de trabajo: Sentencia TC 19/1985, de 13 de febrero". En GARCÍA MURCIA, Joaquín (Dir.), Derechos del trabajador y libertad de empresa. 20 casos de jurisprudencia constitucional, Thomson Reuters Aranzadi, Pamplona, 2013.

SCIARRA, Silvana. "Il divieto di indagini sulle opinioni", Rivista trimestrale di Diritto Procedura Civile, 1977.

SERNA BERMUDEZ, Pedro y TOLLER, Fernando. La interpretación constitucional de los derechos fundamentales. Una alternativa a los conflictos de derechos, La Ley, Buenos Aires, 2000.

VALDÉS DAL RÉ, Fernando, "La Libertad religiosa y su problemática acomodación con la organización del trabajo", Relaciones Laborales, n. 2, 2004.

Informação bibliográfica deste texto, conforme a NBR 6023:2018 da Associação Brasileira de Normas Técnicas (ABNT):

APARICIO ALDANA, Rebeca Karina. Las empresas ideológicas. A propósito de las sentencias del Tribunal de Justicia de la Unión Europea (Gran Sala) de 17 de abril y 11 de septiembre de 2018. *In*: TUPINAMBÁ, Carolina (Coord.). *As novas relações trabalhistas e o futuro do Direito do Trabalho:* as novidades provenientes da globalização, de influxos do Direito comparado e da internacionalização de contratos laborais. Belo Horizonte: Fórum, 2021. (Coleção Fórum As novas relações trabalhistas e o futuro do direito do trabalho. Tomo IV.) p. 123-145. ISBN 978-65-5518-223-1.

AS NEGOCIAÇÕES COLETIVAS SUPRANACIONAIS PARA ALÉM DA OIT E DA UNIÃO EUROPEIA

JOSÉ SOARES FILHO

1 Introdução

Para normatização das relações laborais é de grande valia a negociação coletiva de trabalho. Desde seus primórdios ela se constitui uma notável experiência jurídica, a mais expressiva vivenciada pelo Direito em todas as suas fases. Foi realizada primeiramente no campo das relações de trabalho e depois, graças aos resultados positivos apresentados, em outras áreas do Direito, a exemplo da relativa ao consumo.

Sua prática vem ocorrendo, quase exclusivamente, em âmbito nacional, posto que depende de previsão no Direito interno de cada país, condição para que as respectivas normas sejam legitimadas e, assim, produzam efeitos jurídicos para as relações que visam a regular.

A Organização Internacional do Trabalho (OIT), através de sucessivas convenções e recomendações, estimula a negociação coletiva de trabalho no plano nacional e indica seus parâmetros, bem assim as medidas adequadas e hábeis para sua efetivação. Considera-a de grande importância para o justo equilíbrio das relações entre empregadores e trabalhadores e, consequentemente, o progresso e a paz social. Em relação à prática da negociação coletiva em nível supranacional, ela desenvolve uma política visando a reunir sindicatos e empresas em escala mundial, para obtenção de acordos nesse nível (acordos-marco).

O exercício da negociação coletiva em nível supranacional ainda é incipiente, mas o bastante para demonstrar sua utilidade, em especial no processo de integração regional, porquanto pode contribuir para que este contemple os direitos sociais, colocando-os nas pautas de discussão. Ademais, concorre para que os atores sociais dele participem com a normatização das respectivas relações negociais, no plano comunitário. Dessa maneira, também contribui para a harmonização dos sistemas jurídicos nesse aspecto.

A negociação coletiva de trabalho supranacional pressupõe, dentre outros fatores, a existência de entidades sindicais bem estruturadas e organizadas nesse nível, com competência jurídica para representar os membros das respectivas categorias localizados em todo o espaço do bloco regional de países e legitimadas para convencionarem normas aplicáveis em todos os Estados-Partes. Para isso se requer a harmonia dos ordenamentos jurídicos nacionais sobre a matéria, admitindo tal competência e tal legitimidade.

Na União Europeia, o modelo de contratação coletiva por ela adotado funda-se no princípio do diálogo social, que inspira a celebração de acordos em esfera supranacional, eis que no sistema europeu de relações de trabalho existem representações de empregadores e trabalhadores em nível comunitário. Daí, a tendência de a negociação coletiva ultrapassar as fronteiras nacionais. O Ato Único Europeu – que complementou o Tratado de Maastricht – representa um passo fundamental na evolução do Direito comunitário, ao reconhecer a necessidade do diálogo social e abrir um espaço para a autonomia coletiva no plano europeu, de modo que a negociação coletiva resultasse em convenções desse porte. A negociação coletiva com essa dimensão tem, de fato, ocorrido, apesar dos obstáculos que se apresentam a esse respeito.

No tocante ao Mercosul, as entidades sindicais nacionais, por suas centrais, desde cedo se uniram para conjuntamente influírem na formação do Mercado Comum de modo que neste fossem levados em conta os legítimos interesses das categorias econômicas e profissionais, afetados pelo processo de integração. E criaram a Coordenadoria de Centrais Sindicais do Cone Sul (CCSCS), que reúne as centrais sindicais dos países componentes do Mercosul e de seus associados (Bolívia e Chile). Está, assim, formada a estrutura organizacional, da parte dos trabalhadores, para negociação coletiva supranacional.

Tal negociação tem dado os primeiros passos no sentido de sua consolidação no quadro do Mercosul, ante a articulação, nele, de alguns setores da economia, tais como o siderúrgico, o bancário e o automobilístico.

Ante a globalização das relações econômicas e sociais – que é um fenômeno da pós-modernidade –, impõe-se a negociação coletiva com alcance para além do marco da União Europeia e da própria OIT, para se lograr a proteção do trabalho no plano internacional, eis que esta não se satisfaz com a normatização promovida por aquela Organização, nem é suficiente, para a tutela do trabalhador na esfera comunitária, a regulamentação emanada dos organismos institucionais respectivos.

Com o presente trabalho, pretende-se demonstrar a viabilidade e a importância da negociação coletiva supranacional, especialmente no campo das relações de trabalho, como meio eficaz de normatizá-las no quadro das comunidades regionais de países, de modo que o processo de integração em que elas se inserem seja completo, para o que se requer que ele contemple não apenas os interesses econômicos, mas também os direitos sociais e trabalhistas. Só assim o referido processo alcançará seu objetivo, consistente em proporcionar aos respectivos povos o verdadeiro progresso.

Além disso, visa-se a enfocar a necessidade da negociação coletiva em escala universal, compatível com as relações que se constituem na atual conjuntura mundial. Dessa forma, obter-se-á um equilíbrio de interesses entre os atores sociais, indispensável para o desenvolvimento econômico com justiça social, que é a aspiração fundamental do ser humano.

2 A crise do Direito do Trabalho; fatores exógenos e endógenos

A crise do Direito do Trabalho – notória e largamente discutida nos meios acadêmicos e sindicais – decorre de fatores exógenos e endógenos.[1]

---

1 PODETTI, Humberto A. Un destino para el derecho del trabajo. *In*: EVOLUCIÓN del Pensamiento Juslaborista – Estudios en Homenaje ao Prof. Héctor-Hugo Barbagelata. Montevideo: Fundación de Cultura Universitaria, 1997, p. 395-418, p. 399.

Os fatores exógenos provêm da economia de mercado, consagrada pelo neoliberalismo. Em favor desse sistema os governos sacrificam os diversos modelos de intervenção na ordem econômica e de planificação da economia. Adotando o programa econômico neoliberal, os Estados estabelecem medidas legislativas no campo do Direito do Trabalho que, de um modo geral, resultam em flexibilização e desregulação das relações laborais. Tais medidas, a pretexto de propiciarem às empresas maior competitividade, com a redução dos custos da produção, importam, inexoravelmente, em detrimento dos trabalhadores, com a redução de direitos e vantagens por eles conquistados no seio do Estado de Bem-Estar Social (o *Welfare State).*

Os fatores endógenos relacionam-se à incapacidade do Direito do Trabalho de oferecer respostas adequadas e eficazes às demandas, e solução justa aos problemas, pertinentes às relações laborais, ante as mudanças vertiginosas que ocorrem na modernidade.

De fato, o Direito Individual do Trabalho restringe-se às relações de trabalho subordinado e formalizadas; não alcança, pois, os trabalhadores informais e os desempregados (fora do mercado).

E o Direito Coletivo do Trabalho circunscreve-se, basicamente, às categorias profissionais organizadas, excluindo-se de seu âmbito grupos de trabalhadores inorganizados (por exemplo, os sem-terra). Além disso, ainda contempla, quase exclusivamente, as organizações sindicais com base nacional e, só há algumas décadas, vem ultrapassando esse marco, para afirmar-se nas esferas regional e internacional.

3 A globalização e a ampliação das relações coletivas de trabalho

A sociedade contemporânea move-se num espaço global. Essa realidade requer instâncias globais para a produção de regras de convivência, com a efetiva participação dos interlocutores sociais válidos. Para tanto, faz-se necessária a negociação coletiva transnacional, que transcende o âmbito das comunidades regionais de países, inclusive a União Europeia. Nesse sentido são viáveis acordos multilaterais e convênios coletivos transnacionais.

Dentre os primeiros se destacam, por sua importância para a coletividade nacional, os acordos tripartites e os pactos sociais, cuja experiência se vem fazendo em alguns países, especialmente a Espanha e a Itália; e, com relação aos segundos, as convenções-marco entre corporações multinacionais e organizações sindicais mundiais, que já se realizam, com certa habitualidade e considerável proveito para ambas as partes.

Os pactos sociais surgem, geralmente, em momentos de grave crise político-social da nação, em que o Governo sente a necessidade de recorrer aos mais importantes segmentos sociais, no sentido de recolher deles as linhas mestras de um programa de alto nível capaz de enfrentar as dificuldades, contando, assim, com o respaldo do conjunto da sociedade, que lhe dê maior legitimidade, credibilidade e força moral, do que resulta, consequentemente, razoável probabilidade de bom êxito em tão árdua tarefa.

Trata-se de um entendimento de largo alcance, abrangendo matérias diversas, entre os principais atores sociais – empregadores e trabalhadores – e o Governo. Situam-se os pactos sociais acima dos interesses das classes, pois têm em vista os interesses maiores da comunidade nacional. Sua aplicação, por conseguinte, ultrapassa os limites da convenção coletiva de trabalho, seja quanto ao objeto, seja quanto às partes intervenientes, seja em relação ao âmbito territorial.

Os pactos sociais não têm a natureza de participação corporativa, porquanto o sindicato não é um agente de colaboração orgânica com o Estado, mas tem uma postura de independência em relação a ele.

Já se realizam, com certa habitualidade, convenções-marco entre corporações multinacionais e organizações sindicais mundiais. Segundo essa tendência, que vem se generalizando, grandes empresas industriais de alcance global subscrevem acordos-marco com seus empregados vinculados a unidades produtivas situadas em diversos países, através dos quais se comprometem a respeitar algumas normas mínimas em todo o mundo, conscientes de que, para as corporações internacionais, atualmente, constitui um bom negócio o cumprimento de normas trabalhistas essenciais.

Esse fenômeno deve-se ao fato de que a maioria das grandes empresas mundiais já atua numa perspectiva global e a maior parte dos sindicatos se acha integrada nas Federações Sindicais Mundiais (FSM) setoriais. Por isso, empresas e sindicatos "começaram a dar os passos necessários para firmar tais convênios". Em geral são as empresas com sede principal na Europa que tiveram a iniciativa da celebração de convenções desse tipo; porém, existem exemplos dessa prática também em empresas da Nova Zelândia (Fonterra) e África do Sul (AngloGold).[2]

---

2 GRAHAM, Ian; BIBBY, Andrew. Convenios colectivos mundiales: un marco de derechos. *In*: OFICINA INTERNACIONAL DEL TRABAJO. Trabajo Revista de la OIT, Genebra, n. 45, p. 4-7, diciembre 2002, p. 4.

Dentre as matérias objeto desses pactos são considerados, com maior frequência, os direitos de negociação coletiva, a informação e a consulta, a igualdade de oportunidades, a saúde e a seguridade, as normas sobre salários mínimos, bem como a proibição do trabalho infantil e do trabalho forçado.

4 Perspectivas da negociação coletiva na sociedade pós-industrial

O processo negocial de formação da norma, no campo do Direito do Trabalho, tende a sofrer uma considerável mudança, em consequência da globalização da economia, do surgimento de corpos intermediários voltados a cumprir as funções tradicionais atribuídas aos sindicatos, bem assim da multiplicidade e variedade de formas de emprego e rendas que se apresentam na atual conjuntura socioeconômica.

Tal processo, vinculado às conquistas que se inserem nos contratos individuais de trabalho, terá ampliado seu espectro de acordo com a tendência própria da sociedade pós-industrial, incluindo em seus objetivos políticas gerais direcionadas à preservação dos empregos, do meio ambiente, à formação profissional contínua, ao direito à informação, à redução das jornadas de trabalho, a medidas fiscais, de tarifas e preços dos serviços públicos, ao controle da inflação, à concessão de benefícios aos empresários no tocante a impostos e encargos sociais no intuito de propiciar a ampliação do mercado de trabalho. A abertura da negociação nesses termos tem como objetivo preservar os postos de trabalho e rendas dos trabalhadores.

Por outro lado, o processo negocial assume diversas formas e se operacionaliza em vários níveis, com alteração de seus âmbitos pessoais, materiais, temporais e espaciais, bem assim quanto à vigência e eficácia da norma que produz. Visa, destarte, a adequar-se ao amplo espaço em que se desenvolve a produção na sociedade contemporânea, a fim de atender à multiplicidade de organizações coletivas e ao contingente de trabalhadores não contemplados pela doutrina e a dogmática jurídica tradicionais.[3] Com efeito, as transformações por que passa o mundo do trabalho alteram a organização produtiva e as relações laborais, tendo

---

3 ANDRADE, Everaldo Gaspar Lopes de. *Direito do Trabalho e pós-modernidade* – Fundamentos para uma teoria geral. São Paulo: LTr, 2005, p. 262.

como efeito a mudança do próprio conceito e da função do contrato coletivo.[4] [5]

Entre as modalidades de negociação coletiva que se destacam na atualidade, estão – como assinalado atrás – os pactos sociais e as negociações tripartites, que envolvem empregadores, trabalhadores e o Governo e conferem ao processo negocial maior abrangência, fornecendo ao Estado elementos para a criação de normas jurídicas não apenas de natureza trabalhista, mas também de outras ordens, a fim de atender a múltiplos interesses sociais.

Em relação aos sujeitos, amplia-se a feição negocial, que, do âmbito restrito de categorias econômicas e profissionais conexas, passa a admitir categorias econômicas e profissionais de diversos setores da atividade produtiva. No tocante ao objeto, inclui matérias além dos interesses diretos dos trabalhadores, como meio ambiente, desenvolvimento sustentável, planejamento econômico.

Quanto ao espaço de sua aplicação, a negociação coletiva efetiva-se em nível de empresa, de setor produtivo, em nível nacional, mediante acordos interconfederais e os já mencionados pactos sociais e negociações tripartites.

Há a perspectiva de, num futuro não distante, o processo negocial atingir a esfera transnacional com "uma proposta de uniformidade dos direitos sociais em nível planetário".[6] Dessa experiência, aliás, já há registros significativos, como se verá adiante.

5 A negociação coletiva de trabalho supranacional: viabilidade, segundo as normas da OIT

Ao fenômeno da transnacionalização das empresas corresponde a transnacionalização das relações de trabalho, para a qual é de fundamental importância a negociação coletiva supranacional, como meio de elevar a esse nível os direitos trabalhistas, condição para lograr o almejado equilíbrio entre os fatores da produção, que é pressuposto da paz social.

---

4 PERONE, Gian Carlo. *A ação sindical nos Estados-membros da União Europeia*. São Paulo: LTR, 1996, p. 116.

5 Ante essa perspectiva, Andrade (*op. cit.*, p. 264) considera inteiramente superado o processo de negociação coletiva restrita à produção de normas jurídicas abstratas, cuja validade tem como foco os direitos individuais e, como limite, a proteção do trabalho dependente.

6 Andrade, *op. cit.*, p. 262.

Por conseguinte, ante a presença, no cenário mundial, das empresas multinacionais, não se justifica a inexistência de convenções coletivas com a mesma amplitude, que parecem ser o instrumento adequado para a regulação das relações de trabalho das multinacionais.[7]

Atenta a essa situação, a OIT tem desenvolvido estudos e promovido medidas no sentido de que se efetive negociação coletiva supranacional. Em face de sua estrutura funcional, aquele organismo internacional reúne as condições adequadas para lograr esse objetivo, porquanto seus orgãos deliberativos – especialmente a Conferência Internacional do Trabalho – são compostos de representantes de entidades sindicais de trabalhadores e empregadores de todas as partes do globo. Além disso, ela desenvolve uma política visando a reunir sindicatos e empresas em escala mundial, para obtenção de acordos nesse nível (acordos-marco). As diretrizes básicas para a consecução desse objetivo constam da Declaração Tripartite de Princípios sobre as Empresas Multinacionais e a Política Social, aprovada, por unanimidade, em novembro de 1977, pelo Conselho de Administração da OIT, em sua 204ª reunião.

O referido instrumento contém princípios voltados à promoção do entendimento mútuo entre as empresas multinacionais e os sindicatos representativos de seus empregados, à participação deles na organização empresarial, à transparência e à responsabilidade social da empresa no âmbito do trabalho, requisitos para o estabelecimento de associações sustentáveis entre os atores locais, mundiais e o mercado. Estimula a cooperação entre empresas, sindicatos e governos, com o objetivo de "aproveitar ao máximo o efeito positivo que a inversão realizada pelas empresas multinacionais pode gerar no progresso econômico e social, contribuindo ao mesmo tempo para resolver as dificuldades que a inversão pode acarretar".[8]

Essa Declaração foi concebida para fomentar um desenvolvimento socialmente sustentável e os direitos humanos no ambiente de trabalho, tendo como objetivos o emprego, a formação, as condições de vida e trabalho e as relações laborais. Nela se insiste com as multinacionais, os governos e interlocutores sociais, para que sigam o exemplo da OIT no que tange à promoção do trabalho decente, colaborando para a realização

---

7 OLEA, Manuel Alonso. Aspectos de la internacionalización del Derecho del Trabajo. *In*: EVOLUCIÓN del Pensamiento Juslaborista – Estudios en Homenaje ao Prof. Héctor-Hugo Barbagelata. Montevideo: Fundación de Cultura Universitaria, 1997. p. 37-42, p. 41.

8 OFICINA INTERNACIONAL DEL TRABAJO. Trabajadores y globalización: la OIT en el corazón de la ofensiva. Trabajo *Revista de la OIT*, Genebra, n. 42, p. 26-27, marzo 2002, p. 27.

do contido na Declaração daquele organismo internacional relativo aos princípios e direitos fundamentais no trabalho e seu seguimento.[9] Ademais, faz-lhes convite para que referendem as convenções da OIT sobre trabalho infantil e idade mínima para o trabalho. Devido a seu alcance global, a Declaração constitui instrumento adequado para utilização direta ou indireta na dotação de conteúdo básico para os convênios-marco.[10]

A OIT aprovou, outrossim, um Guia com o subtítulo "Conhecer e utilizar diretrizes universais para a responsabilidade social", em que se expõe o modo de melhor aplicar a Declaração em apreço, constituindo ferramenta de grande valor para quem deseja utilizá-la. Nele se encontra informação prática sobre a responsabilidade social das empresas em geral, fundada na experiência acumulada em escala mundial no tratamento de questões tais como a saúde, a seguridade e o trabalho infantil.

"Num lugar de trabalho globalizado em que atuam empregadores desta mesma escala global, o papel da OIT neste terreno se torna essencial".[11]

6 A negociação coletiva de trabalho no quadro da União Europeia

Os Estados-membros da União Europeia acham-se empenhados em estabelecer estreita colaboração no campo social, especialmente no que tange ao direito sindical e às tratativas coletivas entre empregadores e trabalhadores.[12]

Esse objetivo vai ao encontro das normas estabelecidas nas convenções internacionais do trabalho nºs 87 e 98, da OIT, que consagram a garantia da liberdade sindical e a proteção do direito de sindicalização, neste compreendido o direito de livre negociação coletiva. Ora, esses

---

9 Tais princípios são: a) a liberdade de associação e a liberdade sindical e o reconhecimento efetivo do direito de negociação coletiva; b) a eliminação de todas as formas de trabalho forçado ou obrigatório; c) a abolição efetiva do trabalho infantil; e d) a eliminação da discriminação em matéria de emprego e ocupação (Cf. SÜSSEKIND, Arnaldo; MARANHÃO, Délio, VIANNA, Segadas; TEIXEIRA, Lima. *Instituições de Direito do Trabalho*. São Paulo: LTR, 2000, p. 313).

10 OFICINA INTERNACIONAL DEL TRABAJO, *op. cit.*, 27.

11 GRAHAM; BIBBY, *op. cit.*, p. 6.

12 MAZZONI, Giuliano. *Relações Coletivas de Trabalho*. Tradução Antônio Lamarca. São Paulo: Revista dos Tribunais, 1972, p. 120. Tradução de: I Rapporti Colletivi di Lavoro.

instrumentos normativos foram acolhidos e vêm sendo aplicados pelos países integrantes da Comunidade.[13]

A fim de acalmar as intensas preocupações ante a crescente influência das empresas multinacionais sobre a vida econômica, social e, até política dos países onde elas operam, a Comissão Europeia elencou uma série de ações a serem implementadas no sentido de estabelecer um contrapeso ao poderio dos grandes trustes internacionais. No tocante à proteção dos trabalhadores, sugeriu a adoção das diretivas tendentes a harmonizar os regulamentos sobre as despedidas coletivas e assegurar a proteção dos trabalhadores em caso de fusão, concentração ou racionalização de empresas; e augura o desenvolvimento de convenções coletivas europeias.[14]

Na União Europeia, acentua-se o princípio do diálogo social, que embasa o modelo de contratação coletiva por ela adotado e inspira as legislações sociais de quase todos os seus Estados-membros. Tal princípio materializa-se através de institutos, tais como os acordos celebrados em esferas mais elevadas, pelas organizações representativas dos empresários e as dos trabalhadores, independentemente da participação dos governos, eis que, como lembra Galantino,[15] no sistema europeu de relações de trabalho existem representações em nível comunitário.

Registram Schutte, Castro e Jacobsen[16] que a coordenação e organização dos trabalhadores em nível europeu resultaram, em 1973, na fundação da Confederação Europeia de Sindicatos – CES, que engloba uma dupla estrutura: de um lado, as centrais sindicais nacionais; de outro, catorze federações europeias por ramo de produção. Daí, o que eles chamam de perspectivas de europeização da negociação coletiva em face da organização sindical, tendo em vista que a nova realidade que se desenha revela o crescente esvaziamento do papel do contrato nacional, a menos que ele seja complementado ou coordenado por negociação em nível europeu. E sentenciam: "a questão não é mais se haverá negociação coletiva europeia, mas quando".[17]

---

[13] É flagrante a influência da atividade normativa da OIT na política social da Comunidade Europeia, especialmente no tocante à liberdade sindical, como demonstram Foglia e Passarelli (FOGLIA, Raffaele; PASSARELLI, Giuseppe Santoro. *Profili di Diritto Comunitario del Lavoro*. Torino: G. Giappichelli, 1996, p. 10).

[14] CAEN, Gérard Lyon; CAEN, Antoine Lyon. *Droit social international et européen*. Paris: Dalloz, 1980, p. 385.

[15] GALANTINO, Luisa. *Lineamenti di diritto comunitario del lavoro*. Torino: Giappichelli, 1997.

[16] SCHUTTE, Giorgio Romano; CASTRO, Maria Sílvia Portella de; JACOBSEN, Kjeld Aagaard. *O sindicalismo na Europa, Mercosul e Nafta*. São Paulo: LTR, 2000, p. 87.

[17] SCHUTTE, CASTRO, JACOBSEN, *op. cit.*, 99.

Na opinião de Andrade,[18] as novas modalidades de relações trabalhistas desenvolvidas no interior dos países integrantes do Mercado Comum Europeu, fora e além das organizações empresariais, propiciadas pelas novas tendências políticas, econômicas e sociais dos países capitalistas avançados, favoreceram a internacionalização da negociação coletiva. Daí por que "a tendência da negociação coletiva ultrapassar as fronteiras nacionais é apenas consequência lógica da internacionalização da vida econômica e social"; e é facilitada pelo surgimento e desenvolvimento das organizações supranacionais, que agasalham interesse em negociação coletiva nesse nível. Eis a razão do despontar, nas últimas décadas, da ideia de uma negociação coletiva internacional.[19]

A Carta Comunitária dos Direitos Sociais Fundamentais dos Trabalhadores, da União Europeia, inclui, entre as características do "modelo social europeu", a liberdade de associação e a negociação coletiva. Objetiva a desregulamentação dos direitos trabalhistas, com a manutenção das normas sociais mínimas constantes do Tratado de Maastricht (1992), mediante negociação coletiva, permitindo-se, pois, aos sindicatos "tomar parte ativa no trabalho de consolidação do perfil social da União Europeia".[20]

O Ato Único Europeu – que complementou o Tratado de Maastricht – representa um passo fundamental na evolução do direito comunitário, ao reconhecer a necessidade do diálogo social e abrir um espaço para a autonomia coletiva no plano europeu, de modo que a negociação coletiva resultasse em convenções nesse nível. Com efeito, com base nele os atores sociais assumem um papel fundamental na aplicação do princípio de subsidiariedade, que vai desde a consulta com a Comunidade – inclusive sobre legislação comunitária – até a implementação de diretivas do Conselho e negociação coletiva em nível europeu, com enfática autonomia em relação aos governos.[21]

Acordos coletivos de tamanho alcance e de cumprimento obrigatório – com o devido respeito às normas mínimas de procedimento preestabelecidas – foram facultados pelo dispositivo do artigo 4º do Acordo, que integra o Protocolo 14 sobre Política Social (que

[18] *Op. cit.*, p. 18.

[19] SPYROPOULOS *apud* ANDRADE, *op. cit.*, p. 19.

[20] SPYROPOULOS, *apud* NORRIS, *op. cit.*, p. 165.

[21] BLANPAIN, Roger. Europa: políticas laborales y de empleo. *In*: EVOLUCIÓN del Pensamiento Juslaboralista – Estudios en homenaje al Prof. Héctor-Hugo Barbagelata. Montevideo: Fundación de Cultura Universitaria, 1997. p. 61-73, p. 68.

constitui anexo do Tratado da União Europeia, resultante da reunião de *Maastricht*).[22] Ali se acha expresso o reconhecimento da legitimidade dos pactos coletivos que viessem a ser celebrados, em escala europeia, pelos interlocutores sociais, os quais deveriam participar ativamente na constituição do ordenamento social da Comunidade, com capacidade de firmar acordos que representassem uma verdadeira alternativa à legislação sobre a matéria, caso em que a Comissão perderia, *motu proprio*, a exclusividade da função normativa nesse campo.

No tocante à negociação coletiva em nível europeu, Blanpain[23] registra um importante marco: o acordo entre os atores sociais europeus de 31 de outubro de 1991, em Bruxelas, que "abriu caminho para a aceitação da negociação europeia e para que os catorze Estados-membros[24] (24) acordassem um mecanismo para dotar de força obrigatória as convenções coletivas *erga omnes* na Comunidade".[25]

Os seguintes fatos, relatados por Nascimento,[26] revelam a tendência à supranacionalização da negociação coletiva e traduzem interessantes experiências a esse respeito. Em 1995 foi assinado o primeiro acordo coletivo em nível comunitário, assegurando aos trabalhadores da União Europeia, salvo os do Reino Unido, licença remunerada de, no mínimo, três meses e licenças para trato de interesses familiares.[27] A Diretiva 94/45 CE[28] (28) obriga a constituição de uma comissão interna de representação dos trabalhadores, o comitê de empresa, ou a criação de um procedimento de informação e consulta dos trabalhadores nas empresas e grupos de empresas situadas em mais de um Estado-membro da União. Em 1997 foi celebrado acordo coletivo visando ao incremento

---

22 O Protocolo e o Acordo sobre Política Social, firmado com base naquele, constituindo parte integrante do *Tratado de Maastricht*, são, por isso, fonte primária do direito comunitário, com todas as consequências que isso pressupõe (BLANPAIN, *op. cit*, p. 67), dentre elas, especialmente, a obrigação de cumprimento pelos Estados-membros da União Europeia, com incidência direta e imediata das respectivas normas nos ordenamentos jurídicos internos.

23 *Op. cit.*, p. 68.

24 O número dos Estados-membros da União Europeia era, então, de quinze. Ocorre que o Reino Unido não havia firmado o Protocolo sobre a Política Social. Isso, todavia, não impedia o cumprimento do Protocolo e seu Acordo, pois, se uma proposta fosse vetada pelo Reino Unido dentro dos procedimentos do Tratado da Comunidade Europeia, os catorze Estados-membros poderiam, segundo o Protocolo, adotá-la. Assim, "este novo *'acquis communautaire'* será elaborado sem a decisiva contribuição britânica" (BLANPAIN, *op. cit.*, p. 67).

25 BLANPAIN, *op. cit.*, p. 68.

26 NASCIMENTO, Amauri Mascaro. *Compêndio de direito sindical*. 2. ed. São Paulo: LTR, 2000, p. 287.

27 Essa convenção coletiva foi celebrada conforme o Acordo de Maastricht sobre política social, implementado por uma diretiva do Conselho de 4 de junho de 1996.

28 Adotada em 22.9.94 pelo Conselho de Ministros de Assuntos Sociais da União Europeia.

do emprego na agricultura, entre a Federação Europeia Agrícola (FEA) e a Confederação Europeia de Sindicatos (CES), de um lado, e o Grupo Europeu de Organizações Patronais Agrícolas (GEOPA) e a Confederação de Organizações Patronais Agrícolas (COPA), de outro.

7 A negociação coletiva supranacional no âmbito do Mercosul: viabilidade; esboço de uma experiência

A negociação coletiva de trabalho supranacional é um tema tratado no processo de integração do Mercosul.

Por iniciativa da Coordenação Brasileira do Subgrupo de Trabalho 10 (Ministério do Trabalho) foi discutida, no seio daquele órgão, a proposta das entidades sindicais pertinente à Declaração Sociolaboral, que, após longos debates e controvérsias, foi aprovada. A Declaração, com validade no âmbito do Mercosul, contém um elenco de direitos fundamentais, tais como: proibição de trabalho infantil e forçado, igualdade de oportunidade e de trato (proibição de distinção por motivo de sexo, raça e nacionalidade), respeito ao direito de greve, o direito dos empregadores de gerirem suas empresas, a liberdade de associação (com base na Convenção nº 87 da OIT e em conformidade com as legislações nacionais vigentes).

Sobre a negociação coletiva, a Declaração reconhece o direito de negociar e celebrar convenções e acordos coletivos para regular as condições de trabalho, conforme as legislações e práticas nacionais. Seu artigo 13 lança as bases para uma futura negociação em âmbito comunitário, ao dispor que:

> os Estados Partes comprometem-se a fomentar o diálogo social nos âmbitos nacional e regional, instituindo mecanismos efetivos de consulta permanente entre representantes dos governos, dos empregadores e dos trabalhadores, a fim de garantir, mediante o consenso social, condições favoráveis ao crescimento econômico sustentável e com justiça da região e a melhoria das condições de vida de seus povos.

A referida Declaração, ou Protocolo Laboral, intitulada "dimensão social do processo de integração, diversas alternativas para sua formulação institucional", destaca, dentre os vários pontos mencionados, sobre os direitos coletivos, o procedimento de negociação coletiva internacional, com a garantia de constituição e funcionamento de representação sindical nas empresas que atuam em mais de um país do Mercado Comum.

A Carta Social ou de Direitos Fundamentais do Mercosul, cujo projeto foi apresentado pelas entidades sindicais por ocasião do Encontro dos Presidentes dos Países das Américas ("Cumbre de los Pueblos de América"), realizado em Santiago do Chile, nos dias 16 e 17 de abril de 1998, em seu artigo 46, reconheceria o direito de negociação coletiva em todos os níveis, inclusive o internacional, podendo o âmbito territorial da convenção coletiva de trabalho ser nacional, regional ou internacional, compreendendo o direito em foco tanto o setor privado da economia quanto o setor público.

Por outro lado, a Comissão Sociolaboral, criada, em 1999, no seio do Mercosul, fundada na aludida Declaração, propiciou à representação sindical um espaço de negociação com perspectiva de ser ampliado por uma correlação de forças mais favorável aos trabalhadores.[29]

É de suma importância a aplicação da negociação coletiva, notadamente em termos de convenção coletiva, nas relações de trabalho no plano do Mercosul, ou seja, em nível supranacional. Isso porque o Mercado Comum assenta em condições homogêneas, seja de natureza econômica, seja de natureza social e trabalhista, dentre outras, as quais recomendam um tratamento tanto quanto possível uniforme; e a negociação coletiva é apta a promovê-las nesse último aspecto.

A negociação coletiva efetivada por entidades sindicais de porte supranacional pode concorrer para a regulamentação do Direito Internacional do Trabalho, por exemplo, no que tange à circulação de trabalhadores de uma mesma empresa que exerça atividades nos territórios de vários países. E contribuir como meio para que os atores sociais interfiram no processo de integração regional, fazendo com que ele contemple os direitos sociais e, desse modo, se complete a integração, como, aliás, vem ocorrendo em relação ao Mercosul graças à participação firme e decidida das centrais sindicais.

Inexiste, nos regimes jurídicos vigentes nos quatro primeiros países que compuseram o Mercosul,[30] assim como na Bolívia e no Chile,[31] impedimento para a negociação coletiva de trabalho em nível supranacional, no referido bloco, "desde que a proposta seja validada do ponto de vista lógico-formal".[32] A discussão que esse tema poderá

---

29 SCHUTTE; CASTRO; JACOBSEN, *op. cit.*, p. 121.

30 São membros efetivos do Mercosul: Argentina, Brasil, Paraguai, Uruguai e Venezuela (esta, admitida, por último, em 2012).

31 Estados associados do Mercosul (admitidos em 1996) e que pretendem integrá-lo como partes. São também Estados associados do Mercosul Peru (2003), Colômbia (2004), Equador (2004), Guiana (2013) e Suriname (2013).

32 FILAS, Rodolfo Capón. *O novo Direito Sindical Argentino*. 2. ed. [S.l]: La Plata, 1993, p. 372.

suscitar diz respeito a alguns aspectos, quais sejam: relação entre forças sociais, sujeitos da negociação, conteúdo normativo, gradualismo necessário.

Esse procedimento é viável e compatível com a paridade de situações no bloco de países, contanto que se promova, previamente, a aproximação das legislações nacionais,[33] de modo a afastar os óbices existentes quanto à adoção e aplicação uniforme de normas negociadas às relações individuais de trabalho em todos os Estados parceiros. Outrossim, para dirimir litígios emergentes de sua execução, que possam caracterizar problemas ligados à área do Direito Internacional Privado, requer-se a criação de um Tribunal de Justiça da Comunidade, com jurisdição sobre todos os membros desta e preferencial às das Cortes estaduais, a exemplo do instituído para a Comunidade (atual União) europeia.

A fim de operacionalizar a normatização privada em âmbito regional – através da convenção coletiva supranacional –, é necessária a atuação de organizações sindicais que representem trabalhadores e empregadores estabelecidos em mais de um daqueles países e que, por conseguinte, tenham competência para defender os respectivos interesses.

Nesse sentido, foi criada, logo no início do processo de integração no Mercosul, em 1987, a Coordenadoria de Centrais Sindicais do Cone Sul – CCSCS, que reunia as três centrais sindicais brasileiras (CUT, CGT, FS), a CGT argentina, a CUT paraguaia, o PIT/CNT do Uruguai, a CUT do Chile, a COB boliviana. Está, assim, formada a estrutura organizacional, da parte dos trabalhadores, para negociação supranacional.

Outro passo significativo foi a articulação de alguns setores da economia, no quadro do Mercosul, tais como o siderúrgico, o bancário, o automobilístico, de que é exemplo a iniciativa dos sindicatos dos bancários dos quatro países componentes do bloco, que realizaram, no período de 1993/1994, pelo menos cinco encontros, conquanto dando

---

33 Estudo com esse intuito vem sendo realizado, haja visto recomendação do Grupo Mercado Comum – GMC feita ao Subgrupo de Trabalho 10 através da Resolução nº 115/96, na qual aprovou a pauta de negociações prioritária deste, de que consta como tarefa a "atualização do estudo comparativo das legislações trabalhistas dos países do Mercosul, com vistas à identificação dos traços comuns e singulares de tais legislações que podem afetar positiva ou negativamente o processo de integração regional"; e, como ação a ser implementada, dentre outras, a "elaboração de propostas de harmonização referentes às assimetrias mais relevantes em matéria de relações e condições de trabalho, levando-se em conta as características próprias dos países e com o objetivo de melhorar as condições de vida e de trabalho na região".

prioridade, nos debates, a questões político-estruturais em relação às propriamente sindicais.[34]

Em seguida surge a primeira convenção coletiva, no marco de empresa, de porte transnacional. Trata-se da convenção firmada, de um lado, pela Volkswagen da Argentina e do Brasil e, de outro, pelos Sindicatos Metalúrgicos filiados à CUT, do Brasil, e o Sindicato de Mecânicos de Automotores da Argentina.

Informa Mansueti[35] que a referida convenção foi concebida como uma convenção coletiva "mercosulista", tendo como motivação (segundo um de seus considerandos) a "necessidade de estender acordos das relações entre capital e trabalho ao âmbito do Mercosul". Suas disposições estabelecem: o intercâmbio de informação; a realização de uma reunião anual conjunta entre as empresas, os sindicatos e as comissões internas de fábrica; o compromisso de prevenir conflitos por meio do diálogo permanente e de solucionar as divergências por meio da negociação, na medida do possível; o reconhecimento, por parte das empresas, da representatividade dos sindicatos celebrantes e das comissões internas como interlocutoras para o trato dos assuntos trabalhistas, bem assim do direito dos trabalhadores de organizar-se em sindicatos e constituir as referidas comissões; formação profissional, prevendo a homogeneização dos programas de capacitação, a cooperação dos sindicatos e comissões internas na elaboração dos programas e o reconhecimento automático dos cursos realizados em qualquer dos estabelecimentos da empresa no Mercosul. Com essa experiência, vislumbra-se a perspectiva de consolidação do processo negocial nessa esfera.

Ainda há um longo caminho a percorrer para atingir satisfatoriamente esse objetivo, o que depende da incrementação dos entendimentos entre as organizações sindicais dos Estados-Partes do Mercosul, do fortalecimento de sua estrutura, bem assim da correção das diferenças jurídicas entre os sistemas de negociação coletiva, ou seja, sua harmonização.

Para lograr essa harmonização, têm sido realizados estudos, baseados em análises e levantamentos, já em fase adiantada, que constam dos Nomencladores elaborados pela Comissão nº 1 do Subgrupo de Trabalho nº 10. Esse fato gera razoável convicção de que a negociação coletiva de trabalho na esfera do Mercosul será, num futuro não remoto,

---

34 SCHUTTE; CASTRO; JACOBSEN, *op. cit.*, p. 128.

35 MANSUETI, Hugo Roberto. *Direito Sindical no Mercosul*. Tradução Yone Frediani. São Paulo: LTR, 2004, p. 137.

uma realidade e contribuirá, eficazmente, para completar a integração regional, com a almejada globalização dos direitos sociais, a par da globalização econômica, nesse âmbito.

8 A negociação coletiva supranacional, por empresas multinacionais

Segundo informam Graham e Bibby,[36] a primeira convenção desse porte teve suas negociações iniciadas em 1985, entre a União Internacional de Trabalhadores da Alimentação, Agrícolas, Hotéis, Restaurantes, Tabaco e Afins (UITA) e a multinacional francesa Danone. A partir de 1988 se realizaram mais de vinte convenções, das quais não menos de oito em 2002, envolvendo diversas multinacionais em vários setores, tais como os da mineração, das telecomunicações, da manufatura e venda.

Posteriormente foi firmada uma "convenção marco mundial" pela Volkswagen e os sindicatos representativos de seus trabalhadores, sobre algumas normas trabalhistas mínimas, tendo o porta-voz daquela empresa afirmado que o acordo beneficiaria ambas as partes da mesa de negociação e que, para ela, a responsabilidade social não era apenas retórica, mas, na realidade, muito contribuía para sua competitividade.[37]

A partir da experiência pioneira de convenção no plano supranacional, cujas negociações se iniciaram em 1985, foram subscritos acordos adicionais sobre direitos sindicais, formação profissional, bem como medidas a serem adotadas para o caso de que, com a aplicação de novas técnicas ou processos de organização, ocorram mudanças substanciais no volume da produção, ou o fechamento parcial ou total das instalações da empresa, ou venha a ser afetada de modo significativo a natureza dos contratos de trabalho.[38]

---

[36] GRAHAM; BIBBY, *op. cit.*, p. 4 e 5.

[37] Registram-se, ainda, como acordos nessa dimensão: o subscrito pela multinacional da construção Ballast Nedam e a Federação Internacional de Trabalhadores da Construção e da Madeira (FITCM), que revelou um esforço da companhia para o cumprimento das normas internacionais, haja visto o recurso à rede sindical de âmbito mundial que aquela federação constitui congregando 289 organizações filiadas em 125 países; a convenção-marco de 1998 entre IKEA e a Federação Internacional de Trabalhadores da Construção e da Madeira (FITCM); os acordos da UNI com Carrefour e Telefônica; convenções entre ICEM e Statoil, Endesa e AngloGold, envolvendo os trabalhadores do setor da energia e da mineração; convenções celebradas pela DaimlerChrysler (GRAHAM; BIBBY, p. 4 e 5).

[38] GRAHAM; BIBBY, *op. cit.*, p. 4 e 5.

A negociação coletiva de trabalho realizada por empresas multinacionais concorre para firmar a responsabilidade social corporativa, com evidente vantagem para as relações de trabalho no plano supranacional. Exemplo disso são uma declaração de direitos sociais e relações laborais subscrita, em junho de 2002, pela Volkswagen com a Federação Internacional de Trabalhadores das Indústrias Metalúrgicas (FITIM) e o Comitê de Empresa Mundial da Volkswagen,[39] bem assim uma declaração de princípios de responsabilidade social adotada, semanas após, pela DaimlerChrysler com seu Comitê de Empresa Mundial, subscrita também com a FITIM.

Vale notar que as convenções-marco entre corporações multinacionais e organizações sindicais mundiais enfocam muitas das questões tratadas nas convenções fundamentais da OIT, pois em seus textos se mencionam, com destaque, esses instrumentos internacionais, especialmente as convenções de nº 87 e 98, sobre liberdade sindical

---

[39] Nesse convênio a companhia firmou compromisso contendo sete princípios fundamentais, traduzidos nos seguintes pontos: reconhecimento, a todos os empregados, do direito básico de constituir sindicatos e outros órgãos de sua representação, assim como filiar-se a estes; o compromisso da empresa de escolher, contratar e promover os trabalhadores em função, unicamente, de suas qualificações e capacidades, independentemente de sua raça, cor, gênero, religião, nacionalidade, orientação sexual, origem social e opiniões políticas desde que se baseiem em princípios democráticos e na tolerância em relação aos que pensam de modo diverso; evitar a utilização consciente de trabalho forçado ou do trabalho involuntário de presidiários; não utilizar o trabalho infantil; conformar a remuneração e as prestações correspondentes a uma semana de trabalho normal, pelo menos aos respectivos requisitos legais vigentes em cada país ou às normas mínimas aplicáveis aos setores econômicos correspondentes; ajustar a jornada de trabalho, pelo menos, às normas nacionais ou setoriais existentes a respeito; o cumprimento pela empresa, pelo menos, das normas vigentes em cada país em matéria de saúde e seguridade nos lugares de trabalho e, nesse sentido, adotar as medidas pertinentes para garantir a manutenção de condições de emprego salubres. O convênio expressa, ainda, que "a seguridade futura do Grupo Volkswagen e de seus empregados depende do espírito de cooperação para a gestão de conflitos e de compromisso social, aplicado com o fim de garantir a competitividade econômica e tecnológica". Um porta-voz da empresa considerou o fato como significativo de seu comportamento corporativo no campo da resolução de conflitos, que havia logrado grandes êxitos na Alemanha, abrindo-se a perspectiva de o convênio ser aplicado em outras áreas do planeta. E o admitiu como resposta à Iniciativa Compacta Global de Kofi Annan, Secretário Geral da ONU, que incorpora os direitos básicos garantidos pelas convenções fundamentais da OIT. Por seu lado, um representante da Federação Internacional dos Trabalhadores das Indústrias Metalúrgicas (FITIM) e coordenador dos Comitês de Empresa Europeu e Mundial da Volkswagen, Robert Steiert, mostrou-se também satisfeito com os resultados do convênio, entendendo que ele abrira um importante precedente, ao criar uma imagem positiva para a empresa e colocá-la em posição de vanguarda no tocante à responsabilidade social corporativa (GRAHAM; BIBBY, *op. cit.*, p. 5 e 6).

e negociação coletiva. Tal referência denota, implicitamente, um compromisso geral com as normas daquele organismo internacional.[40]

Andrade[41] não descarta, além de negociações de porte supranacional, a possibilidade de uma greve de dimensão planetária, pela utilização dos meios de comunicação fornecidos, especialmente, pela Internet, com os quais trabalhadores de uma empresa multinacional ou de um determinado setor da economia se articulariam com os situados nos demais pontos do globo e, assim, consensualmente, desencadeariam o movimento paredista.

9 Conclusão

Perspectiva de negociação coletiva supranacional em esfera global.

A sociedade contemporânea move-se num espaço global. Essa realidade requer instâncias globais para a produção de regras de convivência, com a efetiva participação dos interlocutores sociais válidos. Para isso, faz-se necessária a negociação coletiva supranacional.

Na era que se iniciam, as novas formas de regulação do trabalho humano resultam da atuação das centrais sindicais internacionais e expressam-se nas contratações individuais transfronteiriças, nos convênios coletivos transnacionais, assim como na formalização de instâncias supraestatais permanentes de resolução de conflitos individuais e coletivos e de produção de normas não estatais. Preconiza-se o surgimento de instâncias supraestatais de controle, administração e solução de conflitos, em todas as suas dimensões e em escala global, com a participação dos interlocutores sociais.

Na pós-modernidade surgem formas de regulação do trabalho humano que variam em conformidade com os movimentos que ocorrem na sociedade global da informação, indo além das versões clássicas preconizadas nos instrumentos normativos da OIT, nos tratados bilaterais ou multilaterais e nos pactos internacionais. Com efeito, até então se contava, sob esse aspecto, em termos de relações supraestatais, com a importante atividade daquela organização internacional – que se

---

40 Graham e Bibby (*op. cit.*, p. 5) veem semelhança da relação entre as normas da OIT e as das Federações Sindicais Mundiais (FSM) com a existente entre a legislação trabalhista de cada país e os respectivos sindicatos nacionais. E assinalam que muitos empresários compreenderam serem favoráveis aos seus próprios interesses uma normatização precisa e algumas convenções adequadas com os representantes dos trabalhadores, o que atualmente se aprende como lição no plano mundial.

41 *Op. cit.*, p. 209.

realiza, com admirável eficiência, desde o início do século XX –, assim como a bem-sucedida experiência da União Europeia e outras formas de organização regional já concretizadas, tais como o Mercosul e o Nafta, ou em perspectiva (exemplo da ALCA).

Todavia, a proteção do trabalho na esfera internacional requer uma mais ampla normatização das relações laborais, que pode ser efetivada mediante acordos multilaterais e convênios coletivos transnacionais. A propósito, registram-se algumas experiências de convenções-marco entre corporações multinacionais e organizações sindicais mundiais, eis que a maioria das empresas de porte internacional já atua numa perspectiva global e muitos sindicatos se acham integrados nas Federações Sindicais Mundiais setoriais.

Informação bibliográfica deste texto, conforme a NBR 6023:2018 da Associação Brasileira de Normas Técnicas (ABNT):

SOARES FILHO, José. As negociações coletivas supranacionais para além da OIT e da União Europeia. *In*: TUPINAMBÁ, Carolina (Coord.). *As novas relações trabalhistas e o futuro do Direito do Trabalho:* as novidades provenientes da globalização, de influxos do Direito comparado e da internacionalização de contratos laborais. Belo Horizonte: Fórum, 2021. (Coleção Fórum As novas relações trabalhistas e o futuro do direito do trabalho. Tomo IV.) p. 147-166. ISBN 978-65-5518-223-1.

E SE REFUNDARMOS A LEGISLAÇÃO TRABALHISTA?*

ALAIN SUPIOT

Só um cego discordaria da necessidade de uma reforma profunda do Direito Trabalhista. Na história da humanidade, as mudanças técnicas sempre acarretaram a refundação das instituições. Foi assim com as revoluções industriais anteriores, que, depois de perturbarem a antiga ordem do mundo abrindo as comportas da proletarização, da colonização e da industrialização da guerra e dos massacres, acarretaram a refundação das instituições internacionais e a invenção do Estado de bem-estar social. O período de paz interna e prosperidade conhecido pelos países europeus após a Segunda Guerra Mundial deve ser creditado a essa nova figura do Estado e aos três pilares que o sustentavam: serviços públicos íntegros e efetivos, seguridade social estendida a toda a população e um direito trabalhista que agregou ao emprego o estatuto de garantia de um mínimo de proteção aos assalariados.

Nascidas da Segunda Revolução Industrial (1870-1945), essas instituições hoje estão desestabilizadas e são postas em questão. Isso é resultado das políticas neoliberais que mantêm uma corrida internacional rumo à redução do social, do fiscal e do ecológico; mas também da revolução informacional, que fez o mundo do trabalho passar da era da mão de obra para a do "cérebro de obra",[1] isto é, do trabalhador "conectado": hoje, já não se espera que o trabalhador obedeça mecanicamente às ordens; a exigência é que ele realize os objetivos determinados reagindo em tempo real aos sinais que chegam a ele. Na prática, esses fatores políticos e técnicos conjugam-se. Mas eles não devem ser confundidos, uma vez que o neoliberalismo é uma escolha política reversível, enquanto a revolução informacional é um fato irreversível, capaz de se prestar a diferentes fins políticos. Essa mudança técnica, que alimenta os debates atuais sobre a robotização, o fim do trabalho e a uberização, pode tanto aprofundar a desumanização do trabalho sob os moldes tayloristas como também permitir o estabelecimento de um "regime de trabalho verdadeiramente humano", conforme estipula a Constituição da Organização Internacional do Trabalho (OIT), isto é, um trabalho que permite a quem o exerce "a satisfação de dar toda a medida de sua habilidade e de seu conhecimento, bem como de contribuir para o bem-estar comum".[2] Tal horizonte seria o da superação pelo alto do modelo de emprego assalariado, em vez do retorno ao "trabalho mercadoria".

Tal como consolidado até a década de 1970, emprego significa troca: obediência por segurança.[3] O assalariado renuncia a qualquer tipo de autonomia em seu trabalho, podendo contar com a limitação de sua duração, com a negociação coletiva de seu preço e com a proteção contra os riscos de sua perda. Colocado em prática sob formas jurídicas diversas em todos os países industrializados, esse modelo reduziu o perímetro da justiça social aos termos quantitativos da troca salarial, à segurança física no trabalho e às liberdades sindicais. Em compensação, o trabalho como tal – seu conteúdo e sua conduta – foi excluído desse perímetro, uma vez que, tanto em terras capitalistas quanto comunistas, considera-se que ele remete a uma "organização científica" – o que foi chamado de taylorismo. A autonomia, portanto, não tem lugar aí; ela se manteve como prerrogativa dos quadros dirigentes e dos trabalhadores independentes.

A revolução informacional é a chance de conceder a todos os trabalhadores certa autonomia, ao mesmo tempo em que comporta o risco de submeter todos – inclusive os trabalhadores independentes,

---

1 Michel Volle, "Anatomie de l'entreprise. Pathologies et diagnostic" [Anatomia da empresa. Patologias e diagnóstico]. *In*: Pierre Musso (Org.). L'Entreprise contre l'État [A empresa contra o Estado], Manucius, Paris, 2017.

2 Declaração de Filadélfia (1944).

3 Ler Danièle Linhart, "Um assalariado sem submissão é possível", Le Monde Diplomatique Brasil, jul. 2017.

os executivos e as profissões intelectuais – a formas agravadas de desumanização do trabalho. Essa revolução não se limita à generalização do uso de novas técnicas, mas desloca o centro de gravidade do poder econômico. Este se situa menos na propriedade material dos meios de produção do que na propriedade intelectual dos sistemas de informação. E é exercido menos por ordens a serem executadas do que por objetivos a serem alcançados.

Diferentemente das revoluções industriais anteriores, não são as forças físicas que as novas máquinas poupam e superam, mas as forças mentais, ou mais precisamente as capacidades de memorização e de cálculo, que podem ser mobilizadas para realizar todas as tarefas programáveis. Incrivelmente poderosas, rápidas e obedientes, elas também são – como adora repetir o cientista da computação Gérard Berry – totalmente estúpidas.[4] Por isso, podem permitir que os homens se concentrem na parte "poiética" [criativa] do trabalho, aquela que exige imaginação, sensibilidade ou criatividade – naquilo, portanto, que não é programável.

1 Homens fortes, ideias fracas

No entanto, a revolução informacional pode ser uma fonte de novos perigos se, em vez de colocar os computadores a serviço dos homens, tentar organizar o trabalho dos homens segundo o modelo do trabalho dos computadores. Em vez de a subordinação dar lugar a uma maior autonomia, ela assume a forma de uma governança pelos números,[5] que estende aos cérebros o mesmo domínio que o taylorismo exerceu apenas sobre os corpos.

Essa busca quimérica por uma programação dos seres humanos separados da experiência da realidade; ela explica a elevação exponencial dos riscos para a saúde mental[6] e o aumento das fraudes, idênticas

---

4 Gérard Berry, "Pourquoi et comment le monde devient numérique" [Por que e como o mundo se torna digital], Annuaire du Collège de France, Paris, 2007-2008.

5 Ler "Le rêve de l'harmonie par le calcul" [O sonho da harmonia por meio do cálculo], Le Monde Diplomatique, fev. 2015.

6 Os riscos para a saúde mental no local de trabalho não param de crescer, apesar da afirmação do "princípio da adaptação do trabalho ao homem" pela diretiva europeia de 12 de junho de 1989. Eles podem levar ao suicídio, à morte súbita por exaustão (karoshi) ou ao *burnout*. Ver o relatório da OIT, "Stress au travail. Un défi collectif" [Estresse no trabalho. Um desafio coletivo], Genebra, 2016 (disponível on-line), e Loïc Lerouge, La Reconnaissance d'un droit à la protection de la santé mentale au travail [O reconhecimento de um direito à proteção da saúde mental no trabalho], Librairie Générale de Droit et de Jurisprudence (LGDJ), Paris, 2005.

àquelas outrora suscitadas pelo planejamento soviético, quando, a fim de garantir a qualidade das botas exigida pela Gosplan sem ter o couro necessário, fabricavam-se apenas botas de tamanho infantil. Instado a atingir metas inalcançáveis, um trabalhador praticamente não tem escolha a não ser afundar na depressão ou mudar a situação satisfazendo indicadores de desempenho desconectados da realidade.

O imaginário cibernético do qual procede a governança pelos números está em perfeito acordo com a promessa neoliberal da globalização, isto é, a autorregulação da "Grande Sociedade Aberta" pelas forças de um mercado tornado total. É por isso que esse tipo de governo se generaliza, em detrimento do que a Declaração Universal dos Direitos Humanos chama, para traduzir a noção inglesa de *rule of law*, de "regime de direito".

Desse modo, não é nas receitas desgastadas do neoliberalismo que devemos procurar as ferramentas jurídicas adequadas para domesticar a ferramenta informacional, para civilizar seu uso, a fim de libertar o espírito dos homens em vez de aliená-lo. Administradas em doses maciças em todos os países nos últimos 40 anos, essas receitas contribuíram para moldar o mundo em que vivemos: o mundo da superexploração dos recursos naturais, da predação da economia pelas finanças, do aumento vertiginoso das desigualdades de todo tipo, das migrações em massa de populações fugindo da guerra ou da miséria, do retorno das fúrias religiosas e dos segregacionismos identitários, do declínio da democracia e da chegada ao poder de homens fortes com ideias fracas. A mais elementar sabedoria diz que, em vez de insistir no erro, aplicando mecanicamente na França as "reformas estruturais" prescritas pelos responsáveis por esse balanço desastroso, devemos aprender com ele, especialmente do ponto de vista jurídico.

O que é próprio do neoliberalismo – ou seja, aquilo que o distingue do liberalismo à moda antiga – é tratar o Direito em geral e o Direito Trabalhista em particular como um produto legislativo em competição, em um mercado internacional de normas, no qual a única lei que vale a pena é a corrida pela redução do social, do fiscal e do ecológico. O estado de direito (*rule of law*) é, assim, substituído pelo "mercado do direito" (*law shopping*), de modo que o direito é colocado sob a égide de um cálculo de utilidade, em vez de o cálculo econômico ser colocado sob a égide do direito. Essa metamorfose tem sérias consequências, iluminando a obesidade e a instabilidade de nossos códigos, principalmente o código fiscal e o trabalhista.

Em princípio, o Direito é para a vida civil o que nossas casas são para nossa vida material: um quadro firme e estável, com paredes, telhado, portas e janelas, cômodos com funções diferenciadas. Mas indexá-lo em tempo real a cálculos de utilidade equivale a privá-lo de qualquer estabilidade, como uma casa maldita cujas paredes são móveis, tapetes deslizam sob os pés, tetos se curvam, portas e janelas mudam de lugar todos os dias. Qualquer um que se visse preso na armadilha de um edifício como esse ficaria naturalmente tentado a derrubá-lo, para grande satisfação do gênio maligno que lançou a maldição.

E, de fato, os grandes simplificadores que hoje pedem socorro para se livrar do código trabalhista são os mesmos que, ano após ano, esforçam-se para torná-lo mais pesado e complicado. Eles nem esperam a tinta da última lei secar para começar a escrever a próxima. Privado de todas as grandes alavancas macroeconômicas capazes de influenciar o emprego (controle da moeda, controle das fronteiras do comércio, taxa de câmbio, despesa pública), o governo agarra-se freneticamente ao que resta em suas mãos: o Direito Trabalhista, apresentado como um obstáculo à contratação. Nenhum estudo sério foi capaz de confirmar esse argumento.

Desde que foi abolida, em 1986, a autorização prévia de demissão (ainda em vigor na Holanda, onde a taxa de desemprego é de 5,1%), as promessas miríficas de criação de emprego que acompanham cada nova flexibilização do mercado de trabalho nunca foram cumpridas. Na Europa, nenhuma região tem taxas de desemprego mais elevadas que os países do sul,[7] campeões dessa flexibilização. Em compensação, evita-se cuidadosamente falar em reforma do direito corporativo (por exemplo, da autorização de recompra de ações, que permite enriquecer acionistas sem nenhuma contrapartida, destruindo o capital e prejudicando o investimento), do direito contábil (por exemplo, do abandono do princípio da prudência em favor do valor justo)[8] ou do direito financeiro (por exemplo, da existência de bancos privados "grandes demais para quebrar" [*too big to fail*], isto é, que gozam de uma intangibilidade hoje negada aos Estados endividados). Essas

---

[7] A taxa de desemprego atingiu oficialmente 11,1% na Itália, 17,8% na Espanha e 21,8% na Grécia.

[8] Substituindo o antigo princípio da prudência contábil, essa norma indexa o valor dos ativos da empresa a seu suposto preço de mercado, permitindo revelar riquezas puramente hipotéticas. Ler Jacques Richard, "Une comptabilité sur mesure pour les actionnaires" [Uma contabilidade sob medida para os acionistas], Le Monde Diplomatique, nov. 2005.

mudanças têm efeitos negativos sobre o investimento e o emprego. É verdade que, na novilíngua em vigor, limitar o seguro por demissões injustificadas é chamado de "reforma corajosa", enquanto limitar o benefício de *stock-options* que um executivo pode receber por meio de tais demissões seria considerado "demagógico".

O direito trabalhista não passa por uma reforma digna desse nome desde 1982, data das Leis Auroux.[9] Não se deve confundir reformismo com transformismo. No sentido dado por Antônio Gramsci, o transformismo designa uma política que, pretendendo ir além da clivagem maioria-oposição, tem como bússola apenas a adaptação às limitações externas para alcançar ou manter o poder. Já o reformismo designa uma ação política animada pelo projeto de um mundo mais justo que se pretende construir de forma pacífica. Hoje, uma reforma séria do Direito Trabalhista teria por ambição estabelecer certa democracia econômica, sem a qual a democracia política só continuará se deteriorando. O limite ideal rumo ao qual ela deveria voltar-se seria o de conferir a cada pessoa mais autonomia e responsabilidade na condução de sua vida profissional, por meio de novas seguridades – seguridades ativas que tornem possível a iniciativa e completem as seguridades passivas herdadas do modelo fordista.[10] Mas isso não é possível sem levar em conta as transformações profundas que ocorreram desde 1981 na organização do trabalho e das empresas.

A condição principal para uma reforma como essa seria estender o Direito Trabalhista, como o nome já indica, "para além do emprego", a fim de abraçar todas as formas de trabalho economicamente dependente. A revolução digital e o modelo de *start-up* oferecem uma nova esperança de emancipação fundada no trabalho independente e nas pequenas cooperativas. Mas a realidade está mais próxima de um apagamento da distinção entre trabalho independente e subordinado, com todos os trabalhadores presos a vínculos de subordinação que implicam uma redução maior ou menor de sua autonomia.

---

9 Batizadas com o sobrenome de Jean Auroux, ministro do Trabalho à época, essas leis estabeleceram os Comitês de Saúde, Segurança e Condições de Trabalho (CHSCT), a obrigação anual de negociar os salários e a jornada de trabalho, e a dotação de 0,2% da folha de pagamento para os comitês da empresa.

10 Sobre a forma de conceber essas novas seguridades, ver Au-delà de l'emploi. Transformations du travail et devenir du droit du travail en Europe [Para além do emprego. Transformação do trabalho e futuro do direito trabalhista na Europa. 2. ed. Paris: Flammarion, 2016].

2 Critério-chave: a dependência econômica

A ideia de que a intermediação operada por uma plataforma de computador entre trabalhadores e usuários de seus serviços seria o terreno fértil para o ressurgimento do trabalho independente é negada pelos fatos, como mostram a organização e as ações coletivas realizadas com algum sucesso pelos motoristas do Uber para serem reconhecidos como funcionários. Nos Estados Unidos e no Reino Unido, diversas jurisdições reclassificaram como contrato de trabalho assalariado os contratos de motoristas do Uber.[11]

Diante dessas transformações, seria apropriado fazer da dependência econômica o critério do contrato de trabalho, conforme recomendado pela estimulante Proposta de Código do Trabalho, que acaba de ser publicada por um grupo de juristas liderados por Emmanuel Dockès.[12] A adoção desse critério seria um fator de simplificação do Direito Trabalhista, ao mesmo tempo em que permitiria indexar o grau de proteção do trabalhador ao de sua dependência. O gerenciamento por objetivos faz ressurgir a antiga figura jurídica da "posse servil", pela qual um camponês se submetia a um senhor que lhe concedia a exploração de um lote de terras. Essa renovação dos vínculos de fidelidade tornou-se possível pela ferramenta informacional, a qual permite que o detentor de um sistema de informação controle o trabalho de outros sem ter de lhe dar ordens.

Esses vínculos de fidelidade tecem a trama jurídica da economia em rede, sendo encontrados de diferentes maneiras em todos os níveis da organização do trabalho: dos chefes de empresas, submetidos às exigências de seus acionistas ou superiores, até os trabalhadores assalariados, dos quais se exige flexibilidade, isto é, reatividade e disponibilidade em todos os momentos. Os debates sobre a uberização ilustram a necessidade de um quadro jurídico adequado para manter as promessas (de autonomia) e evitar os riscos (de superexploração) inerentes a essas situações.

Nesse contexto, vemos quão datada e fora de propósito é uma reforma que pretenda fazer da negociação com a empresa o centro de gravidade do Direito Trabalhista. Essa escolha pode ter sido apropriada nos Estados Unidos, em 1935, quando presidiu a adoção do National

---

[11] O acompanhamento dessa luta jurídica pode ser feito no site http://uberlawsuit.com.

[12] Emmanuel Dockès (Org.). Proposition de code du travail [Proposta de Código do Trabalho], Paris: Dalloz, 2017.

Labor Relations Act, no contexto do *New Deal* – mas não responde aos problemas colocados pela organização reticular e transnacional do trabalho em 2017. Considerar as realidades dessa organização levaria à concepção de um programa de reformas completamente diferente, das quais podemos dar aqui apenas alguns exemplos.

A primeira pergunta a ser feita é sobre os procedimentos que permitem aos trabalhadores recuperar de fato algum controle sobre o sentido e o conteúdo do trabalho. A liberdade de expressão coletiva dos funcionários reconhecida pelas Leis Auroux abriu esse campo, que deveria ser retomado, fazendo da concepção e da organização do trabalho um objeto de negociação coletiva e alerta individual. Hoje, essa questão só é abordada de maneira negativa, quando tal organização leva a suicídios ou distúrbios psicossociais. Ela deveria ser vista de maneira positiva e preventiva.

Além disso, a negociação coletiva deve ser conduzida nos níveis pertinentes, e não apenas nos âmbitos do setor ou da empresa. Dois deles são particularmente dignos de serem definidos e organizados: o das cadeias e redes de fornecimento e de produção, e o dos territórios. Tais negociações permitiriam considerar os interesses específicos dos empreendedores dependentes, que podem unir-se aos de seus empregados em relação às empresas das quais eles dependem. Ou então envolver todas as partes interessadas no dinamismo de uma região. Eis aqui mais uma situação na qual colocar empregador e empregado frente a frente, dentro de uma empresa ou de um setor, não é mais adequado e exigiria a presença de outros atores em torno da mesa de negociação.

Um terceiro assunto da reforma é a distribuição das responsabilidades dentro das redes corporativas. Tais redes permitem que aqueles que estão no controle exercitem o poder econômico, passando suas responsabilidades para bodes expiatórios. A questão é indexar a responsabilidade de cada um dos membros dessas redes ao seu verdadeiro grau de autonomia.[13] Essa reforma eliminaria a opacidade da atual responsabilidade socioambiental,[14] que é para o neoliberalismo aquilo que o paternalismo foi para o liberalismo. Ela permitiria tornar as empresas dominantes solidariamente responsáveis, se necessário,

---

13 Ver Alain Supiot e Mireille Delmas-Marty (Org.). Prendre la responsabilité au sérieux [levar a responsabilidade a sério]. Paris: Presses Universitaires de France (PUF), 2015.

14 De acordo com a definição adotada pela União Europeia, a responsabilidade socioambiental designa a "integração voluntária das preocupações sociais e ecológicas das empresas a suas atividades comerciais e a suas relações com as partes interessadas".

pelos danos causados em decorrência da organização do trabalho que elas concebem e controlam.

3 "Igualdade no progresso"

Em escala internacional, cabe buscar todas as implicações do preâmbulo da Constituição da OIT, segundo o qual "a não adoção, por parte de qualquer nação, de um regime de trabalho verdadeiramente humano é um obstáculo aos esforços das outras nações, interessadas em melhorar o destino dos trabalhadores em seus próprios países". E também ter em vista o fato de que a divisão internacional do trabalho e a pegada ecológica no planeta são inseparáveis. As normas sociais e ambientais devem, portanto, ter uma força jurídica equivalente à das normas de comércio mundial, o que supõe o estabelecimento de um órgão internacional para regular litígios, com o poder de autorizar os países que o respeitam a fechar seu mercado aos produtos fabricados em condições que não o respeitem. O recurso a novas formas de ação coletiva, inclusive o boicote a esses produtos, seria reconhecido como uma liberdade inerente à liberdade sindical e de associação. A União Europeia poderia recuperar sua legitimidade política liderando essa reforma, reatando assim com o objetivo de "igualdade no progresso", sempre presente em seus tratados, em vez de dedicar-se a atiçar a corrida pela redução do social e do fiscal entre os Estado-membros, como faz seu Tribunal de Justiça.

Por fim, uma reforma ambiciosa do Direito Trabalhista deve levar em consideração o trabalho não comercial, sobretudo o trabalho de educação das crianças e da assistência aos idosos, que é tão vital para a sociedade quanto ignorado pelos indicadores econômicos. Desde que a iluminação artificial permitiu que as pessoas trabalhem dia e noite, 24 horas por dia, foi o Direito Trabalhista que criou um quadro espaço-temporal compatível com nossos ritmos biológicos e respeitoso do direito (humano) a uma vida privada e familiar. Esse quadro está hoje ameaçado pelo neoliberalismo e pela informática, que se conjugam a fim de estender o domínio do trabalho mercantil a qualquer lugar e a qualquer momento.[15] O preço a pagar, especialmente do ponto de vista educacional, é exorbitante, mas nunca foi considerado pelos

[15] Ver Laurent Lesnard, La Famille désarticulée. Les nouvelles contraintes de l'emploi du temps [A família desarticulada. As novas imposições do uso do tempo], PUF, 2009.

obcecados pelo trabalho dominical e pelo trabalho noturno, que arruína a sobrevivência dos tempos sociais que escapam à mercantilização da vida humana.

Informação bibliográfica deste texto, conforme a NBR 6023:2018 da Associação Brasileira de Normas Técnicas (ABNT):

SUPIOT, Alain. E se refundarmos a legislação trabalhista? *In*: TUPINAMBÁ, Carolina (Coord.). *As novas relações trabalhistas e o futuro do Direito do Trabalho:* as novidades provenientes da globalização, de influxos do Direito comparado e da internacionalização de contratos laborais. Belo Horizonte: Fórum, 2021. (Coleção Fórum As novas relações trabalhistas e o futuro do direito do trabalho. Tomo IV.) p. 167-176. ISBN 978-65-5518-223-1.

NOVAS MODALIDADES DE CONTRATAÇÃO

THEREZA CHRISTINA NAHAS

1 Sistematização

Assiste-se em vários países ocidentais à implementação de reformas na legislação do trabalho, o que tem provocado críticas favoráveis e contrárias.

Sem adentrar no mérito do conteúdo das mudanças operadas na lei brasileira ou em outra em comparado, cumpre, num primeiro momento, algumas linhas para entender o que tem provocado tais reformas dentro do contexto político e econômico. Tal consideração faz-se importante para entender o nascimento das novas modalidades de relações de trabalho no contexto das mudanças nas estruturas empresariais, o que provocou, inclusive, a revisão, em 2003, da classificação Internacional da Situação no Emprego (CISE) de 1993, documento este que estabeleceu critérios para uma revisão mais profunda em razão das várias mudanças sociais e econômicas nas diversas regiões do mundo e das diferenças profundas existentes não só entre os países, mas dentro deles, em suas próprias regiões.

A questão que se pode plantear desde o início é se as reformas das respectivas legislações são responsáveis pelos novos modelos contratuais ou, se ao contrário, são os novos tipos contratuais que provocam a revisão da legislação. Seria oportuno e adequado falar em novos tipos contratuais?

2 A crise

Nunca se ouviu tanto a palavra *crise* como se tem pronunciado atualmente. Este substantivo tem sido utilizado para justificar as várias mudanças que os países têm suportado no campo político, econômico e, principalmente, social e trabalhista. Desde a década de 30 e da crise do petróleo nos anos 70, em que os países foram surpreendidos com as recessões cujos resultados desembocaram no Estado social e no liberalismo, respectivamente, pode-se afirmar que os mercados financeiros e a economia voltaram, em 2008, a conhecer a depressão profunda. Todavia, desta vez agravada pelo efeito dominó que atingiu vários países em locais distintos do mundo ao mesmo tempo com problemas semelhantes, entre eles, a perda de milhões de empregos, a falência de várias empresas e a consciência de que o Estado havia perdido as rédeas de sua administração e autoridade.

O Estado e o capital mostram-se insuficientes. Os Estados se endividaram e não têm capacidade ou instrumentos com vigor suficiente para investir e as empresas não estão dispostas a investir em países que estejam em dificuldades ou que possam criar empecilhos aos seus objetivos. Pode-se afirmar que o denominador comum da crise se caracteriza pela desconfiança nas agências estatais que se propuseram a fiscalizar as metas liberais e a desconfiança popular nas virtudes democráticas.

Além disso, os Estados não estão preparados para lidar com a questão trazida pelo movimento transnacional imposto pela globalização, qual seja, de solucionar problemas locais que são causados por aqueles movimentos globais. Reitera-se a proposta de líderes, como Ronald Reagan e Margaret Teatcher, de que, diante do aumento da população a partir dos anos 70, o Estado de bem-estar social não teria condições de gerar riqueza suficiente para manter-se. Todavia, com a crise de 2008, acrescentou-se um ingrediente mais perverso: países com sociedades e economias sólidas e que haviam implementado vários programas sociais dentro do Estado de bem-estar social foram obrigados a revê-los; foram atingidos pela ocorrência de desregulação e privatização cuja força incrementou-se graças à velocidade incontrolável e à sagacidade da tecnologia, e estão sendo obrigados a reestudar as ações até então vigentes, pela incapacidade de suportar o custo das ações sociais.

O resultado da crise de 2008 foi, inegavelmente, o aumento da desigualdade social, a queda no padrão de vida, o desemprego e a falta de confiança no Estado, que teve expropriado parte de seu poder.

A manipulação de informações nos mercados financeiros, os negócios de alto risco e a omissão dos governos permitiram que as economias ruíssem e as pessoas perdessem tudo ou grande parte daquilo que haviam racionado. A crise de 2008, causada pela irresponsabilidade de governos e a movimentação do capital sem qualquer controle, fomentada pela globalização, que permitiu o deslocamento de empresas e da atividade econômica sem limitações, tem incrementado a concorrência selvagem não só entre empresas, mas também entre trabalhadores: o número de postos de trabalho não cresce na mesma velocidade que cresce a população e as empresas buscam países em que os custos da mão de obra sejam menores e onde possam fazer fluir melhor suas atividades e objetivos, isto é, onde o descontrole permite a maior independência administrativa. Isso gera o rebaixamento de preços, direitos e taxas principalmente em razão da concorrência interna criada entre os nacionais desejosos dos fluxos de capital e envolvidos nos movimentos de mercados.

O capitalismo resultante da revolução industrial era do tipo *produtivo*, isto é, aquele associado ao trabalho. Difere do capitalismo *financeiro*, que está vinculado ao sistema financeiro, capaz de provocar a chamada *bolha*, na medida em que cria um espectro em que não se pode ver (ou conhecer) *as regras do jogo*; permite a especulação dos mercados em face da manipulação de dados e informações cruciais aos investimentos e ao funcionamento dos negócios, causando a falsidade de informações que atinge não somente os investidores, mas também o próprio Estado.

O capitalismo financeiro está absolutamente dissociado do trabalho, considera que o mercado é um fim em si mesmo e se basta a si próprio. Está ligado à história da evolução do próprio capitalismo e reflete a "forma de Estado, principalmente antes de las guerras mundiales, cuya administración estaba completamente centralizada y era regionalista. Toman el mercado como centro de referencia y, pese al discurso social, pretenden que la economía y el flujo de capitales puedan actuar de forma aislada en él. Las propuestas liberales, como se ven claramente en el consenso de Washington, se apoyan en pactos económicos y en la desregulación del mercado. El modelo de la reforma liberal no deja espacio para los derechos sociales de los trabajadores y se separa de ellos. Sin embargo, tras la crisis de 2008, se asiste a una necesidad urgente de reflexionas sobre el neoliberalismo y las políticas de desregulación y demás medidas abogadas por las políticas neoliberales en los distintos Estados".[1]

O capitalismo financeiro não é uma construção da década de 2000, mas está vinculado ao nascimento do neocapitalismo. O capitalismo produtivo, isto é, regulado e fundado na teoria de Keynes, foi superado pela escola de Chicago. O capitalismo tradicional estava associado ao trabalho produtivo, à regulação e intervenção do Estado nos negócios: era necessário que o Estado guardasse o controle. A partir da década de 70/80 houve a absoluta desregulamentação dos mercados, isto é, o capitalismo até então produtivo abre espaço para o capitalismo especulativo, desregulamentado.

A Grande Depressão de 1929 foi o símbolo do início da derrubada do capitalismo produtivo, ocorrida num período entre guerras em que, em razão da 1ª Guerra, vários países europeus menos afortunados sofreram fortes convulsões, enquanto os Estados Unidos se viam numa posição mais protegida até que se registrou o golpe sofrido pelo capitalismo e que ninguém era capaz de prever como recuperar os resultados bons que haviam colhido até então.

Como registra Eric Hobsbawm "desde la revolución industrial, la historia de la economía mundial se había caracterizado por un progreso técnico acelerado, por el crecimiento económico continuo, aunque desigual, y por una creciente "mundialización" que suponía una división del trabajo, cada vez más compleja a escala planetaria, a escala planetaria y la creación de una red cada vez más densa de corrientes e intercambios que ligaban a cada una de las partes, de la economía mundial con el sistema global. El progreso técnico continuó e incluso se aceleró en la era de las catástrofes, transformando las guerras mundiales y reforzándose gracias a ellas. Aunque en las vidas de casi todos los hombres y mujeres predominaron las experiencias económicas de carácter cataclísmico, que culminaron en la Gran Depresión de 1929-1933, el crecimiento económico no se interrumpió durante esos decenios. Simplemente se desaceleró (...) Sin embargo, eso no era cierto en un aspecto: la mundialización de la economía parecía

---

1 NAHAS, Thereza Christina. *Reflexiones sobre los efectos del capital globalizado en las relaciones de trabajo*. Especial referencia a la Unión Europea y al Mercosur. Albacete (Espanha): Editorial Bomarzo, 2016, p. 171.

haberse interrumpido. Según todos los parámetros, la integración de la economía mundial se estancó o retrocedió".[2]

A Grande Recessão exigia uma atitude ativa do Estado para recuperação, momento este que se adotou a teoria de Keyens para reimpulsionar a economia até então fortemente alimentada pelos investimentos de capitais internacionais que circulavam por todo o mundo.[3] A crise do petróleo contribui de forma definitiva para a implantação da teoria liberal dos economistas da escola de Chicago, o modelo de absoluta desregulamentação e ausência de intervencionismo estatal nas relações econômicas e financeiras, cujo principal fundamento está na doutrina de Milton Friedman. Os Estados deveriam preocupar-se em simplesmente criar agências de controle sem, no entanto, intervir nos mercados, os quais devem ser livres para fazer o que o capital permita.

Como lembra Josep Fontana, "con la desregulación se desarrolló en la economía una oleada de especulación que dio lugar a todo tipo de escándalo y corruptelas como el de los "abonos basura" (*junk-bonds*), que ofrecían altos rendimientos para negocios arriesgados, o las opas hostiles que permitían apoderarse de las empresas con recursos obtenidos a crédito (...) Los resultados a largo plazo de esta política fueron el aumento de la desigualdad en la sociedad norteamericana, el del déficit público sobre todo, el de la deuda, tanto pública como privada, estimulada esta última por las condiciones que permitía ofrecer la desregulación las familias dejaron de ahorrar y se endeudaron irresponsablemente. Fue precisamente la explosión de la deuda en los veinticinco años siguientes lo que creó las condiciones que facilitaron la crisis iniciada en 2007".[4]

O neoliberalismo foi responsável pelo rebaixamento das garantias sociais; a certeza do emprego foi substituída pelas ocupações temporárias e outros tipos contratuais não menos precários decorrentes da própria reestruturação empresarial. Foram realizados cortes em todos os

---

2 HOBSBAWM, Eric. *História del Siglo XX*. Barcelona: editora Crítica, 2011, p. 94 e 95.

3 Hobsbawm indica algumas razões que considera para justificar a crise de 1929, entre elas: 1) os EUA, principal economia do mundo, carecia de matéria-prima; 2) não obstante governos e empresas vissem com receio o fortalecimento de trabalhadores e sindicatos, o que ocorreu foi o efeito inverso: os preços e a prosperidade despencaram em 1920, afundando o poder da classe operária em razão do alto desemprego e enfraquecendo os sindicatos; 3) o sistema monetário despencou em razão das convulsões sociais só se comparando ao que ocorreu no mundo pós-comunista em 1989. A moeda desvalorizou absurdamente, provocando a falta de poder circulante do capital empresarial (HOBSBAWM, Eric. *História del Siglo* XX, p. 95-97).

4 FONTANA, Josep. *Por el bien del Imperio* – una historia del mundo desde 1945. Barcelona: Pasado Presente Editora, 2013, p. 618-619.

setores, desde a educação e saúde até aqueles implementados dentro das empresas pela necessidade de se realocar funções e produções, pois na "lógica neoliberal, prevalece o princípio econômico segundo o qual toda ação, toda concessão, todo serviço deve produzir seu próprio lucro, cujo custo deve ser assumido por aqueles que o utilizam, e não distribuído por toda a comunidade, cuja única obrigação é contribuir coletivamente para manter o aparato de Estado".[5]

O fundamento neoliberal é da produção pensada em termos individuais e da obtenção de resultados pelos investimentos realizados, o que vai contra as expectativas do Estado social. É uma consequência natural da proposta deste sistema, que tem vantagens por uma parte, quando permite que haja um leque de eleição a favor do consumidor; por outra, cria desigualdade social em razão da concorrência desenfreada e inescrupulosa, além de não permitir o suporte adequado àqueles que são naturalmente excluídos pelas mais variadas razões, como os idosos, crianças, enfermos, entre outros.

Como já apontado pela OIT, a crise hodierna tem suas raízes muito antes do que os eventos que se passam no momento atual. No informe da OIT sobre *El mundo del trabajo en una economía integrada*[6] (1995), constatava-se que, em 1978, 1/3 da população mundial vivia em países cuja economia estava centralizada e, pelo menos o outro terço, em países que tinham escassa vinculação com o comércio internacional em razão das barreiras protecionistas de comércio e investimentos. Não se pode culpar, por si só, o aumento do comércio e os investimentos internacionais pela precarização do trabalho e aumento desenfreado da desigualdade social. Faltam políticas públicas, responsabilidade dos Estados e organismos de controles efetivos estabelecidos a favor das relações de trabalho e sociais; orientação e inclusão de trabalhadores nos mercados nacionais; e, principalmente a adoção de modelos globais de proteção às relações de trabalho para que possam seguir parâmetros mais coerentes com a movimentação global do capital, reduzindo-se a concorrência desenfreada entre países e, dentro deles, entre seus próprios estados.

Os Estados e suas agências não acompanharam com a mesma velocidade e competência o desenvolvimento econômico e tecnológico. Quedaram-se acomodados na zona de conforto em que foram colocados pelos movimentos iniciais e de desenvolvimento, até que fossem

---

5 BAUMAN, Zygmunt; BORDONI, Carlo. *Estado de crise*. São Paulo: Editora Zahar, 2016, p. 79.

6 Informe sobre el desarrollo mundial 1995: El mundo del trabajo en una economía integrada, disponível em: www.ilo.org, acesso em: out. 2017.

incomodados pelo ruído social e político causado pelas crises, na ocasião que se deram conta do quanto haviam perdido da parcela de poder.

Há que considerar, no trato da conciliação entre o social e o econômico, o fato de que o intenso processo de deslocalização das empresas para a Ásia na década de 90 e a liberalização de sua economia permitiram a inclusão de 780 milhões de pessoas, bem como sua saída da zona de pobreza. Em 1990 o ingresso médio na China era de U$1 por pessoa e na Índia não ultrapassava U$2. Após as mudanças econômicas, o ingresso na China passou a ser de U$7 e na Índia de U$4,5, passando em 2008 a U$15 no primeiro país e U$7,5 no segundo.[7] E, ainda, no informe da OIT a que me referi se observa que "en un grupo de países de Asia oriental con la economía orientada hacia las exportaciones, los salarios en el sector manufacturero se incrementarón en un 170% en valores reales entre 1970 y 1990, en tanto que el empleo en ese sector aumento un 400%. En la India, el incremento de los salarios de los trabajadores agrícolas fue de un 70%. Entretanto, en un grupo de países latinoamericanos, los salarios en la industria aumentaron tan solo un 12%, y disminuyeron en muchos países de África al sur del Sahara".[8]

É certo que tais países não guardam um sistema de proteção ao trabalhador e as regras aplicáveis aos contratos de trabalho são absolutamente questionáveis quando comparadas aos limites mínimos estabelecidos e idealizados pela OIT em sua declaração de princípios e nos vários convênios coletivos negociados entre os diversos países.

Todavia, são importante ponto de referência no tocante à reflexão de que os dados apontados querem dizer: a) o investimento internacional nestes locais contribui para a criação de postos de trabalho e inclusão social; b) os baixos custos de produção e a agressividade das políticas econômicas e comerciais destes países incrementa a concorrência entre países, empresas e trabalhadores, o que contribui para buscar medidas que são relacionadas, cada vez mais, à proposta de flexibilização e desregulamentação, agora também nas normas de proteção ao trabalho e sociais. Isso tudo é facilitado pela discrepância de regramentos quanto aos investimentos, produção e normas de proteção à relação de trabalho e social, bem como pela inexistência de uma padronização mínima de direitos, objetivo este buscado pela OIT.[9]

---

7 VIARA CRESPO, Óscar. *¿El sostenible el estado del bienestar?* Madrid: EDITBC, 2017, p. 128-129.

8 Informe sobre el desarrollo mundial 1995: El mundo del trabajo en una economía integrada...

9 "Considerando que só se pode fundar uma paz universal e duradoura com base na justiça social; Considerando que existem condições de trabalho que implicam, para grande parte das pessoas, a injustiça, a miséria e as privações, o que gera um descontentamento tal que a paz

Todavia, há que refletir sobre um ponto fundamental que esta desagregação e movimentação provocam no mundo do trabalho, que é, justamente, a viabilização da fragmentação da atividade e, por consequência, da colocação da mão de obra, fenômeno este que se observa desde a reformulação dos modelos empresariais, desenvolvido por Toyota entre 1948 e 1975, datas estas coincidentes com o auge da adoção das teorias neoliberais, e cuja finalidade era a de produzir mais, com eficiência e sem desperdício, permitindo a fragmentação e descentralização do sistema produtivo, que atingiu fatalmente os modelos contratuais tradicionais com o nascimento de outros tipos que, de marginais, passaram a ser regulamentados pelas diversas leis trabalhistas.

3 Novos tipos contratuais?

Importaria perguntar se os tipos contratuais que surgem são efetivamente novos.

Historicamente o trabalho sempre foi desenvolvido em dois grandes grupos, aquele por conta própria e outro subordinado a alguém. A diferença fundamental nos dois tipos é que neste segundo o resultado do trabalho é destinado a quem o contrata; no outro o resultado volta em beneficio de quem o produz. Além disso, nas relações com subordinação absoluta a responsabilidade pelos meios para a produção do trabalho é inteiramente daquele que apreenderá o resultado, enquanto no caso do trabalhador independente os custos e riscos desta produção são de responsabilidade daquele que presta o trabalho, mesclando em sua pessoa a condição de prestador do resultado e de agente de produção de riqueza.

---

e a harmonia universais são postas em risco, e considerando que é urgente melhorar essas condições: por exemplo, relativamente à regulamentação das horas de trabalho, à fixação de uma duração máxima do dia e da semana de trabalho, ao recrutamento da mão de obra, à luta contra o desemprego, à garantia de um salá- rio que assegure condições de subsistência adequadas, à protecção dos trabalhadores contra doenças gerais ou profissionais e contra acidentes de trabalho, à protecção das crianças, dos jovens e das mulheres, às pensões de velhice e de invalidez, à defesa dos interesses dos trabalhadores no estrangeiro, à afirmação do princípio "a trabalho igual, salário igual", à afirmação do princípio da liberdade sindical, à organização do ensino profissional e técnico e outras medidas análogas; Considerando que a não adopção, por parte de qualquer nação, de um regime de trabalho realmente humano se torna um obstáculo aos esforços de outras nações empenhadas em melhorar o futuro dos trabalhadores nos seus próprios países" (Considerandos no Preâmbulo da Constituiçao da OIT).

Todavia, em meio a estes dois grandes grupos surgem subgrupos marginais, isto é, que não estão nem na esfera do primeiro e nem do segundo, pois o trabalhador acaba por produzir um resultado que não lhe beneficia com a expectativa posta na execução do pactuado com aquele a quem a força do trabalho é destinada e acaba por transitar por uma zona cinzenta, em que não é nem autônomo, nem subordinado, além de guardar uma dependência econômica com aquele que *compra* o resultado (prestação de serviços, mão de obra) e que seria incompatível com a condição do trabalhador tradicional.

É exatamente aqui que o conflito entre os socialistas e os liberalistas se mostra mais acirrado.

Esta forma de desenvolver os pactos de trabalho é incompatível com os tipos contratuais objeto das lutas sociais, isto é, aquele pacto firmado diretamente com o tomador da mão de obra, por prazo indeterminado, em regime de horas que permita ao trabalhador conciliar vida familiar privada e de trabalho e que lhe garanta a tranquilidade de não responder pelos riscos da atividade produtiva. O resultado do trabalho não lhe aproveita, pois todo ele é voltado ao agente produtor de riqueza. Todavia, o trabalhador poderia manter tranquilamente sua dignidade e condições mínimas de vida, caso houvesse o respeito por parte do empregador aos mínimos direitos que possam cumprir com aquele princípio.

Ocorre, todavia, que a concorrência entre os produtores de riqueza conforme já citei, somada à ganância, necessidade de assegurar o poder e falência dos Estados, leva à estratégia de redução de custos, que começa pela busca da mão de obra barata e produção em locais em que o custo da produção, em termo gerais, será mais econômico, o que viabiliza, dentro do cálculo econômico, a concorrência mais agressiva e a maior margem de lucro. Some-se a isso o agrupamento de empresas que vão no sentido de formar um mercado hegemônico, controlado por uma matriz que subordina as demais às regras necessárias para manter a exclusividade num mundo global.

Há que lembrar que o número de vagas de trabalho não cresce no mesmo ritmo que o aumento da população e daqueles que ingressam no mercado de trabalho, além do fato de que os investimentos estrangeiros diretos (IED) estão caindo cada ano mais nos países em desenvolvimento.

Em 2016 os fluxos de IED nos países em desenvolvimento foram de 37%, sendo 15% na Ásia e chegando a 3% na África. Os protagonistas das inversões passaram a ser os países desenvolvidos. Isso se deu principalmente por "las fusiones y adquisiciones transfronterizas tuvieron un papel relevante y se concentraron en las economías desarrolladas, impulsadas por la elevada liquidez internacional y por dinámicas sectoriales que llevaron a operaciones de gran envergadura. Por otra parte, con un aumento sostenido de sus inversiones en el exterior y en particular de las adquisiciones en la Unión Europea y los Estados Unidos, China fue el segundo origen de IED mundial (tras los Estados Unidos). La estrategia de salida al exterior iniciada hace más de un decenio ha consolidado a China como actor global que se inserta en las dinámicas de sectores cada vez más sofisticados, participando activamente en las nuevas tendencias tecnológicas de la cuarta revolución industrial".[10]

A conclusão que se pode ter é que as empresas investem em países que lhes dê um mínimo de garantia e que não lhes causem problemas. A procura por matéria-prima e *commodities* já não é mais o objetivo central das grandes empresas, que, como se vê, buscam tecnologia e, portanto, mão de obra mais especializada. Isso leva à consequente alteração nos modelos de trabalhador e de organização produtiva, todos fundados nas novas tecnologias e que implicam o que se vem chamando de flexibilidade trabalhista.

A CEPAL assim contextualiza as novas formas de emprego:

> a) Mudança na descentralização e mercantilização das organizações produtivas – processos conhecidos como internalização e segmentação da produção, responsável pela inserção dos trabalhadores nas chamadas "zonas cinzentas" que são aquelas situadas entre o trabalho dependente e independente, exercendo suas atividades com apoio da tecnologia de informação e comunicação móvel e que lhe permite trabalhar de qualquer lugar fora da estrutura empresarial. Isso permite que o processo produtivo esteja segmentado em diferentes estabelecimentos conectados entre si e que permite que o tempo e perdas empresariais sejam repartidas entre todos eles
> b) As técnicas de gestão internas estão absolutamente alteradas as quais permitem introduzir princípios do mercado no interior da organização empresarial, aumentando a heterogeneidade entre os trabalhadores, abrindo espaço para: *i)* flexibilidade funcional – redistribuição de trabalhadores para possibilitar a execução do trabalho diante das mudanças de produtos e métodos de produção, permitindo a adequação a tecnologia com a rapidez e necessidades do mercado; *ii)* flexibilidade numérica – relativa a adaptação de contratação, distrato e adequação de tempo de trabalho para atender as necessidades da produção e do mercado; *iii)* flexibilidade financeira – permite as mudanças na forma de

[10] Informe CEPAL La inversión extrajera directa en América Latina y Caribe – 2017, disponível em www.cepal.org, acesso em outubro de 2017.

remuneração, isto é, diferentes tipos de remunerações estabelecidas em razão da produção do trabalhador, autorizando a fixação de pagamentos de forma individualizadas (ex. prêmios).[11]

Como se vê, em todas as situações criadas pela atual conjuntura de produção, os custos de produção, no ambiente da hiperglobalização dentro do contexto da quarta revolução tecnologia, permitem que o trabalhador responda pelos riscos da produção, o que contraria todo o sistema conquistado no último século pelas lutas sociais.

As relações de trabalho passam a ser flexíveis, o que permite elaborar as seguintes formas "atípicas de emprego":[12]

a) Diversidade de contratos por tempo determinado e indeterminado; temporários; e eventuais;
b) Diversidade de locais de trabalho;
c) Diversidade de jornadas de trabalho;
d) Diversidade na distribuição do tempo de trabalho;
e) Diversidade de intermediação de mão de obra;
f) Diversidade de controles aplicados ao trabalho, que vão desde os cargos de direção até o sistema de distribuição de prêmios.

Todas estas situações permitiram que houvesse uma proposta da CISE (Classificação Internacional da Situação no Emprego)[13] discutida na Conferência Internacional de Estatísticas do Trabalho de 2013, para que se colocasse em pauta a necessidade de se estabelecer uma revisão completa e profunda das CISEs anteriores, em especial a de 1993, que teria promovido uma classificação mais completa e coerente com os novos tipos de organizações empresariais e identificação de novos tipos de relações de trabalho estudadas em diversas partes do mundo.

Há que considerar que a CISE-93 é um documento mais completo que os anteriores, produzido no marco da economia globalizada e com a preocupação de tentar abranger o maior úmero possível de situações encontradas com suas variantes nos vários países que permitiram os dados para a informação. Cuidou de classificar os empregos diretos e indiretos entre o trabalhador e a única economia de que dispõe a sua mão de obra, no qual se especificaram seis grandes grupos:

---

[11] Las nuevas modalidades de empleo, disponível em: www.cepal.org, acesso em: out. 2017.

[12] *Las nuevas modalidades de empleo...*

[13] Todas as informações podem ser obtidas no informe 19ª Conferencia Internacional de Estatísdicos del Trabajo – Ginebra- 2-11 octubre 2013, disponível em: www.ilo.org, acesso em: out. 2017.

1

EMPREGADOR
TRABALHADOR POR CONTA PRÓPRIA
ASSALARIADO
TRABALHADOR AUXILIAR DA FAMÍLIA
TRABALHADOES QUE NÃO PODEM SE CLASSIFICAR SEGUNDO A SITUAÇÃO NO EMPREGO

2

EMPREGADOS *(países precisam criar grupos separados para trabalhadores com contratos estáveis)*	1. Regular 2. Diretores executivos 3. Outros empregados
EMPREGADORES	1. Empregador de empregados regulares 2. Outros empregadores
TRABALHADOR POR CONTA PRÓPRIA	1. Típicos 2. Outros trabalhadores por conta própria
MEMBROS DE COOPERATIVAS DE PRODUTORES SEGUNDO AS NECESSIDADES NACIONAIS	

A primeira classificação internacional fixada pela Liga das Nações em 1938 compreendia:

EMPREGADOS
PESSOAS QUE TRABALHAM POR CONTA PRÓPRIA (SOZINHA OU COM AJUDA DA FAMÍLIA)
MEMBROS DA FAMÍLIA QUE AJUDAM O CABEÇA DA FAMÍLIA EM SUA OCUPAÇÃO
PESSOAS QUE RECEBEM SALÁRIO OU SOLDOS

Em 1947 houve uma revisão daquela primeira, para incluir na estatística:

TRABALHADORES PARA EMPREGADORES PÚBLICOS OU PRIVADOS
EMPREGADORES
PESSOAS QUE TRABALHAM POR CONTA PRÓPRIA SEM EMPREGADOS
TRABALHADORES FAMILIARES NÃO EMPREGADOS

Em 1948, a ONU apenas definiu as categorias, mas manteve as mesmas conclusões.

Em 1957 a OIT passou a definir a situação no emprego e dividiu a classificação em grupos e subgrupos:

GRUPOS	SUBGRUPOS (base: natureza da propriedade de exploração agrícola dos empregadores e dos trabalhadores por conta própria
UNIDADE DE PRODUÇÃO COOPERATIVA	EMPREGADORES
DESEMPREGADOS	TRABALHADORES POR CONTA PRÓPRIA
FORÇAS ARMADAS	ASSALARIADOS
PESSOAS CUJA SITUAÇÃO É DESCONHECIDA OU DESCRITA DE MANEIRA INADEQUADA	DESEMPREGADOS
+ AS OUTRAS CATEGORIAS JÁ EXISTENTES	
CATEGORIAS SEPARADAS: APRENDIZES E TRABALHADORES A DOMÍCILIO	

Em 1958 a ONU definiu alguns princípios e recomendações para os respectivos censos:

EMPREGADOR
TRABALHADOR POR CONTA PRÓPRIA
ASSALARIADO
TRABALHADOR FAMILIAR
MEMBROS DE COOPERATIVA DE PRODUTORES
TRABALHADORES QUE NÃO PODEM SE CLASSIFICAR SEGUNDO A SITUAÇÃO NO EMPREGO
INDEPENDENTE: TRABALHADORES E EMPREGADORES POR CONTA PRÓPRIA
TRABALHADOR FAMILIAR: TRABALHA NO MÍNIMO 1/3 DAS HORAS NORMAIS COM OU SEM REMUNERAÇÃO EM EMPRESA ECONÔMICA DIRIGIDA POR MEMBRO DE SEU LAR

Como se vê aqui, já se incluíram trabalhadores na chamada zona cinzenta. A única novidade da revisão ocorrida em 1970 foi a de considerar trabalhador familiar como aquele não remunerado mesmo que não esteja vivendo sob o mesmo teto. Não obstante a revisão de 1982 não tenha trazido alterações nos grupos e subgrupos antes fixados, apresentou uma importante distinção entre trabalhador assalariado e emprego independente no contexto da discussão sobre emprego, desemprego e subemprego.

Estes critérios permitem que se conceitue o que se deve entender por emprego e a CISE-93 esclarece que se trata de um "conjunto de tareas y obligaciones desempeñadas por una persona, o que se prevé que ésta desempeñe, para una sola unidad económica". O ponto-chave desta definição está na classificaçao das "personas en función de las relaciones actuales y potenciales que guardan con los empleos". Un empleo se clasifica con arreglo al tipo de contrato explícito o implícito de trabajo del titular con otras personas u organizaciones". Los criterios básicos utilizados para definir los grupos de la clasificación son:

> a) El tipo de riesgo económico (al que está expuesto el titular de un empleo), un elemento relacionado con la solidez del vínculo entre la persona y el empleo, y

b) El tipo de autoridad que tienen o tendrán los titulares de un empleo sobre los establecimientos y sobre otros trabajadores.

Como já disse, estas situações verificadas de colocação da mão de obra, na verdade eram espécies que já existiam, mas estavam marginalizadas e outras delas, tipos que, pode-se dizer, decorreram dos outros e, por que não, se *aperfeiçoaram* em razão do uso das novas tecnologias, dão azo às discussões a que se assistem sobre precarização e vulnerabilidade da mão de obra.

As situações de precariedade e vulnerabilidade da mão de obra devem ser vistas no contexto de tudo o que aqui se disse, isso quer dizer, dentro do contexto atual, e em consideração às mudanças ocorridas nas relações nos últimos anos. O fato, por exemplo, de o empregador deixar de pagar horas extras ao empregado não significa, por si só, precarização, assim como também não é todo tipo de descentralização.

Diz-se que trabalhador regular é aquele que presta seus serviços diretamente a um empregador, de maneira contínua, sendo este o responsável pelos aportes à previdência social e impostos, com relação de trabalho submetida à legislação local. Os precários serão aqueles que, no âmbito da legislação nacional, têm contratos temporários e de curta duração, ocasionais ou por algum evento específico. Portanto, serão precários ou não nos termos da maior ou menor flexibilidade da legislação nacional e considerando o contexto econômico em que são contratados e o social em que vivem.

Feitas tais considerações, importam umas breves linhas sobre a reforma trabalhista trazida pela Lei nº 13.467/2017.

4 Considerações sobre a reforma nacional no contexto dos novos tipos contratuais

Como já disse, não se trata, necessariamente, de novos tipos contratuais os que foram tratados por ocasião da reforma trabalhista. Havia relações marginalizadas e que foram inseridas no sistema atual com o intuito de regulamentar as relações, trazendo aquilo que foi o marco fundamental desta reforma, que é a segurança jurídica às partes.

Em 1967, a Lei nº 5.107, de 13.09.1966, que tratou do FGTS, começou a vigorar trazendo um sistema de opção pela estabilidade no emprego conferida pela CLT após 10 anos de trabalho prestado ao mesmo empregador. Pode-se dizer que desde aí se estabeleceu a flexibilidade da ruptura do contato de trabalho, pois o sistema da CLT para a contratação e cláusulas contratuais, já sabemos, é inflexível, e a flexibilidade moderada, mesmo porque está mantido o sistema do art. 468 da CLT, de que as alterações contratuais somente podem ocorrer caso não tragam prejuízo ao trabalhador.

No ambiente dos contratos, a legislação de 1974 cuidou de implementar o contrato temporário e regulamentar as empresas de trabalho temporário (ETT). Pelas características do contrato temporário e da rigidez legal, as agências de emprego contratam o trabalhador por tempo determinado e nos termos do objeto dos contratos firmados entre a ETT e o tomador de serviços, sempre no limite de contratação de prestação de serviços. Portanto, contrato do trabalhador com a empresa prestadora poderia ser por tempo indeterminado; o que necessariamente deveria ser por tempo certo, isto é, temporário, seria o contrato do trabalhador com o tomador da mão de obra.

Todavia, o sistema criado em torno da Lei nº 6.019/73 viabilizava a contratação por tempo determinado e temporário do trabalhador nas duas relações estabelecidas, ou seja, entre ele e a ETT e entre ele e o tomador, criando, assim, além de uma forma atípica contratual, uma maior precariedade na relação.

Na década de 80, em pleno vigor as regras de desregulamentação e descentralização, começa a vigorar a Lei nº 7.102/83, que possibilitou a contratação de prestação de serviços de segurança, vigilância e transportes por empresas intermediárias. A Lei nº 6.019/73 não permitia a intermediação da mão de obra fora dos casos por ela determinados, de modo que a mudança no modelo empresarial exigia que se permitisse a subcontratação de atividades que não estavam ligadas à finalidade empresarial. Pode-se dizer, portanto, que a Lei nº 7.102/83 abre as portas para o que se veio a chamar de *terceirização*, que, na verdade, se identifica com o sistema do *outsourcing*, caracterizada pela "inércia na gestão empresarial de alguns serviços que são meramente acessórios, como a informática, logística e outros e a mudança no modelo de produção no núcleo central da empresa".[14]

Todavia, o sistema de mudança na estrutura empresarial produtiva não havia introduzido somente a *terceirização* da mão de obra, mas vários outros tipos de descentralizações, fragmentações empresariais, que passaram a ser tratadas como se terceirização fossem. A matéria foi *regulada* até a entrada em vigor da Lei nº 13.429/2017, pela Súmula 331 do C TST, cuja redação original era de 1994 e tratava

---

[14] NAHAS, Thereza. *O novo direito do trabalho* – institutos fundamentais. São Paulo: RT, 2017, p. 39.

da intermediação irregular de mão de obra interposta (Súmula 256); posteriormente esta súmula foi alterada e publicada com novas redações no ano 2000 e, posteriormente, revista em 2003 após a publicação da decisão da ADC nº 16, de 24.11.2010, julgada pelo STF, que entendeu pela constitucionalidade da terceirização no serviço público e fixou o entendimento quanto à responsabilidade do ente público na contratação. Desta súmula, que passou a ser o fundamento da terceirização, inferem-se as regras principais traçadas pelo e. TST: *a)* admitir a contratação de serviços terceirizados em atividade meio da empresa e não em atividade fim; *b)* responsabilidade subsidiária do tomador da mão de obra; e *c)* a possibilidade do Poder Público terceirizar serviços.

Com a reforma trabalhista trazida pela Lei nº 13.467/2017 ampliou-se o universo daquilo que se tratou, até hoje, por terceirização, para considerar a existência das empresas prestadoras de serviços (EPS) responsáveis pela externalização da mão de obra, isto é, admite-se a absoluta fragmentação da atividade empresarial a que já me referi anteriormente.

Portanto, todas as formas já relatadas são típicas dos chamados modelos precários, pois o trabalhador encontra-se numa zona cinzenta, isto é, em um espaço vazio em que, muitas vezes, sequer conhece a quem o produto do seu trabalho será destinado ou por quem será aproveitado, quando se trata da longa cadeia produtiva. Além do que, a prestação de serviços e a produção dependem do mercado, que costuma ser o local mais incerto para se fixar relações homogêneas e tradicionais.

Daí que os chamados novos modelos contratuais são, naturalmente, precários e vulneráveis e acabam por criar uma concorrência entre os próprios trabalhadores.

Como se vê os modelos atípicos de contratos sempre existiram e a tendência é que se incrementem, justamente porque os contratos acabam por se adequar ao modelo de produção e empresarial e não pela forma como se apresentam os próprios Estados e a maneira como agem.

Em 2003, como já disse, a OIT propôs rever a CISE-93 justamente para tentar adequar os modelos contratuais à realidade da modernidade e da pós-modernidade. Propôs a OIT que se estudem os tipos contratuais, que se dividiram em quatro estruturas segundo os modelos que puderam ser apreendidos nos diversos países do mundo e segundo os dados obtidos. Há que se ter em conta a dificuldade da OIT em poder estabelecer um sistema que seja adequado e efetivo e que possa permitir a tutela do trabalhador em todo o mundo de modo mais igual e equilibrado, respeitadas as diferenças de cada país, sua capacidade econômica, sua cultura e sociedade.

Pode-se resumir, no entanto, as dificuldades encontradas pelo organismo internacional em três pontos principais:

→ inexistência de dados;

→ diferenças regionais muito acentuadas não só entre os países, mas dentro das próprias regiões;

→ em todas as regiões há diferenças de gênero, sendo que os homens têm mais oportunidades de trabalho do que as mulheres.

Todavia, a proposta para tratar das várias relações contratuais verificadas pode ser contextualizada em quatro estruturas:

1ª estrutura: inclui os contratados e os gerentes de empresas constituídas em sociedades como trabalhadores independentes

TRABALHADOR INDEPENDENTE	TRABALHADOR ASSALARIADO
EMPREGADOR: a) Empresa própria constituída em sociedade b) Empresa própria não constituída em sociedade	ASSALARIADO REGULAR
TRABALHADOR POR CONTA PRÓPRIA: a) Empresa própria constituída em sociedade b) Empresa própria não constituída em sociedade	ASSALARIADO OCASIONAL, A PRAZO CERTO E ESTACIONAL
TRABALHADOR FAMILIAR AUXLIAR	ASSALARIADO EM FORMAÇÃO: a) Remunerado em dinheiro b) Remunerado em espécie c) Sem remuneração
CONTRATISTA	ASSALARIADO DOMÉSTICO
MEMBRO DE COOPERATIVA DE PRODUÇÃO	

2ª estrutura: inclui os contratados e os gerentes proprietários de empresas constituídas em sociedade como assalariados

TRABALHADOR INDEPENDENTE	ASSALARIADO
Empregador	Na própria empresa constituída em sociedade: a) Com assalariados b) Sem assalariados
Trabalhador por conta própria	Assalariado Regular
Trabalhador familiar auxiliar	Assalariado ocasional, com prazo certo ou estacional
Membro de cooperativa de produção	Empregado contratado por uma agência de emprego
	Assalariado em formação
	Assalariado doméstico
	Contratados

Empregadores: a) Na própria empresa constituída em sociedade b) Na própria empresa não constituída em sociedade
Trabalhadores por conta própria: a) Na própria empresa constituída em sociedade b) Na própria empresa não constituída em sociedade
Contratados
Trabalhadores familiares auxiliares
Assalariados: a) Regular b) Ocasional, a prazo certo ou estacional c) Contratado por uma agência de emprego d) Em formação: remunerado em dinheiro; remunerado em espécie; sem remuneração
Assalariado Doméstico

4ª *estrutura*: Manter os conceitos de emprego independente e de emprego assalariado reconhecendo que algumas formas de emprego não se adequam a estas categorias

ASSALARIADOS	INDEPENDENTES	OUTRAS FORMAS DE EMPREGO
Assalariados regulares	Empregadores: a) empresa constituída em sociedade b) empresa não constituída em sociedade	Trabalhadores familiares auxiliares
Assalariados temporais: a curto prazo; estacional; ocasional; por chamado	Trabalhadores por conta própria: a) empresa constituída em sociedade b) empresa não constituída em sociedade	Membros de cooperativa de produtores
Assalariados em formação: remuneração em dinheiro; remuneração em espécie; sem remuneração	Contratados	Outras formas de emprego não classificadas em outra parte
Assalariado doméstico		

O que se infere destes dados, no cenário nacional, é que, mesmo no ambiente da Lei nº 13.467/2017 ter se ocupado o legislador em regular três tipos distintos de relações de trabalho, quais sejam o teletrabalhador, o trabalhador intermitente e o trabalhador da empresa de prestação de serviços, há vários outros tipos que se encontram marginalizados pela lei, como é o caso do trabalhador semidependente e do longo rol dos trabalhadores autônomos.

A pergunta que se faz é se a inclusão desses tipos de trabalhadores, ou de outros mais, cuja relação de trabalho possa ser formalizada, permitiria a sua inclusão na sociedade e a efetiva tutela de seus direitos. Não parece que a resposta seja positiva. Aliás, haveria que se questionar antes se a regulamentação dos *novos tipos de contratos* tem a capacidade de promover a melhoria de vida do trabalhador ou se constituiria mais uma forma de legitimar eventuais fraudes e a precariedade do modelo tradicional de trabalho.

É evidente que a existência ou não de fraude independe de lei. Está mais diretamente ligada à questão da cultura de um país ou de uma comunidade do que à existência ou não de uma lei adequada para regulamentar relações fáticas. O que se tem que considerar é que os Estados estão perdidos, fracos e inoperantes, não obstante não se possa dizer que não estão crescendo e que para eles não há boas perspectivas.

É fato que as taxas de crescimento não são as mesmas verificadas antes da crise de 2008. Todavia, não é menos certo que, ainda que de maneira distinta, em vários estudos econômicos, se pode concluir pelo crescimento dos países em termos gerais. Assim, o Banco Mundial previa para 2017 o fortalecimento do crescimento mundial em torno de 2,7%, o que decorre do aumento das manufaturas e comércio, da confiança no mercado e da estabilidade dos preços dos produtos básicos, o que, segundo aquele organismo, permitirá o crescimento econômico dos países em desenvolvimento. Prevê ainda uma melhora no plano internacional, com crescimento dos mercados emergentes e das economias em desenvolvimento, que devem chegar a 4,1%, prevendo-se um incremento nas sete maiores economias do mundo.[15] Portanto, não obstante o mercado ainda seja um ambiente de riscos, não é menos certo que os Estados estariam em condições de possibilitar uma vida melhor a seus povos e deixar de arrochar direitos sociais e trabalhistas.

O que se pode perceber é que as crises ocorridas no decorrer dos anos deram um golpe mortal nas expectativas e esperanças trazidas pela modernidade.

Como se, em algum momento da história, as finalidades assumidas pelos Estados passassem a ser confundidas com as privadas e seus

---

[15] Gobal economics prospect – a fragily recovery – june 2017, disponível em: http://www.bancomundial.org/es/news/press-release/2017/06/06/global-growth-set-to-strengthen-to-2-7-percent-as-outlook-brightens, acesso em: out. 2017.

interesses passassem a ser *menos públicos*. Uma decorrência lógica daquilo que se conhece como crise da modernidade.

Como aponta Carlo Bordoni, houve vários fatores que contribuíram para a crise da modernidade, a começar pelo "contraste entre as condições dos trabalhadores e da classe dominante, a burguesia, que imediatamente experimentou melhorias significativas no caminho para o progresso, sustentada por dados incontroversos e também estendidas à classe trabalhadora".[16] Mesmo com todas as crises ocorridas, principalmente a que afetou a modernidade e trouxe a promessa de um mundo melhor, fez com que as pessoas mantivessem a esperança na felicidade e na melhoria da qualidade de vida, embora isso não tenha se verificado e tampouco esteja ocorrendo. "À medida que o progresso avançava, as massas da população aos poucos iam compreendendo que a indústria se desenvolvia e que os mercados ofereciam bons salários. Quanto às bases da modernidade, a transformação do trabalho no período pós-guerra mundial, a desmaterialização progressiva e a insegurança daí consequente desempenharam em papel-chave em seu abalo. Em seguida, a globalização, necessária para as multinacionais remendarem o problema de superprodução, acarretou, como uma espécie de efeito colateral, a eliminação de fronteiras e o esvaziamento das garantias sociais e da representação democrática, um processo que tem sido chamado de separação entre poder e política".

Portanto, os Estados estão debilitados e impotentes, não obstante sigam crescendo. Devem aplicar medidas para que possam justificar sua existência, reduzir a desigualdade social e permitir a inclusão de trabalhadores, o que seria necessário para a melhoria de vida da sociedade, mas não sabe de onde devem retomar suas funções e para onde devem caminhar em direção a uma vida melhor.

O que parece é que o modelo contratual de contratos típicos e tradicionais não se adéqua ao período pós-moderno e hiperglobal; seja em razão das novas estruturas, seja em razão do novo perfil dos trabalhadores.

O que seria necessário quiçá fosse a criação de um modelo novo que considere as categorias já selecionadas pela OIT e onde se possa garantir o mínimo de direitos e segurança ao trabalhador e que lhe dê a oportunidade de efetivamente viver com a tranquilidade de poder ter uma vida digna e contribuir para a formação de um Estado menos desigual e mais humano, possibilitando a vida das gerações futuras.

---

16 BAUMAN, Zygmunt; BORDONI, Carlo. *Estado em crise...*, p. 88-89.

Assim, se poderia evitar a falsa impressão aos trabalhadores de que estão tendo uma vida melhor, como ocorreu no pós-revolução industrial, em que se constatava que estavam mais limpos, trabalhando em fábricas mais arrumadas e salubres e com uma renda familiar supostamente maior. Todavia, quando se deparam com a situação real, percebem que estão sujeitos a longas jornadas; que o salário que ganham não é suficiente para a manutenção do mínimo, isto é, educação, saúde e alimentação; e que, não obstante todos os seus esforços e sacrifícios para manter seu posto de trabalho, o monstro que o chantageia e ronda sua vida chama-se mercado.

O Estado deve retomar suas funções, recobrar sua soberania e viabilizar a vida digna. Aprender a resolver os problemas locais antes e conciliar a agenda interna com a internacional. Deixar de confundir a função estatal com a empresarial e conscientizar-se de que, ao contrário das empresas, o que deve garantir é o mínimo para que as pessoas possam viver com dignidade, com igualdade de acesso a serviços mínimos, que serão necessários não só para a eliminação dos problemas e desigualdades sociais, mas principalmente para reduzir o custo do próprio Estado em sua função de reparador de danos e prejuízos.

Informação bibliográfica deste texto, conforme a NBR 6023:2018 da Associação Brasileira de Normas Técnicas (ABNT):

NAHAS, Thereza Christina Novas modalidades de contratação. *In*: TUPINAMBÁ, Carolina (Coord.). *As novas relações trabalhistas e o futuro do Direito do Trabalho:* as novidades provenientes da globalização, de influxos do Direito comparado e da internacionalização de contratos laborais. Belo Horizonte: Fórum, 2021. (Coleção Fórum As novas relações trabalhistas e o futuro do direito do trabalho. Tomo IV.) p. 177-198. ISBN 978-65-5518-223-1.

RELAÇÕES DE TRABALHO ATÍPICAS: CONTRATOS ATÍPICOS ENTRE ASSOCIAÇÕES CIVIS E EMPRESAS TOMADORAS

CAROLINA TUPINAMBÁ

MARINA NOVELLINO

Introdução

O paradigma atual do mundo do trabalho se distancia cada vez mais das concepções fordista e taylorista de organização do processo produtivo. A preponderância da tecnologia da informação, a ampliação na velocidade com que as sociedades se modificam e o aumento das políticas ultraliberais impactam diretamente institutos tradicionais pensados para o Direito do Trabalho, a exemplo da tão sonhada relação de emprego, moldada nos séculos XIX e XX, que já não aparece como única opção para vincular pessoas (físicas e/ou jurídicas) em todo e qualquer tipo de prestação de serviço.

A respeito desse novo paradigma, interessante a concepção trazida por Jorge Pinheiro Castelo. O autor apresenta o conceito que dá nome ao livro como sendo inspirado na modernidade líquida, de

Zygmunt Bauman. Para Jorge Pinheiro Castelo, o capitalismo sólido configuraria um período marcado pela convivência entre o capital e o trabalho com destaque de elementos como máquinas pesadas, enormes muros de fábrica, grandes e crescentes equipes.[1] Na sequência, com o advento do capitalismo líquido, cujo subproduto seria o "Direito do Trabalho líquido", o capital já não mais estaria atrelado ao solo ou à fábrica, enquanto o trabalho permaneceria tão imobilizado quanto no passado.[2] Para o autor, três seriam as razões que levaram à ruptura dos compromissos do capitalismo social:

> (i) A mudança do poder gerencial para o poder do capital, financeiro e acionário. Os investidores assumiram a posição central e de poder. O momento decisivo de ruptura se deu quando os fundos de pensão, controlados por enormes quantidades de capital, entraram no jogo empresarial. Os investidores têm condições de turbinar ou desmontar corporações inteiras sem qualquer compromisso social. O problema identificado aqui, pelo autor, é que bancos não têm qualquer interesse atrelado ao interesse do Estado-Nação;[3]
> (ii) A mudança no paradigma que decorre do fato de os investidores, donos do novo poder empresarial, quererem resultados a curto prazo, e não a longo prazo. Os investidores passaram a constituir o contingente do capital impaciente das empresas;[4] e,
> (iii) O terceiro fenômeno decorreu das novas tecnologias e da automação. A consequência dessa alta capacidade tecnológica é que a inclusão social, que era elemento fundamental do capitalismo social e pesado, pode ser deixada para trás.[5]

As profundas mudanças sociais, tecnológicas e políticas que marcaram as últimas décadas fizeram com que alguns institutos do Direito do Trabalho se tornassem obsoletos, insuficientes ou inadequados para lidar com as novas relações que se constroem entre o capital e o trabalho.

---

1 CASTELO, Jorge Pinheiro. *O Direito do Trabalho Líquido*: o negociado sobre o legislado, a terceirização e o contrato de curto prazo na sociedade líquida. São Paulo: Ltr, 2017. p. 21.

2 *Ibidem*. p. 25.

3 *Ibidem*. p. 23.

4 *Ibidem*. p. 24.

5 CASTELO, Jorge Pinheiro. *O Direito do Trabalho Líquido*: O Negociado Sobre o Legislado, A Terceirização e o Contrato de curto prazo na Sociedade Líquida. São Paulo: Ltr, 2017. p. 24.

Da mesma forma, o direito negocial demanda novas facetas para se adequar ao paradigma atual, sobretudo por haver relevante difusão dos novos tipos de relação de trabalho.

A respeito da insuficiência das tradicionais negociações coletivas e da necessidade de novas perspectivas nesse âmbito, assevera Antonio Carlos Aguiar:

> A negociação coletiva de trabalho vista sob a ótica pura e simples da legislação trabalhista, com mais de 60 anos, criada para um mundo fechado e economia protegida contra agressões do processo competitivo, tem hoje outros (e muitos) desafios a enfrentar e funções novas para ser desenvolvidas. Deve-se buscar uma garantia e uma valorização social do trabalho, não mais dentro de uma ótica protecionista pura e simplesmente derivada de uma época em que o trabalhador, na sua imensa maioria, era inculto e a informação lhe era muitas vezes sonegada, uma vez que somente um pequeno grupo detinha pleno acesso aos meios de comunicação, diferentemente de hoje, em que há um veloz processo de democratização da comunicação imposta por meios tecnológicos de informação instantâneos de acesso fácil e barato.[6]

A partir dessa lógica, de mudança paradigmática das condições do Direito do Trabalho, pretende-se trazer algumas reflexões críticas que perpassam pelo antigo instituto da negociação coletiva e de seus sujeitos, para que se possa cogitar novas possibilidades de pactuação, envolvendo o capital e o trabalho, em contextos que se distanciam dos modelos sindicais tradicionalmente conhecidos.

Pode-se afirmar que os objetivos do presente trabalho são: (i) demonstrar que os tempos atuais demandam criatividade acerca dos mecanismos para transacionar direitos laborais, e isso inclui a necessidade de revisão dos sujeitos legitimados para exercer a representação dos trabalhadores neste âmbito; e (ii) provar que tais mecanismos podem ser extraídos de nosso ordenamento jurídico, que somente aparenta engessar as possibilidades de negociação, sobretudo ao enfatizar o papel dos sindicatos, porém não restringe o papel de representação a estas entidades.

As reflexões a seguir trazidas têm como fundamento principal o resgate à concepção mais básica do direito de se reunir, de se associar, de compartilhar ideias, para que se possa, em conjunto, exercer maior influência nos contratos coletivamente elaborados. Isso demanda

---

6 AGUIAR, Antonio Carlos. *Negociação Coletiva de Trabalho*. 2. ed. São Paulo: Saraiva Educação, 2018. p. 96.

libertação da ideia de que somente os sindicatos possam atuar nesta dinâmica.

Para desenvolver as ideias propostas, estruturaram-se nossas reflexões nos seguintes capítulos: (i) no primeiro, apresenta-se um panorama do associativismo e da sua valorização em âmbito internacional; (ii) busca-se, em seguida, tratar da representatividade e da estrutura sindical no Brasil, enfatizando aspectos relacionados à liberdade sindical e de associação; (iii) em um terceiro momento, pretende-se identificar a natureza jurídica das associações no ordenamento jurídico brasileiro; (iv) no quarto capítulo, passa-se a tratar das mudanças provocadas pela chamada Reforma Trabalhista (Lei nº 13.467/17) na sistemática do direito coletivo tradicionalmente concebida; (v) adiante, sintetizam-se os principais aspectos dos acordos coletivos atípicos; e, por fim, (vi) propõe-se uma possível solução consensual para trabalhadores que não vivenciem a relação clássica do vínculo de emprego. E, no sétimo e último capítulo, são apresentadas vantagens práticas e caminhos para o alcance da tutela estatal em espaço não regulamentado a despeito da fusão entre capital e trabalho.

I O associativismo: movimento no Brasil e no mundo

O associativismo tem papel de destaque no âmbito das relações de trabalho. Inegável que a negociação coletiva prepondera sobre a individual em termos de pressão e influência quando se transaciona com empresas ou sindicatos patronais. Esse fato não é novidade. Movimentos, por exemplo, como a greve, que expressa um tipo de mobilização coletiva, ocorrem há mais de cem anos pelo mundo. Ganha destaque, portanto, o associativismo, utilizado como mecanismo, por determinados grupos, para reivindicar ou negociar direitos, discutir suas eventuais violações etc.

No âmbito internacional, não há como deixar de destacar o papel da Organização Internacional do Trabalho como importante fomentador do associativismo.

Fundada em 1919, a OIT integra a Organização das Nações Unidas (ONU) e possui estrutura tripartite, com participação dos governos, organizações de empregadores e de trabalhadores.[7] A respeito de sua missão, a Organização esclarece que:

---

[7] OIT BRASÍLIA. *Conheça a OIT*. Disponível em: https://www.ilo.org/brasilia/conheca-a-oit/lang--pt/index.htm. Acesso em: 9 jan. 2020.

A OIT é responsável pela formulação e aplicação das normas internacionais do trabalho (Convenções e Recomendações). As Convenções, uma vez ratificadas por decisão soberana de um país, passam a fazer parte de seu ordenamento jurídico.[8]

Com o fim da Segunda Guerra Mundial, após o mundo vivenciar verdadeiras atrocidades cometidas pelos países que dela participaram, em 1944, foi elaborada a Declaração de Filadélfia, a qual relatou os fins e objetivos da Organização Internacional do Trabalho, assim como os princípios que deveriam ser aplicados em todos os países do mundo. Segundo Alain Supiot, o documento foi pioneiro na tentativa de fazer 'da justiça social uma das pedras angulares da ordem jurídica internacional'.[9]

Dentre os princípios elencados no referido documento, destacam-se aqueles enunciados no primeiro item da Declaração. Confira-se:

> A Conferência afirma novamente os princípios fundamentais sobre os quais se funda a Organização, isto é:
> a) o trabalho não é uma mercadoria;
> b) a liberdade de expressão e de associação é uma condição indispensável para um progresso constante;
> c) a pobreza, onde quer que exista, constitui um perigo para a prosperidade de todos;
> d) a luta contra a necessidade deve ser conduzida com uma energia inesgotável por cada nação e através de um esforço internacional contínuo e organizado pelo qual os representantes dos trabalhadores e dos empregadores, colaborando em pé de igualdade com os dos Governos, participem em discussões livres e em decisões de carácter democrático tendo em vista promover o bem comum.[10]

Denota-se a intenção clara da OIT, por meio do referido documento, de valorizar expressamente alguns aspectos, como a liberdade de associação. Esse destaque e incentivo ao associativismo são relembrados por Supiot. O autor analisa historicamente a progressiva perda do sentimento que levara à elaboração da Declaração de Filadélfia, o qual se voltava à promoção de alguma justiça social, com mister de

---

8 "História da OIT". Disponível em: https://www.ilo.org/brasilia/conheca-a-oit/hist%C3%B3ria/lang--pt/index.htm. Acesso em: 9 jan. 2020.

9 SUPIOT, Alain. *O Espírito de Filadélfia*: a justiça social diante do mercado total. Traduzido por Tânia do Valle Tschiedel. Porto Alegre: Sulina, 2014. p. 9.

10 CONSTITUIÇÃO DA ORGANIZAÇÃO INTERNACIONAL DO TRABALHO (OIT) E SEU ANEXO (Declaração de Filadélfia). Documento disponível em: https://www.ilo.org/wcmsp5/groups/public/---americas/---ro-lima/---ilo-brasilia/documents/genericdocument/wcms_336957.pdf. Acesso em: 9 jan. 2020.

proteger o homem contra sua redução a mero "capital humano". Supiot trata da capacidade dos homens, abalada, segundo ele, no contexto atual cibernético da regulação e da governança. O autor afirma que:

> Encontrar uma capacidade de ação pressupõe, ainda, voltar ao espírito da Declaração de Filadélfia, segundo a qual a prosperidade econômica presume homens livres, e não flexíveis e reativos. Se admitirmos com ela que "a liberdade de expressão e de associação é uma condição indispensável a um progresso sustentado" (art. I, b), e que "todos os seres humanos (...) têm o direito de perseguir seu progresso material e seu desenvolvimento espiritual na *liberdade* e na dignidade, na *segurança econômica* e com chances iguais" (art. II, a), será então preciso admitir que o fim que os Estados e as organizações internacionais devem perseguir não é tornar os trabalhadores "empregáveis", mas lhes proporcionar "a satisfação de toda a extensão de suas habilidades e de seus conhecimentos e contribuir o melhor possível ao bem-estar comum" (art. III, b).[11]

De fato, pode-se dizer que, apesar de incentivado no papel, o espírito da Declaração da Filadélfia, incluindo o incentivo ao associativismo, tem perdido força com a difusão das novas tecnologias e a adoção de políticas ultraliberais. No entanto, como bem pontua Supiot, o mencionado espírito deve ser resgatado, principalmente em se tratando das novas relações de trabalho, precariamente regulamentadas.

Não se pretende traçar críticas à atuação da OIT. Ao contrário, exalta-se seu importantíssimo papel na tentativa de resgatar valores tradicionais do trabalho, discutir novas tendências, difundir princípios básicos de trabalho digno etc. O que se pontua, no entanto, é que, apesar desses esforços, reconhece-se paulatina perda na força das mobilizações coletivas, sobretudo causada pelo individualismo inerente à era tecnológica, fator que acaba mais distanciando pessoas do que aproximando grupos, na maioria das circunstâncias.

Ainda sobre a OIT, importante mencionar duas de suas Convenções, quais sejam: a Convenção nº 87 e a nº 98.

A primeira, sobre liberdade sindical e proteção ao direito de sindicalização, elaborada em 1948, na 31ª Sessão da Conferência Geral da Organização Internacional do Trabalho, busca reafirmar os princípios enunciados na Declaração da Filadélfia sobre liberdade de expressão e de associação. Sobre a liberdade sindical, dispõe o documento:

---

[11] SUPIOT, Alain. *O Espírito de Filadélfia*: a justiça social diante do mercado total. Traduzido por Tânia do Valle Tschiedel. Porto Alegre: Sulina, 2014. p. 116.

Art. 1º – Cada Membro da Organização Internacional do Trabalho, para o qual a presente Convenção está em vigor, se compromete a tornar efetivas as disposições seguintes.
Art. 2º – Os trabalhadores e os empregadores, sem distinção de qualquer espécie, terão direito de constituir, sem autorização prévia, organizações de sua escolha, bem como o direito de se filiar a essas organizações, sob a única condição de se conformar com os estatutos das mesmas.
Art. 3º – 1. As organizações de trabalhadores e de empregadores terão o direito de elaborar seus estatutos e regulamentos administrativos, de eleger livremente seus representantes, de organizar a gestão e a atividade dos mesmos e de formular seu programa de ação.
2. As autoridades públicas deverão abster-se de qualquer intervenção que possa limitar esse direito ou entravar o seu exercício legal.
(...)
Art. 7º – A aquisição de personalidade jurídica por parte das organizações de trabalhadores e de empregadores, suas federações e confederações, não poderá estar sujeita a condições de natureza a restringir a aplicação das disposições dos arts. 2, 3 e 4 acima.
Art. 8º – 1. No exercício dos direitos que lhe são reconhecidos pela presente convenção, os trabalhadores, os empregadores e suas respectivas organizações deverão da mesma forma que outras pessoas ou coletividades organizadas, respeitar a lei.
2. A legislação nacional não deverá prejudicar nem ser aplicada de modo a prejudicar as garantias previstas pela presente Convenção.
(...)
Art. 10 – Na presente Convenção, o termo 'organização' significa qualquer organização de trabalhadores ou de empregadores que tenha por fim promover e defender os interesses dos trabalhadores ou dos empregadores.

Acerca destas disposições, destaca-se o seguinte aspecto: a liberdade sindical baseia-se na possibilidade de os trabalhadores e empregadores terem o direito de constituir organizações coletivas, sem autorização prévia, estando somente vinculados aos seus próprios estatutos.

O Brasil não ratificou a Convenção nº 87, o que significa que não assumiu para si a obrigação de obedecer a tais diretivas. Por outro lado, ratificou a Convenção nº 98, que trata do direito de sindicalização e de negociação coletiva, que também garante a proteção à liberdade sindical. Confira-se, seu artigo 1º:

ARTIGO 1º
1 – Os trabalhadores deverão gozar de proteção adequada contra quaisquer atos atentatórios à liberdade sindical em matéria de emprego.

> 2 – Tal proteção deverá, particularmente, aplicar-se a atos destinados a:
> a) subordinar o emprego de um trabalhador à condição de não se filiar a um sindicato ou de deixar de fazer parte de um sindicato;
> b) dispensar um trabalhador ou prejudicá-lo, por qualquer modo, em virtude de sua filiação a um sindicato ou de sua participação em atividades sindicais, fora as horas de trabalho ou, com o consentimento do empregador, durante as mesmas horas.

Percuciente o comentário de Mauricio Godinho Delgado no sentido de que a OIT não impõe aos países que ratificaram as Convenções nºs 87 e 98 a pluralidade sindical, sendo equivocado deduzir que isso derivaria da garantia de liberdade sindical. Assim, explica:

> O sistema de liberdade sindical plena (Convenção 87, OIT, por exemplo) não sustenta que a lei deva impor a pluralidade sindical. De modo algum: ele sustenta, apenas, que não cabe à lei regular a estruturação e organização internas aos sindicatos, cabendo a estes eleger, sozinhos, a melhor forma de se instituírem (podendo, em consequência, firmar a unidade organizacional e prática, como já mencionado).[12]

Por fim, cita-se, ainda, a Convenção nº 154 da OIT, ratificada pelo Brasil em 1992. Este documento revela-se interessante na medida em que afirma, em seu artigo 2º, que a negociação coletiva não se caracteriza como um mecanismo exclusivo dos sindicatos.[13]

Como se pretende demonstrar ao longo deste trabalho, no Brasil há, sim, liberdade sindical. Melhor dizendo, a unicidade sindical não é inexorável. É que, de fato, o sindicalismo não é a única opção de se exercer a liberdade de associação invocada no espírito da Declaração de Filadélfia.

A multiplicidade das relações contratuais de trabalho pelo mundo, em verdade, acaba por ofuscar as antigas formas de se pensar o movimento coletivo de trabalhadores.

---

[12] DELGADO, Mauricio Godinho. *Curso de Direito do Trabalho*. 9. ed. São Paulo: LTr, 2010. p. 1239.

[13] Dispõe o art. 2º da Convenção:
"Para efeito da presente Convenção, a expressão "negociação coletiva" compreende todas as negociações que tenham lugar entre, de uma parte, um empregador, um grupo de empregadores ou uma organização ou várias organizações de empregadores, e, de outra parte, uma ou várias organizações de trabalhadores, com fim de:
a) fixar as condições de trabalho e emprego; ou
b) regular as relações entre empregadores e trabalhadores; ou
c) regular as relações entre os empregadores ou suas organizações e uma ou várias organizações de trabalhadores, ou alcançar todos estes objetivos de uma só vez".

Impregnado por uma visão extremamente pessimista da realidade atual, face à flexibilização das formas de contratação, Ricardo Antunes ressalta alguns movimentos sociais de natureza associativa. Observa o sociólogo que esses agrupamentos não mais se restringem aos empregados, mas também se fazem presentes entre os desempregados. Para Antunes:

> esse conjunto de pragmáticas que possibilitou o florescimento e a ampliação do chamado *precariado*, estrato social crescente nos países capitalistas centrais, como na Itália, na Espanha, na Inglaterra, na França, em Portugal, nos Estados Unidos etc., e que, dadas as dificuldades de acolhimento dentro do espaço sindical, vem criando seus próprios movimentos. Em Milão, na Itália, sua organização foi uma das pioneiras, gerando uma forma de representação autônoma, de que é exemplo o San Precario, que luta pelas conquistas dos direitos pelo *precariado*, incluindo naturalmente os imigrantes.[14]

Além do San Precario, Ricardo Antunes elenca outros movimentos associativos interessantes, como o Clash City Workers (também atuante na Itália), movimento de trabalhadores e trabalhadoras, desocupados e desocupadas, que se autoproclamam "jovens precários", e a Confederazione Unitariadi Base (CUB), proposta alternativa ao sindicalismo tradicional, que recentemente deu origem à criação do movimento Nuove Identità di Lavoro (NIdiL), vinculado à Confederazione Generale Italiana del Lavoro (CGIL), também voltado a representar o denominado precariado.[15]

Tais exemplos ilustram uma tendência mundial no sentido de expandir os sistemas de representação no universo do trabalho, criando novas possibilidades, para além dos tradicionais modelos de sindicato. A seguir, pretende-se demonstrar que, apesar de ainda se ter no Brasil um sistema aparelhado enfatizando a atuação sindical, seu ordenamento também abre espaço para outras possibilidades de representatividade, elas só precisam ser enxergadas e utilizadas.

[14] ANTUNES, Ricardo. *O Privilégio da Servidão*. 1. ed. São Paulo: Boitempo, 2018. p. 41.

[15] *Ibidem*. p. 41.

II A estrutura sindical e a representatividade no Brasil

No Brasil, o direito coletivo do trabalho pode ser compreendido sob diversas perspectivas, a depender do olhar doutrinário tomado como referência.

O cientista social Luiz Werneck Viana, por exemplo, considera o movimento operário como sendo distinto do sindical, na medida em que aquele detém a faculdade de agir por fora dos marcos institucionais previstos para a vida associativa operária. A partir disso, sugere que os critérios de periodização do movimento sindical devam conter o sistema de articulação-legal do movimento operário e sindical com a sociedade inclusiva e conclui pela existência de nove períodos históricos que contam a trajetória dessas mobilizações.[16]

Busca-se aqui, no entanto, estabelecer um panorama atual, e não histórico, do que se entende por representatividade de trabalhadores no Brasil, além de apresentar a sua estrutura sindical.

Quando se pensa em representatividade, um dos conceitos que vem à cabeça é o sindicato. No entanto, as múltiplas possibilidades do ordenamento jurídico-legal brasileiro não devem ser reduzidas a este único tipo de entidade. O sindicato é apenas um tipo de representação coletiva. Expandindo essa barreira, encontramos os conselhos profissionais, autarquias criadas por lei para defender os interesses dos profissionais de determinado ramo, as representações coletivas processuais na tutela dos direitos, difusos, coletivos e individuais homogêneos, assim como outros tipos de associação que não se enquadram nos padrões dos sindicatos.

Os sindicatos brasileiros têm natureza jurídica de associação civil, sendo pessoas jurídicas privadas, sem fins lucrativos. Em regra, se organizam por categorias,[17] e não por profissão, com algumas exceções.

---

[16] VIANA, Luiz Wenerk. *Liberalismo e Sindicato no Brasil*. Rio de Janeiro: Paz e Terra, 1978. p. 37.

[17] O conceito de categoria pode ser extraído dos artigos 511 e 513 da CLT. Confira-se:
Art. 511. É lícita a associação para fins de estudo, defesa e coordenação dos seus interesses econômicos ou profissionais de todos os que, como empregadores, empregados, agentes ou trabalhadores autônomos ou profissionais liberais exerçam, respectivamente, a mesma atividade ou profissão ou atividades ou profissões similares ou conexas.
§1º A solidariedade de interesses econômicos dos que empreendem atividades idênticas, similares ou conexas, constitui o vínculo social básico que se denomina categoria econômica.
§2º A similitude de condições de vida oriunda da profissão ou trabalho em comum, em situação de emprego na mesma atividade econômica ou em atividades econômicas similares ou conexas, compõe a expressão social elementar compreendida como categoria profissional.
§3º Categoria profissional diferenciada é a que se forma dos empregados que exerçam profissões ou funções diferenciadas por força de estatuto profissional especial ou em consequência de condições de vida singulares. (Vide Lei nº 12.998, de 2014)

Aliás, em relação à estrutura sindical brasileira, inicialmente, a própria Consolidação das Leis do Trabalho (CLT) enuncia, didaticamente, o conceito legal de sindicato. Confira-se a redação de seu artigo 511, *caput*:

> Art. 511. É lícita a associação para fins de estudo, defesa e coordenação dos seus interesses econômicos ou profissionais de todos os que, como empregadores, empregados, agentes ou trabalhadores autônomos ou profissionais liberais exerçam, respectivamente, a mesma atividade ou profissão ou atividades ou profissões similares ou conexas.

Na doutrina, sobre o tema, leciona Mauricio Godinho Delgado:

> Sindicatos são entidades associativas permanentes, que representam trabalhadores vinculados por laços profissionais e laborativos comuns, visando tratar de problemas coletivos das respectivas bases representadas, defendendo seus interesses trabalhistas e conexos, com o objetivo de lhes alcançar melhores condições de labor e vida.[18]

No Brasil, os sindicatos podem ser obreiros, representando os interesses dos trabalhadores, ou patronais, quando constituídos para espelhar o ponto de vista empresarial. Os sindicatos dos empregados poderão negociar tanto com os sindicatos patronais (celebrando convenções coletivas) ou diretamente com as empresas (celebrando acordos coletivos), conforme dispõe o artigo 611, *caput* e §1º, da CLT,[19] respectivamente.

---

§4º Os limites de identidade, similaridade ou conexidade fixam as dimensões dentro das quais a categoria econômica ou profissional é homogênea e a associação é natural.
Art. 513. São prerrogativas dos sindicatos:
a) representar, perante as autoridades administrativas e judiciárias os interesses gerais da respectiva categoria ou profissão liberal ou interesses individuais dos associados relativos á atividade ou profissão exercida;
b) celebrar contratos coletivos de trabalho;
c) eleger ou designar os representantes da respectiva categoria ou profissão liberal;
d) colaborar com o Estado, como órgãos técnicos e consultivos, no estudo e solução dos problemas que se relacionam com a respectiva categoria ou profissão liberal;
e) impor contribuições a todos aqueles que participam das categorias econômicas ou profissionais ou das profissões liberais representadas.
Parágrafo Único. Os sindicatos de empregados terão, outrossim, a prerrogativa de fundar e manter agências de colocação.

[18] DELGADO, Mauricio Godinho. *Curso de Direito do Trabalho*. 9. ed. São Paulo: LTr, 2010. p. 1233.

[19] Art. 611 – Convenção Coletiva de Trabalho é o acôrdo de caráter normativo, pelo qual dois ou mais Sindicatos representativos de categorias econômicas e profissionais estipulam

Em relação à representatividade dos sindicatos, destaca-se que o entendimento que prevalece na doutrina[20] é de que a unicidade sindical vigora, implacável, no Brasil desde 1930, em detrimento da pluralidade sindical. A opção pela unicidade significa, em tese, a obrigação de haver apenas um sindicato representativo para cada obreiro, seja por empresa, seja por profissão ou categoria profissional.[21]

No Brasil, portanto, segundo a doutrina majoritária, imperaria o chamado paralelismo simétrico sindical, módulo que exige a correspondência entre a classe trabalhadora e a empresarial, de modo que, para cada sindicato representativo da categoria profissional, deve existir um sindicato representativo da categoria econômica correspondente.

A Constituição de 1988, segundo Mauricio Godinho Delgado, iniciou a transição para a democratização do sistema sindical brasileiro, todavia não logrou êxito em concluí-la. De toda sorte, destacam-se alguns dos avanços conquistados: (i) afastamento da possibilidade jurídica de intervenção e interferências político-administrativas do Estado, por meio do Ministério do Trabalho (artigo 8º, I, CF/88); (ii) reforço do papel dos sindicatos na defesa dos direitos e interesses coletivos ou individuais da categoria, inclusive em questões judiciais e administrativas (art. 8º, III, CF/88); e (iii) alargamento dos poderes da negociação coletiva trabalhista, sempre sob o manto da participação sindical obreira (art. 8º, VI; art. 7º, VI, XIII, XIV e XXVI, CF/88).

Por outro lado, a Constituição de 1988 teria mantido a unicidade sindical (art. 8º, II, CF/88), bem como preservado o sistema de financiamento compulsório dos sindicatos.[22]

Para Antonio Carlos Aguiar, a liberdade sindical no Brasil continua a ser compreendida como uma liberdade sindical condicionada,

---

condições de trabalho aplicáveis, no âmbito das respectivas representações, às relações individuais de trabalho. (Redação dada pelo Decreto-lei nº 229, de 28.2.1967)

§1º É facultado aos Sindicatos representativos de categorias profissionais celebrar Acordos Coletivos com uma ou mais emprêsas da correspondente categoria econômica, que estipulem condições de trabalho, aplicáveis no âmbito da emprêsa ou das acordantes respectivas relações de trabalho. (Redação dada pelo Decreto-lei nº 229, de 28.2.1967)

§2º As Federações e, na falta desta, as Confederações representativas de categorias econômicas ou profissionais poderão celebrar convenções coletivas de trabalho para reger as relações das categorias a elas vinculadas, inorganizadas em Sindicatos, no âmbito de suas representações.

20 Compartilham da ideia de que a unicidade sindical impera no Brasil autores como Mauricio Godinho Delgado, Ives Gandra e Vólia Bomfim Cassar.

21 DELGADO, Mauricio Godinho. *Curso de Direito do Trabalho*. 9. ed. São Paulo: LTr, 2010. p. 1238.

22 DELGADO, Mauricio Godinho. *Curso de Direito do Trabalho*. 9. ed. São Paulo: LTr, 2010. p. 1240.

com fundamento na interpretação de que, segundo o artigo 8º, inciso II, da Constituição Federal, ainda persistiria a unicidade sindical.[23] Para ele, no entanto, o sistema constitucional garante uma liberdade sindical plúrima e completa e a unicidade sindical seria, na verdade, um mito. Nesse sentido, argumenta:

> O atual estágio democrático (...) não abre brechas a esse tipo de cidadania regulada. Sua base constitucional de formação finca-se em princípios que norteiam a cidadania plena. Por isso mesmo, impõe uma liberdade de escolha que atravessa essa limitação corporativista tradicional, propiciando que, numa mesma base geoespacial, formem-se organizações livres e concorrentes entre si. Permite que se multipliquem grupos antagônicos ao "sindicato-oficial-estatal" (corporativismo-confederativo). Não existem estágios anteriores (fases de pré-cidadania, antes de se chegar ao ápice do conceito de cidadão) para exercício dessa liberdade. A possibilidade de convivência democrática e concorrencial é inerente ao sistema constitucional. Não há como fatiar-se negativamente esse entendimento. A completude sistêmica e a necessária abrangência agasalham as diferenças na (e da) diversidade, desenvolvendo a plenitude da cidadania, por meio da transversalidade constitucional composta de princípios e direitos fundamentais.[24]

Portanto, segundo Antonio Carlos Aguiar, a unicidade sindical seria contrária à liberdade sindical e à manutenção dos sindicatos oficiais não inibiria a presença dos sindicatos "livres", uma vez que, no Brasil, incontestável a presença dos requisitos intrínsecos à caracterização e implementação da liberdade sindical.

Em outras palavras: a liberdade sindical tem sentido amplo em nosso ordenamento, de modo a abarcar a coexistência dos sindicatos oficiais (presos pela amálgama estatal de divisão por categorias e contribuição obrigatória) e daqueles não oficiais ou livres (que obrigatoriamente serão sustentados por seus respectivos membros ou idealizadores, sem qualquer limitação geoterritorial ou corporativista por categorias ou outro modo limitativo semelhante).

Em relação aos instrumentos coletivos a serem negociados pelos sindicatos livres, Antonio Carlos Aguiar explica:

---

23 AGUIAR, Antonio Carlos. *Unicidade Sindical no Brasil*: Mito ou Realidade? São Paulo: Quartier Latin, 2017. P. 117.

24 *Ibidem*. p. 191.

> As negociações coletivas são celebradas com efeito *erga omnes* pelo sindicato que detém a representação oficial nos moldes atualmente executados, ou, então, com fulcro no princípio da autonomia da vontade coletiva privada e no livre direito de escolha, que consubstancia a possibilidade de autodeterminação das condições de trabalho pelos reais interessados, em moldes uniformes e para um conjunto de trabalhadores, pelos sindicatos livres, que poderão ser chamados de acordos coletivos atípicos.[25]

Apesar de minoritário o entendimento deste autor, suas ideias têm respaldo no ordenamento jurídico brasileiro e parecem mais acertadas do que as tradicionais afirmações no sentido de que a unicidade sindical imperaria no país, condicionando a liberdade de associação dos cidadãos.

Equivocada, portanto, a concepção de que apenas os sindicatos oficiais seriam associações legitimadas para transacionar direitos trabalhistas.

III A natureza jurídica das associações

A liberdade de associação encontra-se positivada na Constituição Federal de 1988, em seu artigo 5º, inciso XVII:

> XVII – é plena a liberdade de associação para fins lícitos, vedada a de caráter paramilitar;

O Código Civil de 2002 (Lei nº 10.406/2002), por sua vez, elenca, em seu artigo 44, as entidades reconhecidas como pessoas jurídicas pelo ordenamento brasileiro. Assim dispõe a norma:

> Art. 44 – São pessoas jurídicas de direito privado: (Art. 16 CC Lei 3.071/16)
> I – as associações; (...)

Ainda, conforme prevê o artigo 53 do Código Civil, "constituem-se as associações pela união de pessoas que se organizem para fins não econômicos" e, em seu parágrafo único, afirma-se que "não há, entre os associados, direitos e obrigações recíprocos".

As associações privadas são criadas, portanto, "pela reunião de pessoas para a consecução de atividades não econômicas (art. 53

[25] AGUIAR, Antonio Carlos. *Unicidade Sindical no Brasil*: Mito ou Realidade? São Paulo: Quartier Latin, 2017. p. 211.

do Código). Exemplos bem corriqueiros são as associações atléticas, estudantis, de bairro, educacionais, de classe etc.".[26]

Ressalte-se que as associações somente são consideradas constituídas a partir do registro do respectivo estatuto no ofício do Registro Civil das Pessoas Jurídicas ou, na falta deste, no ofício do Registro de Títulos e Documentos, conforme o artigo 2º, II, da Lei de Registros Públicos.

Conforme já explicado, os sindicatos têm natureza jurídica de associação privada, não obstante recebam tratamento extenso e diferenciado. Apesar de não serem mais controlados pelo Estado,[27] os sindicatos estão sujeitos a uma série de amarras, condicionados tanto pela Constituição Federal quanto pela legislação trabalhista. As associações civis, por outro lado, não possuem todas as garantias e prerrogativas conferidas aos sindicatos, mas também não estão sujeitas à rigidez das normas aplicáveis a estes.

Uma associação de desempregados, por exemplo, não se enquadraria nos parâmetros desenhados de uma estrutura sindical. Aliás, seria até estranho cogitar sindicato oficial de desempregados. Eles negociariam o quê? Com quem? Uma associação não sindical, neste caso, seria útil, ostentando maior interesse de união de esforços em proveito de uma coletividade identificada.

IV Os indicadores da reforma trabalhista

Em 2017, observou-se a modificação de mais de cem dispositivos da CLT, de forma rápida, pouco discutida e bastante criticada, fenômeno ocorrido a partir da promulgação da Lei nº 13.467/17, conhecida como Reforma Trabalhista.

As alterações no direito coletivo provocadas pelo legislador impactaram, por exemplo, no sistema de financiamento dos sindicatos e

---

[26] DONIZETTI, Elpídio; QUINTELLA, Felipe. *Curso Didático de Direito Civil*. São Paulo: Atlas, 2012. p. 75.

[27] Quando o Ministério do Trabalho foi criado no Brasil, os sindicatos passaram as ser controlados por ele. Assim, retirou-se do mercado o conflito entre o capital e o trabalho, já que os sindicatos eram quase como que órgãos do próprio Estado. Hoje, os sindicatos não estão sujeitos à autorização do Estado para funcionarem, conforme dispõe o artigo 8º, inciso I, da Constituição Federal: "Art. 8º É livre a associação profissional ou sindical, observado o seguinte: I – a lei não poderá exigir autorização do Estado para a fundação de sindicato, ressalvado o registro no órgão competente, vedadas ao Poder Público a interferência e a intervenção na organização sindical;".

no grau de interferência do Estado nas negociações coletivas, ao conferir maior autonomia às entidades sindicais para transacionar.

Em relação ao financiamento dos sindicatos, a principal receita das entidades representativas, cuja obrigatoriedade encontrava previsão no antigo artigo 545 da CLT,[28] restou reduzida a pó pela Lei nº 13.467/17. A modificação deste dispositivo sucumbiu à compulsoriedade das contribuições em questão. Confira-se, com destaques:

> Art. 545. Os empregadores ficam obrigados a descontar da folha de pagamento dos seus empregados, *desde que por eles devidamente autorizados*, as contribuições devidas ao sindicato, quando por este notificados (Redação dada pela Lei nº 13.467, de 2017)
> Parágrafo único. O recolhimento à entidade sindical beneficiária do importe descontado deverá ser realizado até o décimo dia subsequente ao do desconto, sob pena de juros de mora no valor de dez por cento sobre o montante retido, sem prejuízo da aplicação da multa prevista no inciso I do caput do art. 634-A e das cominações penais relativas à apropriação indébita. (Redação dada pela Medida Provisória nº 905, de 2019)

Na nova sistemática, portanto, a contribuição sindical apenas será descontada da folha de pagamento pelo empregador se autorizada expressamente pelo empregado. Ou seja, o empregado decidirá, tal como jamais se deu, se deseja ou não contribuir para o sindicato representante de sua categoria.

A alteração destacada provocou grandes discussões na doutrina e na jurisprudência, sobretudo no tocante à possibilidade de o legislador extinguir a compulsoriedade da principal fonte de custeio dos sindicatos.

Nesse contexto, a Ação Direta de Inconstitucionalidade (ADI) nº 5.794[29] questionava, justamente, o fim da mencionada obrigação. Além desta, outras 18 ADIs tratavam do mesmo tema.

---

[28] Art. 545. Os empregadores ficam obrigados a descontar na folha de pagamento dos seus empregados, desde que por eles devidamente autorizados, as contribuições devidas ao Sindicato, quando por este notificados, salvo quanto à contribuição sindical, cujo desconto independe dessas formalidades.

[29] "A ADI 5794 foi ajuizada pela Confederação Nacional dos Trabalhadores em Transporte Aquaviário e Aéreo, na Pesca e nos Portos (CONTTMAF). O objeto de contestação é o artigo 1º da Lei 13.467/2017 (Reforma Trabalhista), que deu nova redação aos artigos 545, 578, 579, 582, 583, 587 e 602 da Consolidação das Leis do Trabalho (CLT) para condicionar o recolhimento da contribuição sindical à expressa autorização dos trabalhadores. O julgamento se estende às demais ADIs que pedem o reconhecimento da inconstitucionalidade do dispositivo e, ainda, à Ação Declaratória de Constitucionalidade (ADC) 55, em que a Associação Brasileira de Emissoras de Rádio e TV (Abert) defende a validade da alteração

O Supremo Tribunal Federal concluiu o julgamento da ADI nº 5.794 em 29 de junho de 2018 e, por 6 votos a 3, decidiu pela constitucionalidade do fim da obrigatoriedade da contribuição sindical. A Corte sintetizou seu entendimento na seguinte ementa, com destaques:

> Direito Constitucional e Trabalhista. Reforma Trabalhista. Facultatividade da Contribuição Sindical. Constitucionalidade. Inexigência de Lei Complementar. Desnecessidade de lei específica. Inexistência de ofensa à isonomia tributária (Art. 150, II, da CRFB). Compulsoriedade da contribuição sindical não prevista na Constituição (artigos 8º, IV, e 149 da CRFB).
> (...) *4. A Lei nº 13.467/2017 emprega critério homogêneo e igualitário ao exigir prévia e expressa anuência de todo e qualquer trabalhador para o desconto da contribuição sindical, ao mesmo tempo em que suprime a natureza tributária da contribuição, seja em relação aos sindicalizados, seja quanto aos demais, motivos pelos quais não há qualquer violação ao princípio da isonomia tributária (art. 150, II, da Constituição), até porque não há que se invocar uma limitação ao poder de tributar para prejudicar o contribuinte, expandindo o alcance do tributo, como suporte à pretensão de que os empregados não-sindicalizados sejam obrigados a pagar a contribuição sindical.* (...) *6. A supressão do caráter compulsório das contribuições sindicais não vulnera o princípio constitucional da autonomia da organização sindical, previsto no art. 8º, I, da Carta Magna, nem configura retrocesso social e violação aos direitos básicos de proteção ao trabalhador insculpidos nos artigos 1º, III e IV, 5º, XXXV, LV e LXXIV, 6º e 7º da Constituição. 7. A legislação em apreço tem por objetivo combater o problema da proliferação excessiva de organizações sindicais no Brasil,* tendo sido apontado na exposição de motivos do substitutivo ao Projeto de Lei nº 6.787/2016, que deu origem à lei ora impugnada, que o país possuía, até março de 2017, 11.326 sindicatos de trabalhadores e 5.186 sindicatos de empregadores, segundo dados obtidos no Cadastro Nacional de Entidades Sindicais do Ministério do Trabalho, sendo que, somente no ano de 2016, a arrecadação da contribuição sindical alcançou a cifra de R$ 3,96 bilhões de reais. *8. O legislador democrático constatou que a contribuição compulsória gerava uma oferta excessiva e artificial de organizações sindicais, configurando uma perda social em detrimento dos trabalhadores, porquanto não apenas uma parcela dos vencimentos dos empregados era transferida para entidades sobre as quais eles possuíam pouca ou nenhuma ingerência, como também o número estratosférico de sindicatos não se traduzia em um correspondente aumento do bem-estar da categoria. 9. A garantia de uma fonte*

legislativa". Trecho retirado da notícia "STF prossegue nesta sexta-feira (29) julgamento sobre fim da obrigatoriedade da contribuição sindical" disponível no sítio oficial do Supremo Tribunal Federal: http://portal.stf.jus.br/noticias/verNoticiaDetalhe.asp?idConteudo=382756, publicada em 28.06.2018 e consultada em 06.01.2019.

de custeio, independentemente de resultados, cria incentivos perversos para uma atuação dos sindicatos fraca e descompromissada com os anseios dos empregados, de modo que a Lei nº 13.467/2017 tem por escopo o fortalecimento e a eficiência das entidades sindicais, que passam a ser orientadas pela necessidade de perseguir os reais interesses dos trabalhadores, a fim de atraírem cada vez mais filiados. (...) (ADI 5794, Relator(a): Min. EDSON FACHIN, Relator(a) p/ Acórdão: Min. LUIZ FUX, Tribunal Pleno, julgado em 29.06.2018, PROCESSO ELETRÔNICO *DJe*-083 DIVULG 22.04.2019 PUBLIC 23.04.2019)

Em verdade, ao que parece, o fim da contribuição sindical obrigatória foi parte de um primeiro movimento de reforma do sistema sindical brasileiro que caminha, aos poucos, para uma segunda fase.

Em 09.10.2019, o Deputado Federal Marcelo Ramos, do PL/AM, apresentou a Proposta de Emenda à Constituição (PEC) nº 161/2019, que dá nova redação ao artigo 8º da Constituição Federal e altera o Ato das Disposições Constitucionais Transitórias. A PEC em questão altera a atuação sindical no Brasil e cria o Conselho Nacional de Organização Sindical (CNOS), com participação paritária de trabalhadores e de empregadores.[30] Na referida Proposta, o *caput* do artigo 8º da Constituição Federal passaria a dispor que "É assegurada a plena liberdade sindical, observado o seguinte". O objetivo, com essa modificação, seria sepultar a suposta unicidade sindical que, de acordo com a doutrina majoritária, ainda prepondera no Brasil.

Destaca-se, também, que, em setembro de 2018, o Ministério da Economia criou o chamado Grupo de Altos Estudos do Trabalho (Gaet),[31] que busca discutir as questões trabalhistas do Brasil relacionadas tanto ao mercado de trabalho como também à sua legislação. Uma das questões que vem sendo debatida consiste, justamente, no fim da unicidade sindical.

V Os acordos coletivos atípicos

Em tese, apenas sindicatos oficiais poderiam celebrar convenções e acordos coletivos (artigo 8º, inciso IV, CF/88). No entanto, conforme se sustenta, o ordenamento brasileiro agasalha a liberdade sindical

---

[30] Informações disponíveis no sítio oficial da Câmara dos Deputados, por meio do link https://www.camara.leg.br/proposicoesWeb/fichadetramitacao?idProposicao=2224476. Acesso em: 10 jan. 2020.

[31] DISERÓ, Bruna. Ministério da Economia propõe fim da regra de unicidade sindical. https://jornal.usp.br/atualidades/ministerio-da-economia-propoe-fim-da-regra-de-unicidade-sindical/. Publicado em 17.09.2019. Acesso em: 9 jan. 2020.

mais ampla, de modo que, na realidade, não existiria monopólio real pelos sindicatos das negociações coletivas. A pergunta que surge, em seguida, é via qual instrumento contratual esses "não sindicatos" (ou sindicatos não oficiais) poderiam negociar? A resposta é simples: acordos coletivos atípicos.

Retomando-se o raciocínio de Antonio Carlos Aguiar: ao mesmo tempo em que a CF/88 afirma a exclusividade da negociação, também prevê a liberdade sindical, sendo certo que a compatibilização desses valores identifica-se, justamente, pela aceitação dos acordos atípicos.

Liberdade sindical significaria, portanto, a possibilidade de existirem novos sujeitos da organização sindical brasileira, diferentes de sindicatos, federações e confederações. Sobre o acordo coletivo atípico, explica o autor:

> Essa denominação (acordo coletivo atípico) proveniente de uma negociação coletiva atípica subjaz uma prática de fixação de condições de trabalho de um modo uniforme para um determinado conjunto de trabalhadores, caracterizando-se por quatro pontos essenciais: a) desenvolvimentista: prática que envolve um processo negocial que se aproxima da negociação conducente à celebração de um acordo coletivo, tal como, regra geral, que aproveita os sindicatos ditos oficiais; b) substancial. O conteúdo se assemelha àquele da negociação tradicional, contendo cláusulas relativas a direitos e deveres das partes outorgantes e sobre condições específicas de um determinado universo de trabalhadores; c) eficácia. O acordo coletivo atípico impõe-se às partes, nos termos gerais; d) perspectiva subjetiva. A negociação coletiva atípica e o acordo dela resultante serão protagonizados por um empregador (ou mais de um) e por representantes dos trabalhadores associados do sindicato livre.[32]

O acordo coletivo atípico será um negócio jurídico em que se pactuarão direitos trabalhistas, devendo-se respeitar os parâmetros estabelecidos no Código Civil (artigos 104 a 184).

A vantagem das associações não sindicais (incluindo-se os "sindicatos livres" referidos por Antonio Carlos Aguiar) é que estas poderão reunir pessoas de uma só categoria ou de várias, representando seus associados em juízo, com amplo usufruto das prerrogativas concedidas a esses tipos de organizações.

A lusitana Maria do Rosário Palma Ramalho, em sua obra publicada em 2009, "Negociação Coletiva Atípica", trata justamente

---

[32] AGUIAR, Antonio Carlos. *Unicidade Sindical no Brasil:* Mito ou Realidade? São Paulo: Quartier Latin, 2017. p. 211.

deste tema, que emerge no Direito do Trabalho, vindo à margem do sistema normativo na maioria dos países. Em sua perspectiva, os acordos coletivos atípicos seriam celebrados entre as empresas e os representantes de trabalhadores, não estando previstos no Código de Trabalho ou na Constituição portuguesa.

Cláudio Freitas[33] dialoga com a temática desenhada pela lusitana, suscitando os seguintes questionamentos acerca do acordo coletivo atípico:

> A questão que se discute é saber, então, se (i) essa modalidade de negociação sem a participação sindical somente vai surgir de maneira subsidiária, ou seja, quando os entes sindicais se negarem a entabular a negociação coletiva e, consequentemente, (ii) se essa negociação pode ser reconhecida dentro de uma nova categoria, ante o aparente monopólio sindical (artigo 8º, VI da CRFB/88).

O autor conclui, acertadamente, que a resposta à primeira pergunta seria negativa e, à segunda, positiva. Afirma, então:

> Dessa forma, é plenamente viável, ao nosso sentir, que sejam reconhecidos os negócios jurídicos atípicos celebrados entre associações de empregados (independentemente se na forma das comissões de representantes de empregados especificamente do artigo 11 da CRFB/88 e dos artigos 510-A ao 510-D da CLT, já que inúmeras são as sociedades empresárias com menos de duzentos empregados) e empregadores, mas nesse caso tendo como embasamento o artigo 104 do Código Civil para apuração de sua validade.
> Ou seja, teremos um negócio jurídico não classificado dentro dos moldes de negociação coletiva trabalhista (face ao monopólio sindical), mas que não possui qualquer vedação legal, desde que respeitados os requisitos legais civis mínimos.

De fato, tais negócios jurídicos devem ser reconhecidos no ordenamento jurídico brasileiro. Ressalvando-se o entendimento do referido autor de que a tese decorreria da premissa do monopólio sindical. Isso porque, conforme já esclarecido, a exclusividade sindical para negociação coletiva é irreal. A negociação coletiva realizada pelas associações não sindicais é permitida no Brasil, encontrando respaldo

---

33 FREITAS, Cláudio. A negociação coletiva atípica como novo horizonte da Reforma Trabalhista. *JOTA*. https://www.jota.info/opiniao-e-analise/colunas/pensando-direito/a-negociacao-coletiva-atipica-como-novo-horizonte-da-reforma-trabalhista-08112018#sdfootnote4sym. Publicado em 08.11.2018. Acesso em: 9 jan. 2020.

na Constituição Federal de 1988 e no artigo 2º da Convenção nº 154 da OIT, ratificada pelo Brasil.

VI A natureza contratual dos acordos atípicos e a delimitação do conteúdo e alcance

Partindo- se da premissa de que os contratos atípicos seriam a melhor alternativa para que as coletividades não sindicais se fizessem representar em conjunto, restaria somente saber: (i) o que poderia ser negociado por essas associações, ou seja, faz-se necessário delimitar o conteúdo dos contratos firmados; e (ii) quem seria alcançado por esses contratos.

Oportuno pontuar, de início, alguns aspectos que distinguem os contratos civis dos trabalhistas.

A natureza jurídica do Direito do Trabalho sempre foi motivo de controvérsia, mas, hoje, finalmente, parece preponderar o entendimento de que este se trata de um ramo do Direito privado. Isso fica evidente, sobretudo, quando se analisa os institutos básicos do Direito do Trabalho, como os contratos laborais, claramente inseridos em um contexto da esfera privada.

Nesse sentido, em tese, os sindicatos negociariam instrumentos coletivos (contratos e acordos) cuja natureza jurídica corresponde à de um contrato emoldurado pelas regras gerais do Código Civil. No entanto, por estarem inseridos no ramo do Direito do Trabalho, a eles foi atribuída uma série de efeitos e garantias a mais.

Na prática, fica claro o quanto se afirma, por exemplo, quando se analisa o alcance dos contratos, que, no Direito Civil, atingiriam somente os contraentes, mas no Direito do Trabalho coletivo produzirão efeitos *ultra partes*. Outro exemplo é o fato de que o artigo 619 da CLT determina expressamente que os instrumentos coletivos prevalecerão sobre os contratos individuais, enquanto o Direito Civil se omite sobre critérios excepcionais de solução de antinomias.

No caso dos acordos coletivos atípicos, portanto, estes serão regidos pelas regras gerais do Código Civil acerca dos negócios jurídicos, ou seja, somente não serão aplicados a eles os efeitos e garantias extras que o Direito do Trabalho atribui aos seus tradicionais instrumentos coletivos.

A primeira conclusão que disso decorre é que, conforme artigo 104 do Código Civil, para que o acordo coletivo atípico seja considerado válido, demandar-se-á a presença dos seguintes requisitos: (i) agente capaz; (ii) objeto lícito, possível, determinado ou determinável; e (iii) forma prescrita ou não defesa em lei.

Uma segunda observação pertinente é que os acordos coletivos atípicos não prevalecerão sobre a lei em nenhuma hipótese, sendo a eles inaplicável o artigo 611-A da CLT. Da mesma forma, inaplicáveis as proibições de possibilidade de negociação previstas no art. 611-B da CLT.

Em relação à abrangência, os acordos coletivos atípicos atingirão apenas os contraentes. Considerando que estes serão celebrados por associações não sindicais, os efeitos deste contrato atingirão tão somente os seus respectivos associados.

VII Vantagens práticas e caminhos para o alcance da tutela estatal em espaço não regulamentado a despeito da fusão capital trabalho

Há de se reconhecer que o cenário de possibilidades refletido neste artigo não está alinhado com o senso comum ou com o que preponderou até hoje na doutrina sobre o direito coletivo laboral.

A questão é que existe uma necessidade de ressignificação do Direito do Trabalho, motivada sobretudo pela incompatibilidade do modelo rígido de relações de emprego com as novas tecnologias e com as novas formas de trabalho delas decorrentes, e isso faz com que também haja uma demanda de novos fluxos de ideias que sejam capazes de não só reconhecer novas categorias, novas profissões, novas prestações de serviço, mas que também deem conta de elaborar mecanismos de proteção dessas pessoas. O Estado não pode estar alienado da realidade de tantos brasileiros trabalhadores não envolvidos no modelo clássico de vínculo empregatício.

O que se observa, atualmente, é uma verdadeira proliferação de novas formas de trabalho que se encontram totalmente desprotegidas em termos de garantia de direitos trabalhistas, única e exclusivamente em razão de não se adequarem aos padrões definidos para as relações de emprego.

O resultado é o pior de todos: foca-se na discussão doutrinário-ideológica sobre a ampliação ou não do conceito de relação de emprego, sem que sejam editadas normas protetivas de trabalhadores não empregados, enquanto os sujeitos que protagonizam esses novéis módulos de trabalho permanecem desamparados pela legislação, maioria das vezes laborando em condições precárias e inseguras.

Ou seja, o ordenamento jurídico brasileiro, praticamente, regulamenta e protege apenas aqueles trabalhadores inseridos em uma relação de trabalho. Para estes, toda a proteção. Para os demais, praticamente zero.

Mas esse "oito ou oitenta" não existe em todo lugar.

A Recomendação da OIT nº 198,[34] de 2006, apesar de *soft law*, promove amplo cumprimento e aplicação efetiva da regulação de proteção ao trabalho, independentemente do modelo vivenciado.

Na União Europeia, o Tratado de Lisboa[35] de 2004 recomenda que os Estados-Membros melhorem a performance econômica através da flexibilização das políticas em relação ao mercado de trabalho e da modernização das políticas sociais. É a evolução do sistema do *Welfare*, baseado, principalmente, na assistência social, tendo como principal característica o incentivo de políticas ativas e passivas no mercado de trabalho.

Via de regra, as políticas de flexissegurança têm por objetivo a maior inclusão das pessoas no mercado de trabalho independentemente do modelo de contratação que consigam conquistar, melhor proteção social, aumento da capacidade de adaptação dos trabalhadores, melhor educação e formação profissional, partindo-se da premissa intuitiva de maior flexibilidade dos mercados de trabalho.

A ideia de flexissegurança perpassa pelo reconhecimento da necessidade de uma forma de proteção macroeconômica dos interesses do empregador, que necessita de mão de obra mais flexível e menor rigidez legal para aumentar a competitividade, sem voltar as costas para o empregado, que merece proteção social quanto a emprego e renda.

Em suma, as principais características da flexissegurança podem ser apontadas como (i) normas trabalhistas modernas com disposições contratuais flexíveis; (ii) estratégias globais de aprendizagem permanente para propiciar empregabilidade, especialmente para os menos qualificados; (iii) *lifelonglearning*; (iv) políticas eficazes que diminuam os períodos de inatividade e facilitem o acesso a novos postos de trabalho; (v) sistemas de seguridade social modernos que estimulem o emprego e a conciliação do trabalho com as responsabilidades pessoais e familiares.

---

34 Disponível em: https://www.ilo.org/dyn/normlex/es/f?p=NORMLEXPUB:55:0::NO::P55_TYPE,P55_LANG,P55_DOCUMENT,P55_NODE:REC,es,R198,%2FDocument. Acesso em: 9 jan. 2020.

35 Disponível em: https://www.parlamento.pt/europa/Documents/Tratado_Versao_Consolidada.pdf. Acesso em: 9 jan. 2020.

O "Relatório Supiot"[36] confirmou a tendência ao desaparecimento ou transformação da subordinação fordista,[37] que sempre caracterizou a relação de emprego, o que significa admitir novos formatos que mereçam ser regulamentados.

Na União Europeia, os agentes comerciais, conforme a Diretiva nº 86/653/CEE,[38] têm proteção quanto ao pagamento da remuneração e indenização pela cessação do contrato. Aliás, o chamado "Livro Branco" da União Europeia[39] preconiza um estatuto dos trabalhadores aplicável a todas as formas de prestação de serviço, com ou sem subordinação.

No Direito francês, por exemplo, foi mitigada a tradicional presunção de existência de contrato de emprego, nos casos em que houver um tipo contratual expressamente escolhido pelas partes, nos termos do artigo 49 do Código do Trabalho, com a redação da Lei nº 126, de 11 de fevereiro de 1994.[40] A legislação nacional reconhece um tipo de trabalhador intermediário, entre o subordinado e o autônomo, ou seja, não verdadeiramente independente e nem assalariado, com sinais de debilidade contratual.

Na Espanha, a Lei nº 20,[41] de 11 de julho de 2007, trata de forma especial o trabalhador autônomo economicamente dependente. Enfatiza, na exposição de motivos, que, social e economicamente, o trabalhador autônomo das modernas economias é muito distinto. No passado, ele se dedicava a atividades de pequena rentabilidade, de reduzida dimensão, sem grande investimento, tais como agricultura, artesanato e pequeno comércio. Hoje, o perfil autônomo se destaca em países de elevado nível de renda, em atividades de alto valor agregado, como consequência de novas concepções de administração, da difusão da informática e das telecomunicações. Nesse contexto, a lei espanhola tem as seguintes linhas gerais, quais sejam, (i) reconhece expressamente o

---

[36] O chamado Relatório Supiot consiste em trabalho desenvolvido pelo francês Alain Supiot, Professor da Universidade de Nantes, em 1997, com o auxílio de oito outros estudiosos. O objetivo do trabalho foi propor um novo modelo de pensar as relações trabalhistas, abandonando a velha lógica estruturada em torno das relações de emprego tradicionais. Criar-se-ia, então, um modelo aplicável a toda e qualquer relação de trabalho.

[37] ROBORTELLA, Luiz Carlos Amorim. Novo Conceito de Proteção – Direitos Humanos no Trabalho. ANIMA: *Revista Eletrônica do Curso de Direito das Faculdades OPET*, Curitiba, ano IV, n. 9, jan./jun. 2013. p. 127.

[38] Disponível em: http://www.secola.org/db/3_80/pt-86-653-cee.pdf. Acesso em: 9 jan. 2020.

[39] Disponível em: https://ec.europa.eu/commission/sites/beta-political/files/livro_branco_sobre_o_futuro_da_europa_pt.pdf. Acesso em: 9 jan. 2020.

[40] Disponível em: https://www.legifrance.gouv.fr/affichCode.do?cidTexte=LEGITEXT000006072050. Acesso em: 9 jan. 2020.

[41] Disponível em: https://www.boe.es/buscar/pdf/2007/BOE-A-2007-13409-consolidado.pdf. Acesso em: 9 jan. 2020.

trabalhador autônomo que depende economicamente do tomador; (ii) garante direitos fundamentais como trabalho, livre-escolha de profissão, liberdade de iniciativa, propriedade intelectual, não discriminação, respeito à intimidade, proteção à saúde e à segurança, conciliação entre vida profissional, pessoal e familiar; (iii) conceitua o trabalhador dependente como aquele que recebe pelo menos 75% de sua receita de um só cliente, para o qual trabalha de forma habitual, pessoal, predominante e direta; (iv) assegura descanso anual de 18 dias. A regulamentação, portanto, concede um mínimo de proteção e, com isso, reduz os casos de fraude, além de oferecer ao tomador de serviço maior segurança jurídica.

A dificuldade de distinguir, na prática, o trabalhador subordinado e o autônomo fez surgir o parassubordinado, expressão cunhada na Itália, correspondente a *coordinated freelance worker*, *employee-like person*, quase *self-employedworker* ou trabalhador autônomo economicamente dependente. Nessa linha de pensamento, o Direito italiano admite o trabalho a projeto, para a realização de obra ou serviço determinado, em que o trabalhador, embora sujeito a regime próximo ao subordinado, não é protegido pela legislação trabalhista, estendendo-se-lhe apenas algumas garantias mínimas.

No início nos anos 2000, inclusive, iniciou-se importante período de reformas abrangentes de aspectos regulatórios das duas principais formas de trabalho flexíveis já existentes no ordenamento juslaboral italiano. Em primeiro lugar, o contrato *part-time*, por meio do Decreto Legislativo nº 368/01,[42] com promoção típica de políticas de *flexsecurity*. Logo em seguida, uma segunda reforma se deu pela Lei nº 92/2012,[43] a chamada Reforma Fornero.

Já na Inglaterra o Estado assegura direitos como não discriminação, saúde, segurança, salário-mínimo e negociação coletiva também aos trabalhadores autônomos economicamente frágeis. A autonomia, antes mero sinônimo de capacidade organizativa e poder econômico, apresenta outra face em Estados europeus, qual seja, a fragilidade econômica do trabalhador autônomo, que, na maior parte dos sistemas jurídicos, situa-se fora da legislação tutelar, que se volta apenas para os juridicamente subordinados, ou seja, os empregados.

---

[42] Disponível em: http://www.parlamento.it/parlam/leggi/deleghe/01368dl.htm. Acesso em: 9 jan. 2020.

[43] Disponível em: https://www.cliclavoro.gov.it/Normative/Legge_28_giugno_2012_n.92.pdf. Acesso em: 9 jan. 2020.

No Brasil, pouquíssimas leis regulamentam ou protegem trabalhadores sem vínculo empregatício. Em geral, tais normas afastam inclusive a competência da Justiça do Trabalho para o julgamento dos respectivos conflitos, não obstante o *caput* do artigo 114 da Constituição Federal.[44] São exemplos: a Lei nº 13.103/2015[45] (dispõe sobre o exercício da profissão de motorista), Lei nº 4.886/1965 (regula as atividades dos representantes comerciais autônomos), Lei nº 13.352/2016[46] (altera a Lei nº 12.592, de 18 de janeiro de 2012, para dispor sobre o contrato de parceria entre os profissionais que exercem as atividades de cabeleireiro, barbeiro, esteticista, manicure, pedicure, depilador e maquiador e pessoas jurídicas registradas como salão de beleza).

Neste contexto, retoma-se um dos elementos fundantes do Direito do Trabalho: a coletividade, pois é a partir dela e do que se extrai da legislação brasileira em termos de liberdade sindical, conforme os capítulos anteriores, que será possível proteger os não empregados.

A contratação de acordos coletivos atípicos, nesse contexto, pode ser uma solução extremamente relevante para pejotizados, autônomos, motoristas de aplicativos, trabalhadores que prestam serviços por meio de plataformas digitais, entre outros tantos por aí afora.

Os profissionais que prestam serviço nas referidas modalidades não têm negociado coletivamente e já passou do momento de começarem. Faz-se necessário que a ideia de identidade de grupo volte a prevalecer, deixando de lado o individualismo moderno, para que então a mobilização conjunta possa obter bons resultados para os trabalhadores. Os valores sociais do trabalho, é dizer, o trabalho digno, é fundamento máximo de nosso Estado democrático de direito, conforme anuncia o primeiro artigo de nossa Constituição.

Não podem os intérpretes amesquinhar princípio fundamental tão relevante.

Trabalho não é sinônimo de emprego, logo o Direito do Trabalho não deverá proteger somente empregados.

Sob essa perspectiva, é possível afirmar outra vantagem dos acordos coletivos atípicos, qual seja, ao ampliarem as negociações

---

44 Disponível em: http://www.planalto.gov.br/ccivil_03/constituicao/constituicao.htm. Acesso em: 9 jan. 2020.

45 Disponível em: http://www.planalto.gov.br/ccivil_03/_ato2015-2018/2015/lei/l13103.htm. Acesso em: 9 jan. 2020.

46 Disponível em: http://www.planalto.gov.br/ccivil_03/_Ato2015-2018/2016/Lei/L13352.htm. Acesso em: 9 jan. 2020.

coletivas, tais instrumentos reforçam a multiplicidade do Direito do Trabalho, ofuscando o dogma da relação de emprego.

Acredita-se que por meio dos acordos coletivos atípicos seria possível a neutralização da insegurança jurídica, bem como a prevenção de conflitos potenciais trabalhistas, já que os trabalhadores estariam negociando condições a eles mais favoráveis.

O tratamento isonômico, a transparência e a previsibilidade, por fim, integram a agenda positiva a qual pode ser concretizada, por exemplo, percorrendo-se o fluxograma a seguir:

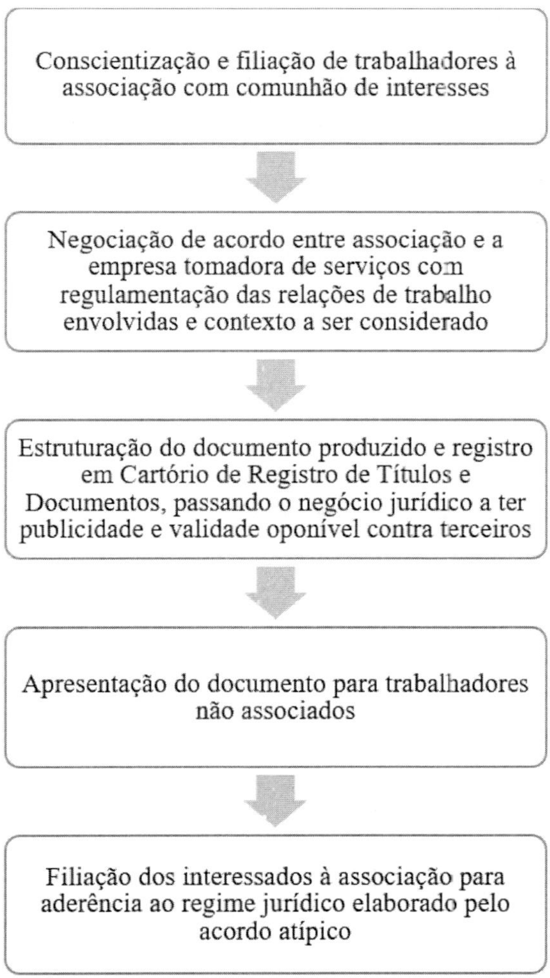

Conclusão

Observa-se, atualmente, que o sindicalismo vem perdendo espaço no universo laboral, na medida em que os trabalhadores se desapegam das tradicionais amarras das relações empregatícias, deixando-se de se enquadrar nas rígidas categorias e nas regras sindicais.

Trabalhadores sem vínculo trabalhista veem-se desamparados, sem saber como exercer pressão coletiva e transacionar direitos em conjunto com seus semelhantes.

Nesse sentido, há de se reconhecer que a Reforma Trabalhista deu início a um processo gradual de reformulação das bases sindicais brasileiras, a começar pelo desmantelamento do financiamento dessas entidades oficiais. Este processo parece seguir sendo parte da agenda do governo federal atual, que já anunciou pretender acabar com a suposta ainda existente unicidade sindical.

O que se pretendeu demonstrar neste artigo é que, na verdade, a referida unicidade não se sustenta, na medida em que o próprio ordenamento jurídico brasileiro permite outra possibilidade de representação coletiva de trabalhadores, diferentes dos sindicatos, qual seja, as associações não sindicais.

No Brasil, o direito de se associar, em seu sentido mais básico, encontra-se garantido na Constituição Federal de 1988. Associações não sindicais, moldadas com base neste permissivo, seriam a resposta de que os trabalhadores não empregados precisam para se fazerem representar coletivamente.

As referidas associações celebrariam acordos coletivos atípicos com as empresas, ou seja, espécie de negócio jurídico com idênticos efeitos de um contrato civil, porém regulamentando relações de trabalho sem vínculo empregatício.

O acordo coletivo atípico deverá respeitar os parâmetros estabelecidos no Código Civil (artigos 104 a 184). Nele, serão pactuados direitos e deveres sobre um universo específico de trabalhadores, sem as prerrogativas nem as amarras previstas para a negociação coletiva realizada pelos sindicatos.

As vantagens deste tipo de negociação são inúmeras, como, por exemplo, o amadurecimento das relações e trabalho, a conscientização da necessidade de regulamentação para além da redoma do vínculo empregatício, a tutela dos não empregados etc.

O que se observa, atualmente, é a total desproteção dos não empregados e apego aos sindicatos oficiais, que já não dão conta de exercer ampla e eficientemente a representatividade dos trabalhadores brasileiros.

Espera-se que as discussões acerca deste instrumento coletivo sejam cada vez mais aprofundadas, valorizando-se a autonomia da vontade das partes no Direito do Trabalho, sobretudo por ainda preponderar a resistência na regulamentação das novas relações laborais.

Referências

AGUIAR, Antonio Carlos. *Negociação Coletiva de Trabalho*. 2. ed. São Paulo: Saraiva Educação, 2018.

AGUIAR, Antonio Carlos. *Unicidade Sindical no Brasil*: Mito ou Realidade? São Paulo: Quartier Latin, 2017.

ANTUNES, Ricardo. *O Privilégio da Servidão*. 1. ed. São Paulo: Boitempo, 2018.

CASTELO, Jorge Pinheiro. *O Direito do Trabalho Líquido*: o negociado sobre o legislado, a terceirização e o contrato de curto prazo na sociedade líquida. São Paulo: Ltr, 2017.

DELGADO, Mauricio Godinho. *Curso de Direito do Trabalho*. 9. ed. São Paulo: LTr, 2010.

DONIZETTI, Elpídio; QUINTELLA, Felipe. *Curso Didático de Direito Civil*. São Paulo: Atlas, 2012.

FREITAS, Cláudio. A negociação coletiva atípica como novo horizonte da Reforma Trabalhista. *JOTA*. Disponível em: https://www.jota.info/opiniao-e-analise/colunas/pensando-direito/a-negociacao-coletiva-atipica-como-novo-horizonte-da-reforma-trabalhista-08112018#sdfootnote4sym. Publicado em 08.11.2018. Acesso em: 9 jan. 2020.

SUPIOT, Alain. O *Espírito de Filadélfia*: a justiça social diante do mercado total. Traduzido por Tânia do Valle Tschiedel. Porto Alegre: Sulina, 2014.

VIANA, Luiz Wenerk. *Liberalismo e Sindicato no Brasil*. Rio de Janeiro: Paz e Terra, 1978.

Informação bibliográfica deste texto, conforme a NBR 6023:2018 da Associação Brasileira de Normas Técnicas (ABNT):

TUPINAMBÁ, Carolina; NOVELLINO, Marina. Relações de trabalho atípicas: contratos atípicos entre associações civis e empresas tomadoras. *In*: TUPINAMBÁ, Carolina (Coord.). *As novas relações trabalhistas e o futuro do Direito do Trabalho:* as novidades provenientes da globalização, de influxos do Direito comparado e da internacionalização de contratos laborais. Belo Horizonte: Fórum, 2021. (Coleção Fórum As novas relações trabalhistas e o futuro do direito do trabalho. Tomo IV.) p. 197-227. ISBN 978-65-5518-223-1.

LAS CONDICIONES DE TRABAJO FRENTE A LA TRASFORMACIÓN DIGITAL: LA PROTECCIÓN DE DATOS

MARÍA ASUNCIÓN LÓPEZ ARRANZ

1 Introducción

La trasformación digital que se está produciendo en los mercados de trabajo ha venido de la mano de la innovación tecnológica. Estas innovaciones se han introducido al igual que un huracán, de forma violenta e inesperada, en nuestros sistemas económicos y por ende en el mundo de las relaciones laborales. La innovación es un proceso interactivo que genera algo nuevo trasformador y valioso en entornos y sistemas determinados.[1] Así, estamos viendo día a día que los cambios tecnológicos están haciendo desaparecer muchas profesiones y por consiguiente la aparición de otras nuevas. Pero también, está produciendo la apertura de grandes bolsas de desempleo para aquellos

1 Véase a ECHEVARRIA EZPONDA, J. El arte de Innovar: Naturaleza, lenguaje y Sociedades, Ed. Plaza y Valdes, (Madrid, 2017), p. 25-58.

trabajadores que no consiguen la adaptación a una tecnología que avanza de forma vertiginosa, sobre todo para los trabajadores de mayor edad. Esta situación puede mermar por tanto las condiciones de trabajo de un importante grupo de trabajadores que no han podido o no se les ha brindado la posibilidad de recibir una formación profesional que los devuelva e integre en esta cuarta revolución industrial que estamos viviendo.[2] La situación actual para algunos trabajadores, por tanto, se puede calificar como de incertidumbre ya que de la mano de las innovaciones van también los cambios en el mercado de trabajo, un verdadero vendaval en el que pueden existir equivocaciones y fracasos por tanto muchos riesgos que se han de prever y en alguna medida paliar.[3]

La crisis económica de Europa y América ha afectado profundamente a las relaciones laborales, estas necesitan estar reinventándose continuamente y así, han aparecido nuevas modalidades de prestación de servicios. La cuestión que se aborda en este trabajo se centra en los cambios que, de la mano de los avances tecnológicos e innovadores, se están produciendo en el mercado laboral nacional e internacional y como las nuevas tecnologías han afectado a la privacidad del trabajador en el entorno laboral, dejándolo realmente desprotegido e indefenso ante ellas. La protección de los datos del trabajador en la empresa es una cuestión a debatir y a profundizar dado que en muchos casos llevan aparejado la sanción máxima en el mundo laboral como es el despido.[4] Recientemente la Unión Europea a través del Pilar Europeo de los Derechos Sociales, proclamado por el Parlamento Europeo, el Consejo y la Comisión, se ha hecho eco del ritmo y la amplitud de los cambios en el mundo del trabajo, diseñando en alguna medida un compromiso político de las Instituciones y de los Estados miembros con el impulso de la Europa social, que ha de tenerse en cuenta, en el marco de las estrategias comunitarias, dentro del conjunto de instrumentos que integran la gobernanza del trabajo.[5]

---

2 Véase a DAVIDOV, G. "The three axes of employment relationships: A characterization of workers in need of protection", *University of Toronto Law Journal*, 52 (2002), p. 366.

3 Véase a EVERETT M ROGERS, Diffusion of Innovations, Ed. New York: Free Press, (2005), p. 235-237.

4 SCHUPETER, VON HIPPEL, Capitalismo, socialismo y Demografía, Traducido por José Díaz García y Alejandro Limere, ed. Taylor & Francis Group., (Barcelona 2015), p. 3-15.

5 Aprobado conjuntamente por el Parlamento Europeo, el Consejo y la Comisión el 17 de noviembre de 2017, durante la Cumbre social en favor del empleo justo y el crecimiento celebrada en Gotemburgo, Suecia.

Las implicaciones de los profundos cambios que están teniendo lugar no se agotan en las cuestiones de cuánto trabajo y de qué trabajos van a ser demandados por la economía en las próximas décadas, por trascendentales que estas sean. Además, habrá que tener en cuenta, tres cuestiones que son igualmente importantes, la primera, es la relativa a la propia relación laboral como instrumentación jurídica del intercambio de trabajo y retribución (predominantemente basada en una relación contractual formal, estable y a tiempo completo), que a su vez continúa siendo la principal referencia para la atribución de derechos de protección social. Y la segunda, la entrada de la tecnología digital en el tejido productivo y social, que impulsan profundos cambios en la organización empresarial de la actividad y del trabajo, en los procesos y en los métodos. Estos cambios organizativos en las empresas como la externalización, la subcontratación, las TIC permiten la aparición de nuevas realidades como el desarrollo de servicios gestionados mediante plataformas en internet (*crowdworking*), que han llevado a la descentralización productiva, y que han tenido una difusión rápida en bastantes economías, lo que cuestionan los fundamentos mismos de la relación laboral clásica.[6] Se trata de modalidades que han irrumpido en el mercado laboral por la proyección que las empresas que las aplican han alcanzado. Estos son trabajos relacionados con la digitalización, la informática o la ciencia en general, Big data, werables, analítica digital, marketing digital, especialistas en *e-commerce*, o desarrollo de aplicaciones web y móviles que desarrollarán altas demandas.[7] La tercera, tiene que ver con el conjunto de instituciones, políticas e instrumentos de interrelación entre los Estados, los mercados y los ciudadanos, que convergen en los objetivos básicos de garantizar el equilibrio y la estabilidad política y social a partir de la cohesión y la justicia sociales.

Además, y relacionado con todo ello, la protección de datos de las personas físicas parece conjugar mal con las nuevas técnicas de vigilancia de los trabajadores por parte de los empresarios. El control con medios técnicos en el puesto de trabajo y en los instrumentos de trabajo como pueden ser ordenadores, teléfono, o internet entre otros, suponen en muchos casos un detrimento de las condiciones de trabajo

---

6 Véase a Stefano, V. "The rise of the "just-in-time workforce": On-demand work, crowdwork and labour protection in the "gig-economy"", *Conditions of Work and Employment Series*, nº 71, ILO, 2016, p. 2 ss.

7 Véase a ABA CATOIRA, A., "La efectividad de los derechos de los trabajadores y del empresario desde la implantación de las tecnologías en el ámbito laboral", *AFDUC* 18, (2014), p. 79-106.

de los trabajadores y una violación de su derecho a la protección de datos también en su trabajo.[8]

El artículo tiene como objetivo el análisis de la situación actual de las condiciones de trabajo en el nuevo milenio, con los avances que se están produciendo día a día, bajo la premisa de mantener el empleo. Así como, la protección de los datos de las personas en su lugar de trabajo y su repercusión en las condiciones de trabajo. Lo que se trata por tanto es de analizar el marco laboral actual y las posibilidades que este ofrece a los trabajadores. El régimen tuitivo o protector del trabajador[9] que hasta ahora tenía el derecho del trabajo ha desaparecido por lo que se analizará en qué medida la ley protege a los trabajadores en estas nuevas prestaciones de servicios.[10]

Los derechos sociales internacionales y los principios y directrices que marcan el sistema de relaciones laborales mundiales, está centrado en la premisa de que las relaciones de trabajo son relaciones de poder, con un gran impacto social y que el mercado en el que se desarrollan tiene un elevadísimo impacto económico y social.[11] Ante esta configuración del mercado y con la llegada de una profunda crisis económica, los gobiernos decidieron la adopción de medidas de adaptabilidad y flexibilidad que modificasen la presunta rigidez del mercado laboral, lo que ha dado paso de una legislación protectora y equilibradora del trabajo, a un instrumento legitimador de la consideración del trabajador como mercancía al servicio de los mercados.[12] Los principios laborales han quedado supeditados a los principios económicos que bajo términos de

---

[8] Véase a SERRANO PÉREZ, M.M., El Derecho fundamental a la Protección de Datos. Su contenido esencial, Nuevas Políticas Públicas: Anuario Multidisciplinar para la Modernización de las Administraciones, nº 1 2005, p. 245-265.

[9] Véase a MARTINEZ GIRÓN, J.; ARUFE VARELA, A.; CARRIL VÁZQUEZ, X.M. *Derecho del Trabajo,* Netbiblo (A Coruña), "...el principio tuitivo es rigurosamente congruente con la finalidad primordial del derecho del trabajo, que ha sido desde siempre la de proteger a la parte más débil de la relación laboral, p. 28.

[10] Véase a CRUZ VILLALON, J. "Hacia un nuevo modelo laboral en España", *Revista de la Facultad del derecho (PUCP),* nº 68 2012, En la que señala en torno a la reforma laboral "...no se trata de un ejemplo aislado, sino que, a nuestro juicio, provoca una enfoque de carácter general, que acaba incidiendo sobre la funcionalidad general del Derecho del Trabajo, sobre sus principios informadores, sobre los criterios idóneos de interpretación e integración de sus normas, por lo que no constituye ningún tipo de exceso respecto de si nos encaminamos hacia una nueva concepción del Derecho del Trabajo en las sociedades modernas" p. 156.

[11] Véase a GUAMÁN HERNANDEZ, A.; ILLUECA BALLESTER, H. *El Huracán Neoliberal, una reforma laboral contra el Trabajo,* Ediciones Sequitur, (Madrid, 2012), p. 40-57.

[12] Véase a BAYLOS GRAU, A. *Derecho del Trabajo, modelo para armar,* ed. Trotta, (Valladolid, 1995), p. 32-35.

colaboración de la economía han barrido los derechos de los trabajadores y han producido una mercantilización de la fuerza de trabajo.[13]

Este nuevo marco globalizado de las relaciones laborales ha traído consigo una descentralización del trabajo, ya no es necesaria la presencia física en la empresa para la prestación de trabajo. Así muchas empresas pueden actuar en el tráfico mercantil con estructuras mínimas, con aplicaciones para el móvil gratuitas, a través del cual ofrecen sus servicios de una forma totalmente deslocalizada.[14] En torno a ello han dado respuesta los Tribunales, tanto los tribunales españoles como el propio Tribunal de Justicia de la Unión Europea. De esta jurisprudencia se desprende, además, como los nuevos empleos surgidos a través de plataformas como UBER, potencian el trabajo sumergido o el autónomo frente al trabajo asalariado.[15]

En un contexto como el actual donde los índices de la pobreza han aumentado y los niveles de desempleo en España, Italia o Grecia son todavía altos, un total de 16,3%,[16] encontrar un trabajo es altamente difícil para un gran número de trabajadores. Además, el mercado de la contratación, está basado en la temporalidad, en el tiempo parcial y en la flexibilidad de las condiciones de trabajo en las que se presta la relación laboral. En esta situación las nuevas formas de prestar servicios han irrumpido en el mercado laboral con intención de ocupar actividades y sectores ya conocidos e implantar otros nuevos bajo nuevas fórmulas atípicas de prestación de servicios.

La metodología usada es la de las ciencias jurídico-sociales, a través del análisis de fuentes primarias y secundarias.

La estructura de este estudio será la siguiente, tras una breve introducción en el apartado uno, en el apartado dos se hace un análisis general de las modificaciones en la prestación de trabajo, señalando las formas y los obstáculos que se presentan. En tercer lugar se analiza la influencia de la tecnología laboral en el mundo del trabajo, concretándose en alguna de ellas y como pueden actuar como instrumentos

---

13 Véase a MONEREO PÉREZ. J. L. La racionalización jurídica de las relaciones laborales y la emergencia de nuevas fuentes reguladoras en el orden internacional. *Revista jurídica de los derechos Sociales,* Vol.8. nº1/2018, p. 3.

14 Véase a SIERRA BENÍTEZ, E.M., "La protección social de los trabajadores ante el desafío del nuevo trabajo a distancia, del trabajo digital y la robótica", *Revista de Derecho de la Seguridad Social* nº 11, Edt, Laborum 2017, p.149.

15 Véase a OIT, *El futuro del trabajo. Informe inicial para la Comisión Mundial sobre el Futuro del Trabajo,* 21 de septiembre de 2017,. utiliza la expresión "economía de plataformas y también se refiere, como sinónimo, a "economía del trabajo esporádico", una expresión menos satisfactoria dado que esa intermitencia no tiene por qué ser siempre característica, p. 39.

16 EPA. 1º trimestre 2018.

incentivadores del mercado, o por el contrario pueden suponer limites a los derechos de los trabajadores. En el apartado cuarto se analizan las consecuencias de los cambios en la prestación de servicios, la inempleabilidad a la que pueden ser abocados algunos trabajadores y la protección de datos. Para finalizar con conclusiones y bibliografía.

2 Modificaciones en la prestación de trabajo

Las reformas laborales orientadas hacia la flexibilidad y el fortalecimiento del poder de organización y dirección del empresario, desde la década de los noventa han tenido como finalidad la viabilidad económica de la empresa no la vida laboral del trabajador. La posición de desigualdad en la empresa nunca ha sido tan grande entre fuerza de trabajo y medios de producción.[17]

Los cambios que se están produciendo en la prestación laboral van más allá del dinamismo que caracteriza al mundo del Derecho del Trabajo desde siempre. El proceso continuo de avance tecnológico y científico que ha irrumpido en el mundo laboral, está produciendo un movimiento en las estructuras laborales no solo en España sino que también en el resto de países de nuestro entorno. Los cambios que se van produciendo en los últimos años no han hecho más que demostrar que el Derecho del Trabajo se ha mantenido estático en cuanto a la progresión tecnológica, a la que no ha regulado o se ha mostrado adaptativo y flexible frente a las crisis empresariales. Los trabajadores han entrado en una nebulosa creada por los avances tecnológicos y legislaciones restrictivas para sus derechos, como la de las últimas reformas acaecidas en España, Italia, Grecia o Portugal, lo que les ha llevado a permanecer en una situación de deriva hacia ningún sitio estable. Dado que, el uso de nuevos instrumentos tecnológicos obliga a alcanzar un mayor desarrollo de las cualificaciones laborales no sólo durante su etapa de formación sino a lo largo de la vida activa. Hoy día, aparecen nuevos campos de conocimiento en tecnología que deben ser renovados en periodos de tiempo cada vez menores.[18]

---

[17] Véase a MORATA GARCÍA DE LA PUERTA, B. Y DÍAZ AZNARTE, M.T., "Reforma laboral en España: precariedad, desigualdad social y funcionamiento del mercado de trabajo" *Estudios Socio-Jurídicos*, 2013, *15*, (2), p. 41-51.

[18] Véase, TIJERO, J., MARTÍN, E., BLANCO, A. NEGRO, C., "El uso de las nuevas tecnologías en la formación continua de los trabajadores en el sector papelero", *En nuevas tecnologías en la formación flexible y a distancia,* coord. JULIO CABREO ALMENARA, EDUTEC, p. 1-7.

Así, el problema generado por estos desajustes es el que se refiere a la formación requerida para los nuevos empleos que vienen generados por la robótica que requieren una formación muy específica que no alcanza a todos los trabajadores. Los nuevos empleos que surgen son distintos de los anteriores, con muy distintas exigencias formativas, lo que en la mayor parte de los trabajadores desplazados por las maquinas será difícil de conseguir.

El proceso de la automatización o robotización, está ocasionando que máquinas realicen actividades que hasta hace muy poco las llevaban a cabo trabajadores, así por ejemplo autopistas ha despedido en los últimos años al 37% de su plantilla, sustituyéndolo por máquinas cobradoras.[19] Por lo tanto el impacto de la tecnología está afectando al desempleo, dado que la automatización, el uso de robots cada vez más sofisticados, está produciendo una disminución de mano de obra. Las consecuencias son la desaparición de empleos y la generación de otros nuevos sin previsión, lo que ocasiona desajustes laborales.

No todos los sectores laborales sufren la automatización de la misma manera, así, la mano de obra que tiene una mayor cualificación, cuyo desempeño laboral exige mayores competencias y un importante componente cognitivo está hoy menos afectado. La mano de obra menos cualificada, adscrita en porcentaje creciente a los servicios personales, resiste también a los estragos de la automatización, por desempeñar tareas manuales pero no repetitivas. El mayor impacto de la automatización se da en los trabajos de cualificación media, que son manuales y repetitivos y por tanto fácilmente sustituibles por un robot. Ello afecta de lleno al sector industrial y a los componentes más tradicionales.[20]

Los cambios en la prestación de trabajo se producen a través de una figura tradicional como el trabajo autónomo. Así, nos encontramos con que nuevos trabajos, en sectores de tecnología avanzada, se formalizan como trabajo autónomo, no acomodado al esquema tradicional del trabajo por cuenta ajena. También, los trabajos que surgen en los sectores más avanzados de la economía están vinculados a proyectos concretos y se presentan, por tanto, como trabajos temporales. La

---

19 Las autopistas de peaje daban trabajo a más de 5000 personas en el 2011, cuatro años más tarde apenas quedaban 3200 trabajadores. En el mismo período las tarifas pasaron de 10 a 12 céntimos por kilómetro. Informe sobre el sector de autopistas de peaje, MINISTERIO DE FOMENTO, p.39.

20 Véase a BILLON CURRAS, M., LERA LÓPEZ, F., ORTÍZ SERRANO, S., Evidencias del impacto de las TIC en la productividad de la empresa. ¿Fin de la "paradoja de la productividad?", *Cuadernos de Economía*. Vol. 30, Núm. 82, enero-abril, 2007, p.5-16.

reciente introducción en Francia, por la reforma Macron, de la figura del contrato vinculado a un proyecto, es buen exponente de estas nuevas realidades. Por ello, tanto la regulación laboral como la de protección social tendrán que tener en cuenta el fenómeno del nuevo protagonismo que está teniendo, y tendrá de forma creciente, el trabajo autónomo. Esto requerirá una mayor protección que la que han tenido hasta ahora los trabajadores autónomos tradicionales.[21]

3 Influencia de la tecnología en el trabajo

La influencia de la tecnología en la prestación de servicios laborales está siendo especialmente importante en las últimas décadas. Conceptos laborales ampliamente reconocidos en el Derecho del Trabajo como son la dependencia o la ajenidad han tenido que ser reinterpretados por la jurisprudencia para dar cabida a nuevas realidades laborales. Sin duda, la aparición de las nuevas tecnologías en la prestación laboral ha sido lo que ha obligado a fijar nuevas fronteras en las relaciones laborales. La introducción del correo electrónico, de servicios de intercambio de mensajes gratuitos etc, están revolucionando la forma de prestación de servicios en las empresas. No obstante, las nuevas tecnologías en las relaciones laborales todavía no han desplegado todo su potencial. A buen seguro, su regulación será una importante labor para el Derecho del Trabajo y para la jurisprudencia. En poco tiempo hemos visto como, la doctrina española, asentada en materia de uso de instrumentos tecnológicos en el trabajo tanto por el Tribunal Supremo en sentencias de 26 de septiembre de 2007[22] o de 8 de marzo y 6 de octubre de 2011,[23] así, como la establecida por el Tribunal Constitucional, en sentencias 17 de diciembre de 2012[24] y 7 de octubre de 2013, sobre la competencia del empresario en el ejercicio de sus facultades de organización, dirección y control fija las condiciones de uso de los medios informáticos asignados a cada trabajador. Siempre con respeto de los derechos fundamentales. Se ha visto hoy en fase de revisión tras la Sentencia del Tribunal Europeo de Derechos Humanos de 5 de septiembre de 2017 (caso Burbulescus v.

---

[21] Véase a VALDES ALONSO, A., El trabajo autónomo en España. Evolución, concepto, regulación, Revista del Ministerio de Trabajo e Inmigración nº 26, 2000, p. 15-30.

[22] STS 6128/2007- ECLI: ES: TS: 2007:6128.

[23] STS 8876/2011- ECLI: ES: TS: 2011:8876.

[24] STC 241/2012, de 17 de diciembre, ECLI: ES: TC: 2012:241, STC 170/2013, de 7 de octubre de 2013, A-2013-11681.

Rumania),[25] en el que nuevas interpretaciones en el uso de las nuevas tecnologías en el trabajo, se reinterpretan desde un punto de vista del trabajador-ciudadano provisto de derechos fundamentales, a los cuales el empresario no puede reducir a cero, por ser el titular de los medios con que se realiza el trabajo en la empresa, de manera que, el poder de dirección y organización, que fue muy fortalecido en el artículo 20.3 del Estatuto de los Trabajadores[26] habrá de ser revisado a tenor de esta sentencia.

Los cambios tecnológicos se extienden a múltiples sectores: agricultura, construcción, industria y servicios, todos ellos están siendo trasformados. La trasformación afecta tanto a la pequeña como a la mediana empresa, ya que la implantación de nuevas tecnologías en grandes empresas afecta a sus proveedores y clientes.

En el sector servicios de transporte, el caso de la plataforma Uber, nos pone de manifiesto que las prestaciones de servicios, como es la tradicional del servicio de taxis, ha cambiado y han entrado en juego las nuevas tecnologías que también ha dejado claro el Tribunal que son nuevas modalidades del sector trasporte que necesitan regulación. El 20 de diciembre de 2017 el Tribunal de Justicia de la Unión Europea (TJUE) ha dictado sentencia en el asunto C-434/15,[27] Asociación Profesional Élite Taxi, UberSystemsSpain, S.L., en ella señala que el servicio de puesta en contacto con conductores no profesionales prestado por UBER está comprendido en los servicios en el ámbito de los transportes y por tanto no responde a la clasificación de "servicio de la sociedad de la información". En consecuencia, los Estados miembros pueden regular los requisitos de prestación de dicho servicio.

---

[25] Véase TEDH\2017\61, La lectura de la sentencia permite extraer un nuevo canon interpretativo del TEDH, así "...el derecho a permitir una vida social privada, esto es, la posibilidad de la persona de desarrollar su identidad social, de acercarse a otras personas con el propósito de establecer y desarrollar relaciones con ellas. Precisamente, en el transcurso del trabajo es donde la mayoría de las personas tienen una oportunidad relevante (si no es la oportunidad mayor) de relacionarse. A este respecto, el servicio de mensajería instantánea por Internet es una de las vías utilizadas para llevar una vida social privada. Igualmente, el envío y la recepción de comunicaciones quedan protegido por el concepto de correspondencia incluso si son enviadas desde el ordenador de la empresa. En este sentido, si bien es cuestionable si el empleado tenía una expectativa razonable de confidencialidad a la vista de la política de la empresa y de que había sido informado, las instrucciones del empresario no pueden reducir la vida social privada del empleado a cero en el lugar del trabajo ya que el derecho a la vida privada y la privacidad de la correspondencia continúa existiendo incluso cuando éste se ha restringido en la medida necesaria(...)".

[26] BOE de 24 octubre de 2 de octubre de 2015.

[27] DOUE de 9 de febrero de 2018.

La plataforma electrónica Uber presta mediante una aplicación para teléfonos inteligentes, un servicio remunerado de puesta en contacto de conductores no profesionales que utilizan su propio vehículo con personas que desean realizar desplazamientos urbanos. En 2014, una asociación profesional de taxistas de la ciudad de Barcelona interpuso una demanda ante el Juzgado de lo Mercantil nº 3 de dicha ciudad, en la que solicitaba que se declarase que las actividades de UberSystemsSpain, sociedad vinculada a Uber Technologies (en lo sucesivo, conjuntamente, "Uber"), constituyen prácticas engañosas y actos de competencia desleal. En efecto, ni UberSystemsSpain ni los conductores –no profesionales– de los vehículos en cuestión disponen de las licencias y autorizaciones previstas en el Reglamento Metropolitano del Taxi de Barcelona. Para comprobar si las prácticas de Uber pueden calificarse de desleales e incumplen la normativa española en materia de competencia, el Juzgado de lo Mercantil nº 3 de Barcelona considera necesario que se dilucide si Uber debe disponer de una autorización administrativa previa. A tal fin, a su juicio ha de determinarse si los servicios prestados por esta sociedad deben considerarse servicios de transporte, servicios propios de la sociedad de la información o una combinación de ambos tipos de servicios.

Efectivamente, de la calificación empleada dependerá la posibilidad de imponer a dicha sociedad la obligación de disponer de una autorización administrativa previa. En particular, si el servicio prestado por Uber está incluido en el ámbito de aplicación de la Directiva relativa a los servicios en el mercado interior o de la Directiva sobre el comercio electrónico, las prácticas de Uber no podrán ser consideradas desleales.

El TJUE declara que ha de considerarse que un servicio de intermediación como el controvertido, que tiene por objeto poner en contacto, mediante una aplicación para teléfonos inteligentes, a cambio de una remuneración, a conductores no profesionales que utilizan su propio vehículo con personas que desean efectuar un desplazamiento urbano, está indisociablemente vinculado a un servicio de transporte, y, por lo tanto, ha de calificarse de "servicio en el ámbito de los transportes", a efectos del Derecho de la Unión. En consecuencia, un servicio de esta índole está excluido del ámbito de aplicación de la libre prestación de servicios en general, así como del ámbito de aplicación de la Directiva 2006/123/CE relativa a los servicios en el mercado interior[28] y de la Directiva 2000/31/CE sobre el comercio electrónico.[29]

---

[28] DOUE de 27 de diciembre de 2006.

[29] DOUE de'7 de julio de 2000.

De ello se desprende que, en el estado actual del Derecho de la Unión, incumbe a los Estados miembros regular las condiciones de prestación de estos servicios, siempre que se respeten las normas generales del Tratado de Funcionamiento de la Unión Europea. El TJUE considera, para empezar, que el servicio prestado por Uber no se limita a un servicio de intermediación consistente en poner en contacto, mediante una aplicación para teléfonos inteligentes, a un conductor no profesional que utiliza su propio vehículo con una persona que desea realizar un desplazamiento urbano. En efecto, en esta situación, el prestador de ese servicio de intermediación crea al mismo tiempo una oferta de servicios de transporte urbano, que hace accesible concretamente mediante herramientas informáticas y cuyo funcionamiento general organiza en favor de las personas que deseen recurrir a esta oferta para realizar un desplazamiento urbano.

El TJUE señala a este respecto que la aplicación que proporciona Uber es indispensable tanto para los conductores como para las personas que desean realizar un desplazamiento urbano. También pone de manifiesto que Uber ejerce una influencia decisiva sobre las condiciones de las prestaciones efectuadas por estos conductores. Sin la utilización de la tecnología el servicio no se podría dar.

Si la utilización de la tecnología en el trasporte se ha hecho visible, en la empresa en general, los datos generados (Big Data) por las tecnologías modernas, como los web logs, la identificación por radiofrecuencia (RFID), los sensores incorporados en dispositivos, la maquinaria, los vehículos, las búsquedas en Internet, las redes sociales como Facebook, ordenadores portátiles, teléfonos inteligentes y otros teléfonos móviles, dispositivos GPS y registros de centros de llamadas etc. son combinados normalmente con datos estructurales normalmente con bases de datos relacionales de la empresas,[30] que son como señala el Reglamento Europeo 2017/679, de Protección de datos de 25 de mayo, de una gran importancia, ya que los datos son vitales para el tráfico económico en nuestra sociedad.[31] Aunque el reglamento pretende una mayor seguridad del tráfico económico también pretende garantizar la seguridad de los datos personales de las personas y la libre circulación de los mismos de una forma igualitaria en todos los países que conforman la UE que hasta ahora se estaba haciendo de modo muy fragmentado.

---

30 ERP (Enterprise Resource Planning) o un CRM (Customer Relationship Management).

31 Véase su Considerando núm. 9.

En algunos sectores los datos son de vital importancia por eso el Reglamento va exigir en ciertos sectores mayor preocupación por la protección de datos sobre todo en cuanto aquellas empresas que realicen perfiles, en las que el responsable de datos ha de cumplir determinados requisitos bajo graves sanciones de hasta 20,000.000 euros.[32] Así, por ejemplo, para a) mantener un trato adecuado a los clientes es clave para la industria del turismo, para mantener la satisfacción del cliente y no perder clientela pueden llevar a cabo verdaderos perfiles con datos personales. El análisis de Big Data ofrece a estas empresas la capacidad de recopilar datos de los clientes, aplicar análisis e identificar inmediatamente posibles problemas antes de que sea demasiado tarde; b) el Big Data aparece en grandes cantidades en la industria sanitaria, en forma de registros de pacientes, planes de salud, información de seguros y otros tipos de información, están llenos de información clave una vez que se aplican las analíticas. Es por eso que la tecnología de análisis de datos es tan importante para el cuidado de la salud, ya que permite que rápidamente, se pueden proporcionar diagnósticos u opciones de tratamiento casi de inmediato; c) el manejo de datos es también importante en la administración pública, esto es particularmente problemático en lo relacionado con la justicia, aunque el Reglamento Europeo la deja al margen en el caso del sector público le va exigir un importante cambio en el uso del BIG Data a través de la figura del Delegado de Datos; d) la proliferación de teléfonos inteligentes y otros dispositivos GPS ofrece a los anunciantes la oportunidad de dirigirse a los consumidores cuando están cerca de una tienda, una cafetería o un restaurante. Esto abre nuevos ingresos para los proveedores de servicios y ofrece a muchas empresas la oportunidad de conseguir nuevos proyectos.

La tecnología wearable consiste en llevar en la ropa o en los complementos como relojes o collares todas estas opciones que ya nos brindan diferentes aparatos que han entrado también en el mundo del trabajo. La principal ventaja que suponen los wearables es que no tenemos que llevarlos en la mano o en el bolsillo, sino que vienen directamente con nosotros, ofreciéndonos todas las utilidades de las que disponen, pero, también permitiendo un control sobre nuestra actividad en todo momento.[33] Hoy en día, las nuevas tecnologías están muy presentes

---

[32] Véase art. 83.5.

[33] Véase a RUIZ MARTÍNEZ, C. Wearables para no dejar helado a nadie. The Baxi Project, un trabajo de Islandia que recurre al internet de las cosas, Seminario de publicidad y marketing nº 1549, marzo 2017, El estudio se refiere a "...Islandia trabajó durante más de diez meses

tanto en la vida laboral como en la personal entremezclándose ambas facetas de forma indisoluble. Con estos dispositivos tenemos acceso a un montón de herramientas tanto de ocio como de trabajo, sin contar, claro, con las de comunicación. Estos además, pueden tener incorporado en un mismo aparato el correo electrónico, el teléfono, servicios de mensajería instantánea, cámara de fotos y hasta reproductor Mp3, GPS.

Otra de las incorporaciones al mundo laboral es la de ser experto en e-*commerce*. Lo que hoy parece tener un futuro laboral prometedor. Según los últimos datos (octubre 2015) que aporta el INE en su encuesta, Equipamiento y uso de TIC. En el año 2015, una de cada tres personas (32, 1%) compró a través de Internet, por lo que el aumento de trabajadores que están al otro lado de la red dedicado a estas labores también ha aumentado. El comercio electrónico aumentó el 27% en el segundo trimestre de 2016 respecto al año anterior según los datos recientes facilitados por la CNMV (Comisión Nacional del Mercado de Valores). El dato para 2017 es del 18%. En esta actividad se realiza una analítica web, que es el proceso con el que recopilamos datos de las interacciones que realizan los usuarios en nuestros canales digitales, ya sea una web, una App o las redes sociales lo que ayuda a las empresas a optimizar la estrategia online.

4 Consecuencias de los cambios en el trabajo, la inempleabilidad y la protección de datos

Para el mundo del trabajo los múltiples cambios resultantes de la irrupción de las nuevas tecnologías tiene profundas consecuencias, que se han de reflejar en el marco regulatorio. Así, algunas serán de aplicación directa, como es el caso de la normativa de protección de datos respecto a los trabajadores y a las nuevas figuras en la empresa y otras indirectas como la que se refiere a la regulación del tiempo de trabajo, trabajo a distancia, clasificación profesional, redefinición de funciones por la automatización, no ya de puestos de trabajo específicos, sino de procesos enteros.

Si algo hemos aprendido con la última crisis económica en Europa es que la parte más perjudicada ha sido la de los trabajadores que han perdido su puesto de trabajo. De 2008 a 2014 la tasa de paro total en

---

en The Baxi Project, una iniciativa para la empresa de climatización Baxi que gira alrededor de una colección de ropa conectada cuya función pasa por regular la temperatura ambiental gracias a la información que transmite al resto de dispositivos de la marca..." p. 8.

España pasó del 9,60 a 26,94% en solo unos años, convirtiéndose en el mayor problema estructural de la economía española.[34] Con el cambio de ciclo económico a partir del 2014 paso al 25,93%, en que la tasa comenzó un camino descendente hasta el último cuatrimestre del 2018 en que se encuentra en 14,7 a pesar de todo el índice de desempleo es notablemente alto. Un lastre demasiado grande aún para las capacidades económicas del país y para tres millones y medio de trabajadores.[35]

Desde siempre las modalidades contractuales laborales han sido tema de debate, hoy se presentan unidas a una nueva premisa como es la tecnología al servicio del trabajo.[36] A través de ellas se ha intentado dar respuesta a los momentos de crisis y a las situaciones de cambio que se han ido produciendo en el mundo del trabajo.[37] En el mercado actual se van a plantear multitud de situaciones de prestación de servicios hoy no previstas, lo que puede originar una necesidad regulatoria contractual nueva y segura para los trabajadores. Estas nuevas formas de trabajo en modo alguno han de perpetuar la precariedad laboral que actualmente se está produciendo en España, Italia, Grecia o Portugal. De esta manera el nuevo marco regulatorio ha de estar implicado con la calidad en el trabajo y los derechos de los trabajadores, o lo que es lo mismo el régimen tuitivo y protector del derecho del trabajo, ha de recuperarse para su inclusión en las nuevas formas que hoy proliferan de prestación de servicios.[38]

La figura contractual por antonomasia en el ordenamiento laboral es el contrato indefinido, fin último perseguido por el trabajador como medio de su estabilidad laboral y de su vida personal. A la idea planteada por las sucesivas reformas laborales en torno a la rigidez del mercado de trabajo español, italiano o portugués, para la modificación de este tipo de modalidad contractual en aras de potenciar el incremento del empleo, esta figura se devaluó con motivo de la flexiseguridad, potenciada por

---

[34] Véase a MONEREO PÉREZ, J.L. "Sistema español de protección por desempleo: eficacia, equidad y nuevos enfoques", en OJEDA AVILES, A., (coord.), *La protección por desempleo en España: XII Congreso Nacional de la Asociación Española de Salud y Seguridad Social,* Laborum, Murcia 2015, p.127.

[35] Fuente de datos Encuesta de población Activa (EPA). Instituto Nacional de Empleo (INE).

[36] Véase a GOERLICH PESE J.M., ESTEVE SEGARR, A., LÓPEZ BALAGUER, M, *Contratación laboral,* Nueva Revista Española de Derecho del Trabajo núm. 214/2017, p.90.5

[37] Véase a MORENO VIDA, M.N. Novedades en materia de modalidades contractuales: contrato indefinido para pequeñas empresas, trabajo a tiempo parcial y trabajo a distancia, *Temas Laborales* núm. 115/2012. p. 193-200.

[38] Véase a OJEDA AVILES, A. La confrontación de modelos sociales en el cambio de siglo, *Estudios financieros. Revista de trabajo y seguridad social: Comentarios, casos prácticos: recursos humanos,* núm.379/2014, p. 14-20.

las políticas económicas europeas.[39] Si las políticas de flexiseguridad impactaron brutalmente en esta modalidad contractual la incidencia de las nuevas tecnologías hacen nuevamente peligrar su existencia a favor del bien del contrato autónomo o de la contratación civil y mercantil.[40] En aras de la flexibilización del mercado laboral, la Comisión Europea se ha manifestado en torno a los trabajadores por cuenta propia, como categoría diferente al de los trabajadores por cuenta ajena, señalando que se debe respetar su autonomía contractual y desarrollar sus derechos sociales, de forma que se asimilen en su tutela a los de cuenta ajena, sin que la figura y la prestación de servicios con esta modalidad cree situaciones de desprotección.[41] Este tipo de contratación de la actividad normal de la empresa en España, está potenciado por el Real Decreto Legislativo 3/2015, de 23 de octubre,[42] por el que se aprueba el texto refundido de la Ley de Empleo, en su artículo 10 eje 5., que establece dentro de la Estrategia Española de Activación para el Empleo "el emprendimiento que comprende las actividades dirigidas a fomentar la iniciativa empresarial, el trabajo autónomo y la economía social, así como las encaminadas a la generación de empleo, actividad empresarial y dinamización e impulso del desarrollo económico local", se está volcando en esta figura el desarrollo económico y la empleabilidad. Un

---

[39] COMISIÓN DE LAS COMUNIDADES EUROPEAS, Bruselas, 27.6.2007,COM(2007) 359 final (comunicación de la Comisión al Parlamento Europeo, al Consejo, al Comité Económico y Social Europeo y al comité de las regiones), Hacia los principios comunes de la flexiguridad: más y mejor empleo mediante la flexibilidad y la seguridad señalando que "... la flexibilidad hace referencia a los avances logrados ("transiciones") en el curso de la propia vida: del colegio al trabajo, de un empleo a otro, del desempleo o la inactividad al trabajo y del trabajo a la jubilación. No se limita a la mayor libertad de las empresas para contratar o despedir y no implica que los contratos por tiempo indefinido hayan quedado obsoletos. Alude a la progresión de los trabajadores hacia mejores empleos, a la "movilidad ascendente" y al desarrollo óptimo del talento. Asimismo, la flexibilidad es característica de una organización del trabajo flexible, capaz de responder rápida y eficazmente a nuevas necesidades y de dominar las capacidades necesarias para aumentar la producción, y es la que facilita la conciliación del trabajo y las responsabilidades privadas. Por seguridad, por otro lado, no sólo se alude a la seguridad de conservar el propio puesto de trabajo: se trata de equipar a las personas con las capacidades que les permitan progresar en su vida laboral y ayudarlas a encontrar un nuevo empleo. Pero también se trata de ofrecer unas prestaciones de desempleo adecuadas para facilitar las transiciones e incluye, por último, oportunidades de formación para todos los trabajadores, especialmente los poco cualificados y los de más edad".

[40] Véase a MARTÍN VALVERDE, "Contrato de trabajo y figuras afines: arrendamientos de obras y de servicios, contrato de sociedad, contrato de transportes", *Aspectos de la Contratación laboral, Cuadernos de Derecho Judicial*, XX (1992), p. 12-21.

[41] Comité económico social europeo "Dictamen del Comité Económico y Social Europeo sobre el tema "Nuevas tendencias del trabajo autónomo: el caso específico del trabajo autónomo económicamente dependiente" (Dictamen de iniciativa)", 2011/C 18/08, p. 1-3.

[42] BOE de 24 de octubre de 2015.

ejemplo de ello, son los freelances que utilizan UBER y otras empresas en el caso de EEUU, que alcanzan ya a un tercio de la población activa y que están llevando a la transformación productiva más importante desde la Revolución Industrial.[43]

Otra de las modalidades contractuales controvertidas como ninguna es la de los contratos temporales,[44] en su interpretación teórica éstos tienen un carácter flexible y están dirigidos a la creación de empleo para hombres y mujeres, de forma tal que sirvan a los trabajadores para disponer de tiempo para conciliar su vida personal, familiar y laboral; sin embargo, sobre este modelo teórico convergen las grandes cuestiones que afectan con carácter general a los sistemas europeos de relaciones laborales: la tutela de la profesionalidad, la discriminación por razón de género, la ruptura de la uniformidad del estatuto jurídico básico de los trabajadores asalariados, la adaptación de los mecanismos de representación unitaria y colectiva a estas formas de prestar servicios y, más allá, a las garantías de una protección social suficiente.[45] En España, Italia, Grecia y Portugal nos encontramos con contratos de duración totalmente reducida, que por razones como la tercerización y los avances tecnológicos, hacen que las empresas contraten trabajadores solo para tareas específicas. Estas circunstancias, convierten al contrato a tiempo parcial en una forma precaria de trabajo, más aún en los países afectados con especial saña por la crisis económica y del empleo.[46] Los cambios en esta modalidad contractual tienen que venir de la mano de su reducción, no de su desaparición, se han de contemplar cuando los desarrollos económicos y empresariales que se deducen del impacto tecnológico hacen que contratos temporales ante necesidades imprevistas o proyectos determinados tiendan a aumentar, lo que llevará a una necesidad de proteger los derechos de los trabajadores contratados en esta modalidad, para que estos trabajadores no se vean aquejados de situaciones de precariedad que los convierta en una forma permanente que nunca se transforme en un contrato indefinido. En esta misma línea el contrato a tiempo parcial se ha visto favorecido por el impacto de las nuevas tecnologías, pero se hace necesario tutelar debidamente a este tipo de trabajadores, a los que debidamente regulados y protegidos,

---

43 Véase https://www.freelancersunion.org/.

44 Véase el art. 12 del ET junto a otras modalidades de contratación.

45 Véase a CABEZA PEREIRO, J: *Ensayo sobre el trabajo precario y las personas vulnerables*, ed. Laborum (Murcia, 2015), p.100-105.

46 Véase ESPÍN SÁEZ, M. El contrato a tiempo parcial ¿la conciliación en los tiempos de la precariedad?, *Revista de Información Laboral* num.12/2016, ed. Aranzadi, p. 21.

pueden ser una modalidad de inserción o mantenimiento del trabajo para jóvenes o con motivos de conciliación.

Por otra parte y en relación con las tecnologías y la distribución irregular de la jornada anual del tiempo de trabajo, independientemente de que estemos ante un contrato indefinido, temporal o a tiempo parcial, hay una tendencia a la desaparición de tiempo de trabajo fijo en número de horas diarias, semanal, o mensual o fijación horaria de inicio y término. Jornadas y horarios flexibles parece que van a ser un requerimiento cada vez mayor en las organizaciones. Unido a ello se encuentra el binomio entre prestación en el lugar de trabajo y trabajo a distancia.[47] Las nuevas tecnologías han dado lugar al trabajador hiperconecto, los nuevos instrumentos de trabajo hacen que este no sea necesario que la prestación de trabajo se preste de forma completa y continuada en lugar de trabajo pudiendo realizarse a distancia. Es una flexibilidad prestacional, también aquí, habrá de regularse la forma de trabajo teniendo en cuenta el derecho a la desconexión.[48]

Los datos de contratación son un reflejo de la evolución del empleo. Ni las diferentes modificaciones en la regulación de las figuras contractuales, ni las sucesivas rebajas del coste del despido de los contratos indefinidos, ni las cuantiosas bonificaciones concedidas año tras año a la concertación de este tipo contratos, han logrado modificar la exagerada (y tradicional) preferencia de las empresas por los contratos temporales, que siguen suponiendo 9 de cada 10 contratos realizados. Es cierto que esta fórmula contractual es también utilizada en otros países, y que con una regulación adecuada no tiene por qué constituir una vía de precariedad; pero estas condiciones no se dan en España, Italia o Grecia, puesto que las modificaciones introducidas en su regulación desde 2012 la han configurado como un instrumento ultraflexible para las empresas, con muy poco atractivo para los trabajadores, dada la práctica imposibilidad de conciliar la vida laboral con la personal y familiar. Por eso en España el empleo temporal es de carácter esencialmente

---

47 Véase el art. 6 RDL 3/2012 lleva a cabo una reforma importante en la regulación del contrato a domicilio. Se modifica la denominación del art. 13 ET, que deja de tener como rúbrica "contrato de trabajo a domicilio" para pasar a denominarse "trabajo a distancia", y, básicamente, "se modifica la ordenación del tradicional trabajo a domicilio, para dar acogida, mediante una regulación equilibrada de derechos y obligaciones, el trabajo a distancia basado en el uso intensivo de las nuevas tecnologías" (Exposición de Motivos).

48 Véase a. ORTIZ CHAPARRO, F.: El teletrabajo: una nueva sociedad laboral en la era de las tecnologías, McGraw-Hill, Madrid, 1995, págs. 43 y sigs.; García Viña, J.: "Relaciones laborales e internet", en RTYSS, núm. 223, 2001, p. 18; Sierra Benítez, E.M.: El contenido de la relación laboral en el teletrabajo. Consejo Económico y Social de Andalucía, Sevilla 2011, p. 29 y 30.

involuntario: si en 2008 se encontraban en esa situación el 32% de los trabajadores con este tipo de empleo, en 2018 había aumentado hasta el 62%, entre los cinco países más elevados de la UE.[49]

Los efectos de la tecnodigitalización mundial se han hecho visibles en la organización de las empresas y del trabajo, en el surgimiento de nuevos modelos de negocio y en la aparición de nuevas formas de empleo. Estas transformaciones impulsadas por la digitalización "van a incidir sobre todas las relaciones laborales, desde su inicio hasta su finalización, desde lo individual a lo colectivo, y no exclusivamente a los empleos emergentes en la economía digital".[50] Principalmente los cambios identificados en esta etapa de innovaciones tecnológicas vienen de la mano de la información, a diferencia de anteriores periodos en los que el paradigma de las revoluciones técnicas se basó fundamentalmente en nuevas fuentes de energía.[51] En estos años se ha asistido a una rápida penetración de las tecnologías de la información y la comunicación (TIC) en todos los ámbitos sociales y económicos, con el surgimiento y la rápida difusión de internet como plataforma universal que, junto con el intenso desarrollo de infraestructuras básicas permite una conectividad total, simultánea y móvil, tanto de personas como de objetos "internet de las cosas". Esta conexión continúa a escala global y contribuye a generar un enorme volumen de datos que convierte a esa información masiva en un negocio a explotar con fines económicos y comerciales, convirtiéndola en la nueva materia prima.[52]

Las nuevas tecnologías han tenido una importante repercusión en la vigilancia y control del trabajador en la empresa y por tanto han entrado en juego la protección de los datos que esta obtiene, desde antes ya entrar en la empresa.[53] La regulación Europea en materia de protección de datos se encuentra regulada en los artículos 7 y 8 de la Carta de los Derechos Fundamentales de la Unión Europea, que protegen respectivamente el derecho a la intimidad y el derecho a la protección de datos de carácter personal. El tratado de la Unión Europea

---

[49] Véase DEL POZO SEN, A. La estrategia Europa 2020 en España: el fracaso del empleo, Revista de Información Laboral num.2/2017 parte Art. Doctrinal, Ed. Aranzadi, p.12-13.

[50] Véase CRUZ VILLALÓN, J., "Las transformaciones de las relaciones laborales ante la digitalización de la economía", *Temas Laborales* 2017, núm. 138, p. 15 a 40.

[51] Véase a LUNDUALL, B- A National Systems of innovation: Towards a Teheory of innovation learnig, London. Pinter (1992), p. 125-140.

[52] Véase a MERCADER UGUINA, J., *El futuro del trabajo en la era de la digitalización y la robótica*, ed. Tirant lo Blanch, (Valencia, 2017), p. 200-230.

[53] Véase a DAVARA RODRÍGUEZ, M.A. hacia una nueva Ley de Protección Datos, consultor de los ayuntamientos y d los juzgados: Revista Técnica especializada en Administración local y justicia municipal nº 15-16, p. 183-1988.

habilitó al Parlamento y al Consejo para determinar la protección de las personas físicas en virtud del artículo 39. El artículo 16.1 del Tratado de Funcionamiento de la UE establece que "Toda persona tiene derecho a la protección de los datos de carácter personal que le conciernan. La preocupación por estos datos también queda reflejada en la Directiva 95/46/CE del Parlamento Europeo y del Consejo, de 24 de octubre de 1995, relativa a la protección de las personas físicas en lo que respecta al tratamiento de datos de carácter personal y a la libre circulación de estos datos; y, en el Reglamento (CE) nº 45/2001, relativo a la protección de las personas físicas en lo que respecta al tratamiento de datos de carácter personal por las instituciones y los organismos comunitarios y a la libre circulación de esos datos. Asimismo, la UE ha emitido directivas y normas específicas para algunos sectores en los que se han identificado necesidades particulares. Respecto a ámbitos específicos, se han establecido: a) la Directiva 2002/58/CE relativa al tratamiento de los datos personales y a la protección de la intimidad en el sector de las comunicaciones electrónicas; b) la Directiva 2006/24/CE sobre la conservación de datos generados o tratados en relación con la prestación de servicios de comunicaciones electrónicas de acceso público o de redes públicas de comunicaciones y por la que se modifica la Directiva 2002/58/CE.

Recientemente se ha aprobado el Reglamento Europeo 2016/679 relativo a la protección de las personas físicas en lo que respecta al tratamiento de datos personales y a la libre circulación de estos (REPD), aunque la protección de datos en el ámbito laboral está escasamente representada. Este entró en vigor el 25 de mayo de 2016, y comenzó a ser directa y efectivamente aplicable el 25 de mayo de 2018.[54] En el considerando (1) del REPD se reconoce que la protección de datos personales es un derecho fundamental. El derecho a la protección de datos no es un derecho absoluto como reconoce el considerando 4, sino que debe entenderse en relación con su función en la sociedad y ha de mantener el equilibrio con otros derechos fundamentales, atendiendo al principio de proporcionalidad.[55]

---

54 Los Reglamentos de la UE tienen un alcance general y son de obligatoria y directa aplicación en todos los Estados miembros, es decir no necesitan ni admiten trasposición aunque si en su caso, desarrollo (art 288 del tratado de funcionamiento de la UE).Véase a MARTÍNEZ MARTINEZ, R. El Reglamento de protección de datos de la Unión Europea un reto colectivo, Revista SIC: ciberseguridad de la información y privacidadvol.25, nº 120 junio 2016 p. 90-92,

55 Existe un importante apartado de considerandos (173) y en el numero 9 reconoce que a pesar de la Directiva 95/46/CE la protección de datos en la UE se está aplicando de manera fragmentada, existe inseguridad jurídica y una percepción generalizada en la opinión

Para el Reglamento los datos personales son, toda información sobre una persona física identificada o identificable ("el interesado"); y considerará persona física identificable toda persona cuya identidad pueda determinarse, directa o indirectamente, en particular mediante un identificador, como por ejemplo un nombre, un número de identificación, datos de localización, un identificador en línea o uno o varios elementos propios de la identidad física, fisiológica, genética, psíquica, económica, cultural o social de dicha persona.[56] También, define lo que es tratamiento de datos como, cualquier operación o conjunto de operaciones realizadas sobre datos personales o conjuntos de datos personales, ya sea por procedimientos automatizados o no, como la recogida, registro, organización, estructuración, conservación, adaptación o modificación, extracción, consulta, utilización, comunicación por transmisión, difusión o cualquier otra forma de habilitación de acceso, cotejo o interconexión, limitación, supresión o destrucción.[57] El responsable del tratamiento o responsable es la persona física o jurídica, autoridad pública, servicio u otro organismo que, solo o junto con otros, determine los fines y medios del tratamiento. El Derecho de la Unión o de los Estados miembros determina los fines y medios del tratamiento, el responsable del tratamiento o los criterios específicos para su nombramiento.[58] Por otra parte, la figura del "encargado del tratamiento" o "encargado" será la persona física o jurídica, autoridad pública, servicio u otro organismo que trate datos personales por cuenta del responsable del tratamiento.[59]

Las empresas son un maremágnum de datos personales de los trabajadores y las diferentes normativas de carácter laboral tanto en España[60] como en otros países de la U.E han atribuido facultades específicas a la empresa que posibilitan el control del desarrollo de la prestación laboral. El ejercicio de estas facultades comporta en muchas ocasiones tratamientos de datos personales, medidas de vigilancia y control del trabajo y las verificaciones de enfermedades y accidentes que se aleguen por el trabajador para justificar ausencias, absentismo laboral, datos sindicales e información a los comités. Por este motivo,

---

publica de que existen riesgos para la protección de datos sobre todo en internet. Todo ello puede suponer un obstáculo para la actividad económica en la UE, falsear la competencia e impedir que las autoridades persigan los incumplimientos en materia de protección de datos debido a las divergencias en la aplicación de las directivas.

56 Véase su art. 4.1.

57 Véase su art. 4.2.

58 Véase su art. 4.7.

59 Véase su art. 4.8.

60 Véase en España el Estatuto de los Trabajadores el art 20.3.4.

las empresas deben ser particularmente cuidadosas tanto en el procedimiento que se escoja para la información como en el momento en que se proceda a la captación de datos. Ya que, en la gestión de personal de las empresas la protección de datos se hace latente desde el momento de la captación de trabajadores. El primer tratamiento de datos personales puede producirse cuando el futuro trabajador sea un simple candidato a un puesto. También en el momento de la contratación, el contrato de trabajo es un medio adecuado para informar al trabajador respecto del tratamiento que se realizará respecto de sus datos. No obstante, no debe confundirse la información con la manifestación del consentimiento. Durante el desarrollo de la prestación laboral, y dado el carácter dinámico de las relaciones laborales los datos pueden estar sujetas a cambios sobrevenidos tanto desde el punto de vista del trabajador como desde la perspectiva de la empresa. Además, existen datos especialmente protegidos como son los datos sobre ideología, religión o creencias en los que cuando se recabe el consentimiento deberá advertirse del derecho a no prestarlo. En el caso de estos datos y los relativos a la afiliación sindical el consentimiento será expreso y escrito salvo que se trate de una organización, partido político, sindicato o entidad religiosa respecto de sus miembros. Los datos de carácter personal que hagan referencia al origen racial, a la salud y a la vida sexual sólo podrán ser recabados, tratados y cedidos cuando, por razones de interés general, así lo disponga una ley o el afectado consienta expresamente, seguros de vida y planes de pensiones que puede contratar la empresa. Es muy frecuente que la gestión de las nóminas se encomiende a un asesor laboral o a una empresa del grupo. La empresa contratada debe acceder a datos personales para poder realizar su prestación y, conforme a la LOPD es lo que se define como encargado del tratamiento. En principio, el tratamiento de datos personales en materia de prevención de riesgos se encuentra legitimado por la existencia de una relación contractual cuyo cumplimiento, desarrollo y control, lo hace necesario.[61] En la Prevención de Riesgos Laborales y sus normas de desarrollo se imponen a la empresa la realización de un conjunto de actividades cuyo fin último es evitar o disminuir los riesgos derivados del trabajo. Para esta tarea resulta necesario tratar datos de los trabajadores e incorporar y tratar los datos de salud en sus sistemas de información salvo que cuente con un servicio de prevención de riesgos laborales propio o un servicio médico de empresa. En estos últimos casos se gestionarán

[61] Véase art. 6.2 LOPD.

historias clínicas laborales, aunque el empresario y los responsables de gestión de personal tan sólo podrán conocer datos del tipo apto/no apto y las adaptaciones propuestas. El tratamiento de este tipo de datos se proyecta sobre la organización ya que exige adoptar medidas de seguridad de nivel alto.

La irrupción de las nuevas tecnologías e internet en las relaciones laborales han supuesto una compleja situación, en algunos casos de gran impacto, por el uso anómalo o error en la protección de datos. La normativa laboral no contiene una previsión específica que establezca los derechos y deberes de los trabajadores en el ámbito de la protección de datos, cuestión directamente relacionada con la falta de regulación de las nuevas tecnologías en el Derecho del Trabajo. El Derecho del Trabajo, caracterizado por ser la rama del Derecho con más capacidad de adaptación a la evolución social, en esta ocasión no ha sabido estar a la altura. El control empresarial de la prestación de trabajo es una característica esencial del contrato de trabajo y así se reconoce con una amplia formula que le permite al empresario "adoptar las medidas que estime oportunas de vigilancia y control, lo que hace que sea innecesario el consentimiento del trabajador para la aplicación de técnicas de control, ya que este puede pensarse está implícito en la aceptación del contrato. Ahora bien la doctrina y la jurisprudencia han venido exigiendo, cuando de herramientas informáticas y tecnológicas se trate, que se cumplan con determinadas exigencias de información a los trabajadores para que la medida de control sea lícita.

La protección de datos es una materia que ha sido poco tratada por la negociación colectiva y, cuando se ha hecho, ha sido generalmente desde el punto de vista disciplinario, el 13% del total de convenios sectoriales y de empresa registrados en el año 2017 contenían algún tipo de previsión relativa a las nuevas tecnologías. En la mayoría de los convenios colectivos se observan formas indirectas de tratar con posibles irregularidades en el tratamiento de datos personales, aunque siempre reconociéndoles la condición de infracciones graves o muy graves que pueden dar lugar al despido disciplinario del trabajador. Los tipos de conductas tipificadas por los convenios colectivos en la que puede encajar la persecución de las transgresiones a la LOPD suelen tratar las vulneraciones desde dos perspectivas distintas, casi siempre sin hacer referencia expresa a la normativa de protección de datos, como, revelación de datos y utilización indebida de los mismos.

Es de gran interés en la materia la reciente Sentencia del Tribunal Europeo de Derechos Humanos de 5 de septiembre de 2017 (caso Burbulescus v. Rumania), que ha dejado en cuestión la línea interpretativa de la Sentencia de 12 enero de 2016. La misma enlaza de forma directa con la lógica del derecho a la protección de datos que afecte a las personas físicas y que pueden constituir una interferencia en este derecho fundamental que requiere justificación. En este caso concreto el empleado trabajaba en la posición de encargado de ventas. Este, a petición de su empleador, creó una cuenta profesional de mensajería instantánea Yahoo Messenger para atender las consultas de los clientes. Asimismo, disponía de una cuenta de mensajería instantánea personal. Un Reglamento interior existente en la empresa prohibía la utilización de los ordenadores de la empresa para fines personales, en los siguientes términos:

> Está estrictamente prohibido alterar el orden y la disciplina dentro de las instalaciones de la empresa y especialmente(...) usar los ordenadores, fotocopiadoras, teléfonos, máquinas de télex y de fax para fines personales.

La empresa realizó una comunicación interna en la que avisaba de que la actividad profesional desempeñada con los medios entregados al empleado podía ser monitorizada para velar por el cumplimiento de sus obligaciones laborales, si bien no se acredita de forma fehaciente que el empleado la recibiera por escrito.

El empleador transcribió en un documento de 45 hojas las comunicaciones del empleado. Dicha transcripción recogía, entre otros, mensajes de carácter personal con su pareja y hermano sobre la vida sexual y salud del empleado, enviados desde la cuenta profesional de mensajería instantánea, así como mensajes que se dirigían a una cuenta denominada "Andra loves you". De los hechos no se identifica que existiera una sospecha previa de un uso inadecuado de los medios informáticos.

El asunto fue remitido, a petición del trabajador, a la Gran Sala al amparo del art. 43 CEDH (Convenio Europeo de Derechos Humanos) que, conviene recordar, establece que: " En el plazo de tres meses a partir de la fecha de la sentencia de una Sala, cualquier parte en el asunto podrá solicitar, *en casos excepcionales,* la remisión del asunto ante la Gran Sala. Un colegio de cinco jueces de la Gran Sala aceptará la demanda si el asunto plantea una *cuestión grave relativa a la interpretación o a la aplicación del Convenio o de sus protocolos* o una cuestión grave de carácter general. 3. Si el colegio acepta la demanda, la Gran Sala se pronunciará acerca del asunto mediante sentencia".

En la sentencia de 5 de septiembre de 2017, el TEDH razona que debe ser objeto de aplicación el art. 8 CEDH ya que las nociones de vida privada deben definirse en sentido amplio incluyéndose aquí el derecho a permitir una vida social privada, esto es, la posibilidad de la persona de desarrollar su identidad social, de acercarse a otras personas con el propósito de establecer y desarrollar relaciones con ellas. Precisamente, en el transcurso del trabajo es donde la mayoría de las personas tienen una oportunidad relevante (si no es la oportunidad mayor) de relacionarse. A este respecto, el servicio de mensajería instantánea por Internet es una de las vías utilizadas para llevar una vida social privada.[62] Igualmente, el envío y la recepción de comunicaciones quedan protegidos por el concepto de correspondencia incluso si son enviadas desde el ordenador de la empresa. En este sentido, si bien es cuestionable, si el empleado tenía una expectativa razonable de confidencialidad, a la vista de la política de la empresa y de que había sido informado, las instrucciones del empresario no pueden reducir la vida social privada del empleado a cero en el lugar del trabajo, ya que, el derecho a la vida privada y la privacidad de la correspondencia continúa existiendo incluso cuando éste se ha restringido en la medida necesaria.[63]

De la lectura de la sentencia se puede extraer un nuevo canon interpretativo del TEDH más exigente que el que había servido de base a la STEDH de 12 de enero de 2016. El mismo se asienta en el respeto a la "proporcionalidad y a las garantías procedimentales" en el establecimiento de controles por la empresa de los sistemas informáticos puestos a disposición de los trabajadores. Ello requiere de reglas claras y transparentes sobre los usos permitidos, los controles que podrán llevarse a cabo y su periodicidad o las medidas técnicas que serán implementadas a tales efectos (naturaleza, alcance y efectos del control) sin que la vida social de los empleados pueda reducirse a cero. El TEDH viene, pues, a matizar los criterios existentes en esta materia y deberemos seguir con atención la aplicación de esta doctrina por nuestros jueces y Tribunales.

El tratamiento de datos personales en materia laboral, se recoge en el Reglamento en el art. 88.1: "Los Estados miembros podrán, a

---

62 Véase a CANALES GIL, A. El Derecho fundamental a la protección de datos de carácter personal, revista jurídica de Castilla y León n12 2007, p. 16-46.

63 Véase. LANGILLE B. Aplicación y contenido del Derecho del Trabajo: "Labour Law's Theory of Justice", in: Davidov, G. –Langille, B. (ed.) *The Idea of Labour Law*, Oxford University Press, Oxford, 2011, p. 56-65.

través de disposiciones legislativas o de convenios colectivos, establecer normas más específicas para garantizar la protección de los derechos y libertades en relación con el tratamiento de datos personales de los trabajadores en el ámbito laboral...." en particular a efectos de contratación de personal, ejecución del contrato laboral, incluido el cumplimiento de las obligaciones establecidas por la ley o por el convenio colectivo, gestión, planificación y organización del trabajo, igualdad y diversidad en el lugar de trabajo, salud y seguridad en el trabajo, protección de los bienes de empleados o clientes, así como a efectos del ejercicio y disfrute, individual o colectivo, de los derechos y prestaciones relacionados con el empleo y a efectos de la extinción de la relación laboral. En su art. 88.2, se señala que las normas o convenios que regulen esta materia deberán incluir: "medidas adecuadas y específicas para preservar la dignidad humana de los interesados, así como sus intereses legítimos y sus derechos fundamentales, prestando especial atención a la transparencia del tratamiento, en los sistemas de supervisión en el lugar de trabajo". La protección de datos lentamente comienza a ocupar los espacios de la privacidad imponiendo sus principios de actuación mucho más exigentes y rigurosos que lo que habían servido hasta ahora para limitar el derecho a la intimidad. El asunto que resuelve la Gran Sala del TEDH es buena muestra de ello.

Una de las grandes novedades que presenta el Reglamento Europeo es el "principio de responsabilidad activa" (accountability), que viene a imponer al responsable, y al encargado del tratamiento, estar en condiciones de demostrar que cumple con las previsiones normativas en materia de protección de datos de carácter personal. Con este objetivo de la responsabilidad activa, se configuran una batería de medidas: a) La protección de datos desde el diseño, a fin de asegurar que las garantías de protección de los datos se incorporan ya en la temprana fase de planificación de los procedimientos y sistemas; b) protección de datos por defecto. La configuración predefinida de los mecanismos de recogida de datos personales sólo debe recopilar aquellos datos que sean estrictamente necesarios; c) medidas de seguridad específicas, adecuadas al riesgo que tenga la organización. El art. 24.1 del REPD impone la obligación de adoptar medidas técnicas y organizativas adecuadas a la naturaleza, el ámbito, el contexto y los fines del tratamiento, así como, los riesgos de diversa índole y gravedad para los derechos de las personas. Según el RGPD (Art. 28.1 y Considerando 81), el responsable debe adoptar medidas apropiadas, incluida la elección de encargados, de tal forma que garantice y esté en condiciones de probar que el tratamiento de datos se está realizando conforme a lo que establece el Reglamento Europeo. Esta previsión se extiende igualmente al encargado cuando subcontraten servicios que impliquen acceso a datos, con otros subencargados.

El artículo 32 del RGPD, determina una serie de medidas que deben implementarse como mínimo: 1). La seudonimización y cifrado de datos personales; 2) La capacidad de garantizar la confidencialidad, integridad, disponibilidad y resiliencia permanentes de los sistemas y servicios de tratamiento; 3) La capacidad de restaurar la disponibilidad y el acceso a los datos personales de forma rápida en caso de incidente físico o técnico.

Estableciendo un proceso de verificación, evaluación y valoración regulares de la eficacia de las medidas técnicas y organizativas para garantizar la seguridad del tratamiento; 4) El Reglamento Europeo incorpora como otra gran novedad, en su Sección 4ª (Artículos 37, 38 y 39) la figura del delegado de protección de datos, o DPO, por sus siglas en inglés (Data Protection Officer). El DPO, supone un nuevo marco reforzado de cumplimiento basado en la responsabilidad. Es la persona encargada informar a la entidad responsable o al encargado del tratamiento sobre sus obligaciones legales en materia de protección de datos, así como de velar o supervisar el cumplimiento normativo al respecto, y de cooperar con la autoridad de control y actuar como punto de contacto entre ésta y la entidad responsable del tratamiento de datos. El delegado de protección de datos, será obligatorio en tres supuestos: 1) Cuando el tratamiento lo lleve a cabo una autoridad u organismo público, (excepto Tribunales en su ejercicio); 2) En el sector privado, cuando las operaciones de tratamiento de datos personales, por razón de su naturaleza, alcance y/o fines, requieran una observación habitual y sistemática de la protección;'3) En el sector privado, cuando se produzcan actividades que consistan en el tratamiento a gran escala de categorías especiales de datos personales especialmente protegidos. Por tanto, para el sector público el impacto será mucho mayor, ya que necesariamente tiene que tener un DPO.

La posición del delegado en la empresa es de gran importancia, así el art. 38 establece que: 1. El responsable y el encargado del tratamiento garantizarán que el delegado de protección de datos participe en todas las cuestiones relativas a la protección de datos personales. 2. El responsable y el encargado del tratamiento respaldarán al delegado de protección de datos en el desempeño de las funciones. 3. El responsable y el encargado del tratamiento garantizarán que el delegado de protección de datos no reciba ninguna instrucción en lo que respecta al desempeño de dichas funciones. No será destituido ni sancionado por el responsable o el encargado por desempeñar sus funciones. 4. El delegado de protección de datos rendirá cuentas directamente al más alto nivel jerárquico del responsable o encargado. Los interesados podrán ponerse en contacto con el delegado de protección de datos por lo que respecta a todas las cuestiones relativas al tratamiento de sus datos personales y al ejercicio de sus derechos al amparo del presente Reglamento. 5. El delegado de protección de datos estará obligado a mantener el secreto o la confidencialidad en lo que respecta al desempeño de sus funciones, de conformidad con el Derecho de la Unión o de los Estados miembros. 6. El delegado de protección de datos podrá desempeñar otras funciones y cometidos. El responsable o encargado del tratamiento garantizará que dichas funciones y cometidos no den lugar a conflicto de intereses.

Con la creación de esta nueva figura se ha dado un paso adelante en el tema de la protección de datos de los trabajadores y de las empresas que en la nueva revolución digital en la que estamos inmersos serán foco de nuevos e importantes conflictos.

5 Conclusiones

Primera. El avance de las nuevas tecnologías en la organización de la empresa tiene que ir aparejado de una mayor tutela de la parte más débil de la organización empresarial como es el trabajador. El trabajo con los TICs y los logros tecnológicos han de estar al servicio del trabajo y el progreso como fórmula para permitir un trabajo más digno a los seres humanos nunca de un precarización de las condiciones de trabajo.

Segunda. Las modalidades contractuales que hoy conocemos bajo los principios de ajenidad y dependencia están sufriendo un retroceso en las relaciones laborales a favor del trabajo autónomo por cuenta propia.

Tercera. Las necesidades de mano de obra en la empresa con el avance de los nuevos medios tecnológicos no han desaparecido, sino que se han trasformado hacia una mayor especialización, lo que va unido a la necesidad de potenciación de la formación en la empresa como medio para el mantenimiento del trabajo digno.

Referencias

ABA CATOIRA, A. La efectividad de los derechos de los trabajadores y del empresario desde la implantación de las tecnologías en el ámbito laboral. *AFDUC* 18 (2014).

BAYLOS GRAU, A., *Derecho del Trabajo, modelo para armar*, ed. Trotta (Valladolid, 1995).

BILLON CURRAS, M., LERA LÓPEZ, F., ORTÍZ SERRANO, S., Evidencias del impacto de las TIC en la productividad de la empresa. ¿Fin de la "paradoja de la productividad?", *Cuadernos de Economía*. Vol. 30, Núm. 82, enero-abril, 2007.

CABEZA PEREIRO, J. *Ensayo sobre el trabajo precario y las personas vulnerables*, ed. Laborum (Murcia, 2015).

CANALES GIL, A. El Derecho fundamental a la protección de datos de carácter personal, Revista Jurídica de Castilla y León nº 12 (2007).

COMISIÓN DE LAS COMUNIDADES EUROPEAS, Bruselas, 27.6.2007, COM (2007) 359 final (comunicación de la Comisión al Parlamento Europeo, al Consejo, al Comité Económico y Social Europeo y al comité de las regiones).

CRUZ VILLALON, J. "Hacia un nuevo modelo laboral en España", *Revista de la Facultad del derecho (PUCP)*, nº 68 (2012).

"Las transformaciones de las relaciones laborales ante la digitalización de la economía", *Temas Laborales* (2017).

DAVIDOV, G. "The three axes of employment relationships: A characterization of workers in need of protection", *University of Toronto Law Journal*, 52 (2002).

DAVARA RODRÍGUEZ, M.A. hacia una nueva Ley de Protección Datos, consultor de los ayuntamientos y d los juzgados: Revista Técnica especializada en Administración local y justicia municipal nº 15-16 (1988).

.DEL POZO SEN, A. La estrategia Europa 2020 en España: el fracaso del empleo, Revista de Información Laboral num.2/2017 parte Art. Doctrinal, Ed. Aranzadi (2017).

ECHEVARRIA EZPONDA, J. El arte de Innovar: Naturaleza, lenguaje y Sociedades, Ed. Plaza y Valdés (Madrid, 2017).

EPA. 1º trimester 2018.

ESPÍN SÁEZ, M. El contrato a tiempo parcial ¿la conciliación en los tiempos de la precariedad?, *Revista de Información Laboral* num.12/2016, ed. Aranzadi, p. 21.

EVERETT ROGERS M. Diffusión of Innovations, Ed. New York:Free Press (2005).

GOERLICH PESE J.M., ESTEVE SEGARR, A., LÓPEZ BALAGUER, M, *Contratación laboral*, Nueva Revista Española de Derecho del Trabajo núm. 214/2017.

GUAMÁN HERNANDEZ, A. y ILLUECA BALLESTER, H, *El Huracán Neoliberal, una reforma laboral contra el Trabajo*, Ediciones Sequitur (Madrid, 2012).

LANGILLE B.aplicación y contenido del Derecho del Trabajo: "Labour Law's Theory of Justice", in: Davidov, G. –Langille, B. (ed.) *The Idea of Labour Law*, Oxford University Press (Oxford, 2011).

LUNDUALL, B- A National Systems of innovation: Towards a Teheory of innovation learnig, London. Pinter (1992).

MARTÍN VALVERDE, "Contrato de trabajo y figuras afines: arrendamientos de obras y de servicios, contrato de sociedad, contrato de transportes", *Aspectos de la Contratación laboral, Cuadernos de Derecho Judicial*, XX (1992).

MARTINEZ GIRÓN, J., ARUFE VARELA, A. CARRIL VÁZQUEZ, X.M., *Derecho del Trabajo,* Netbiblo (A Coruña), "…el principio tuitivo es rigurosamente congruente con la finalidad primordial del derecho del trabajo, que ha sido desde siempre la de proteger a la parte más débil de la relación laboral.

MARTÍNEZ MARTÍNEZ, R. El Reglamento de protección de datos de la Unión Europea un reto colectivo, Revista SIC: ciberseguridad de la información y privacidadvol.25, nº 120 (2016).

MERCADER UGUINA, J., *El futuro del trabajo en la era de la digitalización y la robótica,* ed. Tirant lo Blanch, (Valencia, 2017).

MONEREO PÉREZ. J.L., "La racionalización jurídica de las relaciones laborales y la emergencia de nuevas fuentes reguladoras en el orden internacional", *Revista jurídica de los derechos Sociales,* Vol.8. nº 1/2018.

Sistema español de protección por desempleo: eficacia, equidad y nuevos enfoques", en OJEDA AVILES, A., (coord.), *La protección por desempleo en España: XII Congreso Nacional de la Asociación Española de Salud y Seguridad Social,* Laborum, Murcia 2015.

MORATA GARCÍA DE LA PUERTA, B. Y DÍAZ AZNARTE, M.T., "Reforma laboral en España: precariedad, desigualdad social y funcionamiento del mercado de trabajo" *Estudios Socio-Jurídicos,* 2013, *15,* (2).

MORENO VIDA, M.N. Novedades en materia de modalidades contractuales: contrato indefinido para pequeñas empresas, trabajo a tiempo parcial y trabajo a distancia, *Temas Laborales* núm. 115/2012.

OIT, *El futuro del trabajo. Informe inicial para la Comisión Mundial sobre el Futuro del Trabajo,* 21 de septiembre de 2017.

OJEDA AVILES, A. La confrontación de modelos sociales en el cambio de siglo, *Estudios financieros. Revista de trabajo y seguridad social: Comentarios, casos prácticos: recursos humanos,* núm.379/2014.

ORTIZ CHAPARRO, F.: El teletrabajo: una nueva sociedad laboral en la era de las tecnologías, McGraw-Hill, Madrid, 1995, García Viña, J.: "Relaciones laborales e internet", en RTYSS, núm. 223, 2001, p. 18; Sierra Benítez, E.M.: El contenido de la relación laboral en el teletrabajo. Consejo Económico y Social de Andalucía, Sevilla 2011.

RUIZ MARTÍNEZ, C. Wearables para no dejar helado a nadie. The Baxi Project, un trabajo de Islandia que recurre al internet de las cosas, Seminario de publicidad y marketing nº 1549, marzo 2017.

SCHUPETER, VON HIPPEL, Capitalismo, socialismo y Demografía, Traducido por José Díaz García y Alejandro Limere, ed. Taylor & Francis Group., (Barcelona 2015).

SERRANO PÉREZ, M.M., El Derecho fundamental a la Protección de Datos. Su contenido esencial, Nuevas Políticas Públicas: Anuario Multidisciplinar para la Modernización de las Administraciones, nº 1 2005. 245-265.

SIERRA BENÍTEZ, E.M., "La protección social de los trabajadores ante el desafío del nuevo trabajo a distancia, del trabajo digital y la robótica", *Revista de Derecho de la Seguridad Social* nº 11, Edt, Laborum 2017.

STEFANO, V. "The rise of the "just-in-time workforce": On-demand work, crowdwork and labour protection in the "gig-economy"", *Conditions of Work and Employment Series*, nº 71, ILO, 2016.

TIJERO, J., MARTÍN, E., BLANCO, A. NEGRO, C., "El uso de las nuevas tecnologías en la formación continua de los trabajadores en el sector papelero", *En nuevas tecnologías en la formación flexible y a distancia,* coord. JULIO CABREO ALMENARA, EDUTEC.

VALDES ALONSO, A., El trabajo autónomo en España. Evolución, concepto, regulación, Revista del Ministerio de Trabajo e Inmigración nº 26, 2000.

Informação bibliográfica deste texto, conforme a NBR 6023:2018 da Associação Brasileira de Normas Técnicas (ABNT):

LÓPEZ ARRANZ, María Asunción. Las condiciones de trabajo frente a la trasformación digital: la protección de datos. *In*: TUPINAMBÁ, Carolina (Coord.). *As novas relações trabalhistas e o futuro do Direito do Trabalho:* as novidades provenientes da globalização, de influxos do Direito comparado e da internacionalização de contratos laborais. Belo Horizonte: Fórum, 2021. (Coleção Fórum As novas relações trabalhistas e o futuro do direito do trabalho. Tomo IV.) p. 229-258. ISBN 978-65-5518-223-1.

CAPITALISMO DE DADOS E O DIREITO DO TRABALHO: CAMINHOS E DESCAMINHOS DA SUBORDINAÇÃO, DEPENDÊNCIA E ALIENIDADE

JOSÉ EDUARDO DE RESENDE CHAVES JÚNIOR

MARCUS MENEZES BARBERINO MENDES

MURILO CARVALHO SAMPAIO OLIVEIRA

1 Introdução

Em meio à profunda mudança estrutural da base tecnológica do capitalismo – envolvendo mecanismos como escalabilidade, inteligência artificial, aprendizado de máquina e *big data* – não mais confinada a setores de vanguarda, já que disseminada nas várias dimensões da economia pública e privada, a sociedade brasileira ainda enfrenta problemas conjunturais agudos na sua estrutura social, ante a grave crise econômica que nos espreita.

Diante de mais de 28 milhões de brasileiros em situação de "subutilização da força de trabalho", já incluídos os mais de treze milhões de desempregados,[1] o labor em extensas e intensas jornadas em troca de diminuta remuneração se expande como única alternativa à falta de renda e emprego.

Não à toa que duas manchetes da mídia jornalística são emblemáticas: "Dormir na rua, pedalar 30 km e trabalhar 12 horas por dia: a rotina dos entregadores de aplicativos", título de matéria da BBC News datada de 22.05.2019;[2] "Apps como Uber e iFood se tornam "maior empregador" do Brasil – Apps de serviços são fonte de renda para 4 milhões de brasileiros; se reunidas em uma mesma folha de pagamento, ela seria mais longa do que a dos Correios", matéria do Estadão em 28.04.2019.[3]

O debate se tais plataformas eletrônicas são ou não empregadoras, como insinuado na notícia anterior, ou seja, a chave de acesso para a relação de emprego e a proteção trabalhista vêm sendo hegemonizadas pela noção de subordinação jurídica, embora este critério enfrente dilemas e problemas avassaladores no capitalismo tecnológico, que transitam pelas ideias recentes de subordinação estrutural, subordinação reticular, subordinação telemática, dependência econômica, entre outras.

Este ensaio, igualmente resultado de um diálogo tecnológico entre autores, propõe-se a confluir ideias e propostas sobre os critérios do conceito de empregado no sistema trabalhista brasileiro a partir de uma leitura crítica e transdisciplinar que capte as mudanças do capitalismo tecnológico.

Este texto inicia com a delimitação da noção de capitalismo tecnológico, suas inovações e efeitos no mercado de trabalho para, recortando a análise ao ordenamento jurídico, situar a indeterminação conceitual da CLT ao disciplinar a figura do empregado. Indica também as dificuldades da subordinação jurídica tradicional, como teoria prevalecente do conceito de empregado, neste cenário de inovações. O texto passa a enfrentar as ideias da atual sociedade do "controle" e multidão como referência explicativa para a crise da típica hierarquia

---

1 Segundo o IBGE, "A taxa de subutilização da força de trabalho foi de 25%, a maior desde 2012. Isso representa um grupo de 28,3 milhões de pessoas que reúne os desocupados, os subocupados com menos de 40 horas semanais e os que estão disponíveis para trabalhar, mas não conseguem procurar emprego por motivos diversos" (https://agenciadenoticias.ibge.gov.br/agencia-noticias/2012-agencia-de-noticias/noticias/24283-desemprego-sobe-para-12-7-com-13-4-milhoes-de-pessoas-em-busca-de-trabalho).

2 A matéria encontra-se disponível em: https://epocanegocios.globo.com/Empresa/noticia/2019/05/dormir-na-rua-pedalar-30-km-e-trabalhar-12-horas-por-dia-rotina-dos-entregadores-de-aplicativos.html.

3 O texto está disponível em: https://exame.abril.com.br/economia/apps-como-uber-e-ifood-sao-fonte-de-renda-de-quase-4-milhoes-de-pessoas/.

e disciplina do padrão fordista de trabalho. Como alternativas, são apresentadas as ideias da subordinação reticular e da dependência econômica.

2 Os efeitos do capitalismo tecnológico sobre o trabalho

O capitalismo sempre foi marcado pela inovação contínua dos métodos de gestão e técnica aplicada aos processos produtivos, sendo dois vetores de elevação do mais-valor a influenciar a composição técnica do capital. Mas as fases anteriores em que se identificam os grandes influxos dos processos produtivos a partir da alteração da base técnica de produção, o conflito entre a inovação e as instituições jurídicas, ficavam contidos em seus efeitos ao âmbito nacional, de modo que as sociedades humanas tradicionais sofriam forte impacto nos seus mecanismos institucionais internos e na sua capacidade de administrar conflitos entre seus membros.

É que no âmbito dos Estados Nacionais centrais não havia nenhuma solução de continuidade no marco regulatório interno e nos parâmetros de uso do trabalho regulados pelos Estados nacionais e sua contestação ocorria no âmbito do conflito de interesses entre classes sociais aparentemente mais identificadas e unificadas em seus interesses. A entronização das máquinas a vapor e a parcialização do trabalho decorrentes das novas tecnologias atingiram, evidentemente, a fixação da taxa de exploração do trabalho e impactaram a organização coletiva do trabalho.

De igual modo, a entronização da eletricidade e dos processos químicos mais amplos e a trustificação do capital atingem as rotinas de trabalho e ampliam a especialização produtiva, mas a subsunção material do trabalho ao capital trouxe duas consequências à organização do trabalho: a estabilização do processo produtivo numa estrutura industrial mecânica e de produção massiva e contínua implicava reunião do contingente de trabalhadores em jornadas comuns, reforçando seus laços de sociabilidade; a estabilização do processo conduz ao espraiamento dos contratos de trabalho de longo tempo de duração. Isso permitiu o empoderamento dos trabalhadores e suas instâncias de representação a partir do final do século XIX, tanto os sindicatos e, principalmente, os partidos associados ao trabalho como os socialistas, comunistas e socialdemocratas.

Outro efeito sinérgico dessa inovação tecnológica estrutural foi a construção de políticas públicas de investimento em infraestrutura urbana, funcionais à interação entre capital e trabalho, inclusive quanto à previsibilidade do uso dos equipamentos, cujo exemplo mais saliente são os sistemas de transportes públicos, demandantes de blocos massivos de investimento para o uso em dois períodos temporais bastante definidos, o início do dia e o término da jornada de trabalho, fixada no início do século XX em oito horas diárias.

A premissa desta interação entre capital e trabalho era a base estatal em que se baseavam e que correspondiam à competição entre os Estados centrais e as determinações da divisão internacional do trabalho decorrentes dessa competição interestatal.

Os efeitos das duas Guerras Mundiais e do "crash de 1929" reforçaram essa interação, mesmo com a inserção de novos Estados industriais e competidores no mercado internacional, como o Japão e Alemanha, além da relativa contenção das transações comerciais internacionais representada pela existência dos países integrantes do eixo de influência da extinta União Soviética e da própria República Popular da China, que serviam como estímulo geopolítico para a difusão do que se convencionou chamar de padrão fordista de processo produtivo.

Para usar os termos de Michael Burawoy,[4] essa configuração tecnológica e institucional permitiu espraiar o regime hegemônico de produção, aparentemente virtuoso, e a demonstração empírica dos postulados keynesianos, sinteticamente representados pelo estímulo à demanda agregada, mormente através de bens salários, com os mais variados arranjos institucionais no âmbito das economias nacionais, mas sempre baseados na ampliação da economia pública com a universalização de serviços e direitos.

O Direito do Trabalho era e ainda é um dos pilares desse arranjo institucional e funcionava como um estabilizador da renda nacional, evitando os efeitos sociais e políticos das variações do ritmo da atividade econômica. Assim, em contextos recessivos a regulação do trabalho auxilia o desenvolvimento de políticas fiscais contracíclicas, evitando a queda pronunciada do produto nacional, mantendo a renda e a atividade econômica num nível mínimo, que serviu de base para que o conjunto de políticas públicas voltasse a estimular o crescimento do produto. De certo modo, o Direito do Trabalho civiliza, legitima e contribui para impulsionar o capitalismo. Ao menos ao longo dos últimos 100 anos, aproximadamente.

---

4 BURAWOY, Michael. A Transformação dos Regimes Fabris no Capitalismo Avançado, ensaio consultado no sítio eletrônico: http://www.anpocs.org.br/portal/publicacoes/rbcs_00_13/rbcs13_02.htm.

Embora nenhum país ocidental, economias de mercado *tout court*, tenha homogeneizado todas as relações de trabalho numa regulação social e tributária, essa sempre foi a tendência regulatória inicial, porque se relaciona diretamente com a capacidade tributária e arrecadatória do Estado *vis-à-vis* com o estímulo a relações de solidariedade entre os cidadãos, *rectius*, entre os trabalhadores, transplantando para o centro das relações institucionais os laços de atenção primária que são próprios das famílias.

Não se pode negar que a virtual igualdade na partida foi superada pela reprodução do *status* profissional na escala social no âmbito da regulação pública e tributária. A ruptura com a padronização foi criando regimes jurídicos que distinguem *white collars* e *blue collars*. Mas, sobretudo, permitiu a multiplicidade de regulações setoriais a distinguir certos estratos do trabalho pelo seu grau de autonomia frente às organizações.

Essas novas formas jurídicas que dão corpo às coalizões empresariais, quer cooperativas e coordenadas, quer hierarquizadas, abalaram a estrutura das relações jurídicas empregatícias. Se numa primeira análise e sob um prisma estritamente formal é possível dizer que tais mutações encarnam o próprio espírito empreendedor e o princípio da livre-iniciativa, uma análise mais acurada revela-nos a ameaça à segurança jurídica, aqui tomada na perspectiva de direito a ter direitos, e neste sentido transmuta-se numa pedra angular do sistema de proteção dos direitos humanos.

Com efeito, se os sistemas constitucionais contemporâneos representam o compromisso social e político envolvendo todos os seus estratos, e vigendo neles uma economia de mercado, é de se convir que as relações jurídicas mais comuns nestes sistemas são relações jurídicas assimétricas, e neste aspecto resta esmaecida a visão estrita de que a segurança jurídica estabeleça cânones de certeza para os privados em face do Estado.

Essa noção emergiu das revoluções burguesas, podendo ser sintetizada no princípio da não surpresa, e representa um dos mecanismos de proteção da propriedade e do livre-comércio. Em última razão, traduz-se nos mecanismos de segurança econômica dos proprietários em face da organização política, o Estado.

Assim, as noções de legalidade, devido processo legal e intangibilidade do ato jurídico perfeito, dos direitos adquiridos e da coisa julgada – prescrições relevantes acerca do agir do Estado e de seus deveres de abstenção – somam-se ao dever de promover direitos à segurança econômica e ao bem-estar dos não proprietários. Haveria então um conflito potencial e sistêmico entre a livre-iniciativa com suas prerrogativas de segurança em face do Estado e a segurança jurídica mais espraiada e democrática dos demais cidadãos, que envolve diversas regras de conduta, tanto positiva quanto negativa, do Estado e da base econômica das sociedades contemporâneas.

Nesta perspectiva, chancelar às coalizões empresariais a possibilidade infinita de contornar a regulação do mercado de trabalho pela via contratual importaria secundar a vida social política ao contratualismo. Ora, as sociedades contemporâneas são fundadas na concentração organizacional e institucional, de modo que a assimetria entre organizações e indivíduos é a premissa básica para a análise do conteúdo das relações jurídicas, mormente quando se pretende avaliar a distribuição da carga de deveres dos sujeitos da relação.

Dito de outro modo, a segurança jurídica pressupõe algum nível de segurança socioeconômica, mas como compatibilizar isso numa sociedade fundada na inovação e na competição econômicas? A seara a ser percorrida parece estar na identificação e imputação da responsabilidade imediata sobre as organizações participantes dessa própria sociabilidade competitiva.

Como se vê, nessa abordagem ampliada do direito à segurança jurídica, o mercado de trabalho assume uma feição de bem público, sobre o qual convergem a regulação pública e a regulação privada, numa interação fundada na prevalência do direito a ter direitos ou, para resgatar a expressão consagrada por Delgado,[5] num "patamar civilizatório mínimo". Essa premissa representa a conexão entre a indisponibilidade dos direitos humanos e sua universalidade, de modo que o léxico "direito ao trabalho", por exemplo, não se traduza em direito a qualquer trabalho, pois segurança jurídica só tem relevância para os sistemas jurídicos se estiver atrelada à proteção à vida digna.

Trata-se, pois, de estabelecer uma conexão entre atividade, risco e responsabilidade, de modo a evitar que aqueles que desenvolvem a atividade econômica tentem subtrair do âmbito de suas relações jurídicas a responsabilidade sobre os riscos inerentes a esta atividade. Essa tendência evanescente da responsabilidade pela atividade econômica serve de fundamento à Lei uruguaia nº 18.099/2007, como assinalam Rosenbaum e Castello,[6] ao esclarecer que no processo legislativo uruguaio:

---

5 DELGADO, Maurício Godinho. *Curso de Direito do Trabalho*. 8. ed. São Paulo: LTr, 2009.

6 CASTELLO, Alejandro; ROSENBAUM Jorge. *Régimen Jurídico de la Subcontratación e Intermediación Laboral*. 1. ed. Fundação de Cultura Universitária: Montevidéu, 2007.

> Los legisladores de la bancada oficialista parten de la constatación que los fenômenos de tercerización constituyen instrumentos válidos de gestión empresarial, pero señalandose que la diversidade de sujetos que aparecen como empleadores (uno contrata e paga el salário; el outro ejerce el poder de dirijir el trabajo e se beneficia del mismo), lo que provoca que el trabajador se vea sometido a un juego confuso de relaciones laborales, que as veces tien incluso un exclusivo carácter de elusión o evasión de las responsabilidades laborales e provisionales.

É interessante, a respeito, chamar à colação o debate que se trava no constitucionalismo contemporâneo acerca da mudança paradigmática dos princípios liberais – igualdade, liberdade e fraternidade –, cristalizados a partir dos ideais kant-rousseaunianos da Revolução Francesa, para a chamada tríade de Denninger[7] – segurança jurídica, diferença e solidariedade.

Nesse debate, travado à luz da Lei Fundamental Alemã e das novas constituições do leste alemão – Bundesländer, a segurança suplementa a ideia de liberdade negativa clássica, em permanente articulação com a ideia de solidariedade, a fim de reconstruir o Estado e a Constituição como garantes do cidadão contra todas as esfera da noção de risco e sobretudo contra os riscos sociais, que são mais iminentes que os riscos bélicos, por exemplo.

Flagra-se aqui uma relação dinâmica entre direito, economia e, sobretudo, o caráter expectacional da segurança jurídica, que pode e deve ser um compromisso do sistema jurídico, mas num contexto espraiado e universal, onde a mutabilidade da vida social não se traduza em simples refúgio da irresponsabilidade jurídica e social dos agentes sociais, mormente os agentes econômicos.

A base tecnológica da economia em rede digital coloca todas essas premissas em cheque e dificulta a capacidade dos Estados Nacionais exercerem sua jurisdição, comprometendo as políticas de renda, emprego e a própria sustentabilidade das receitas tributárias para a manutenção das burocracias do Estado. Também desarticula os vínculos simbólicos de pertencimento e representação entre as organizações sindicais e os trabalhadores.

A nova fronteira tecnológica não conhece limites para organizar o trabalho a distância e num novo padrão simbólico, que exclui os elos

[7] DENNINGER, Erhard. Segurança, Diversidade e Solidariedade ao invés de Liberdade, Igualdade e Fraternidade. *In: Revista Brasileira de Estudos Políticos,* vol. 88, p. 21-45, dez. 2003.

de pertencimento erigidos pela interação entre Estados Nacionais e as empresas sediadas em sua jurisdição territorial. A capacidade de ajuste e direta interação entre empresas, aplicativos e os consumidores, cria uma tendência à associação espúria sempre capaz de debilitar a renda do trabalho. A plataforma sequer conhece limites territoriais, de modo que produtos e serviços tradicionalmente reconhecidos como *nontradeables* podem ser ofertados, inclusive o prosaico serviço de manicures nas grandes cidades.

São diversas as plataformas digitais de trabalho atualmente, alcançando setores da economia de transportes, serviços, profissionais liberais, entre outros. O caso Uber é o de maior destaque e até designado como "economia-Uber" por ser um modelo de gestão de atividade econômica na indústria 4.0.

Essas plataformas criam mercado de pessoas conectado com os consumidores que necessitam de serviços específicos oferecidos por pessoas. A virtualidade da interconexão promove o encontro do trabalhador prestador com o consumidor, os quais dificilmente se encontrariam por meios físicos ou presenciais.

Nos EUA, encontram-se plataformas digitais de serviços tal como Homejoy ou Taskrabbit. Nestas, a venda é de mera força de trabalho, com serviços de limpeza, carregador, pedreiros, encanador, entre outros, para o Taskrabbit e serviços domésticos de diarista para o Homejoy (SLEE, 2017, p. 145 e 151).

No entanto, nessas plataformas vários riscos do negócio são repassados ao trabalhador. A exemplo do cancelamento das chamadas, do tempo de espera não remunerado e do risco social de doença ou acidente, além das despesas com equipamentos ou veículos.

A faixa salarial desses trabalhadores, a partir de um tempo de vivência de trabalho via plataforma, é bastante diminuta. E logicamente inversa às propagandas que as plataformas fazem. Nesse discurso, o lema é de que esta remuneração é melhor que nada.

Os trabalhadores destas plataformas são postos, no prisma formal-contratual, na posição jurídica de parceiros autônomos. São tidos como livres para se ativar ou desativar no horário de sua escolha, contudo, por ganharem tão pouco, são impelidos sempre a trabalhar o máximo da jornada fisicamente possível. Curioso que, na condição de autônomos, não tenham autonomia para fixar o preço de seu trabalho, recusar clientes ou mesmo avaliar seu parceiro.

É também curioso que aspectos da precária e utilitária atividade dos trabalhadores nas plataformas, decorrentes do próprio formato da intermediação, inteiramente formulada e regulada pela empresa financeira e tecnológica, sejam indícios da sua liberdade e não demonstrações da sua vulnerabilidade, ainda que vocalizada em termos altivos. É da insuspeita obra fundadora do liberalismo econômico de Adam Smith a perfeita definição acerca da influência dos fenômenos socioeconômicos na definição da autonomia e da liberdade de trabalho. Registrou o cônego escocês:

> O produto de quase todos os outros trabalhos está sujeito à mesma dedução do lucro. Em todos os ofícios e manufaturas, a maior parte dos trabalhos tem necessidade de um patrão que lhes adiante o material para o trabalho, salários e sua manutenção, até completar o trabalho. O patrão partilha do produto do trabalho dos empregados, ou seja, do valor que seu trabalho acrescenta aos materiais trabalhados pelo empregado; é nessa participação que consiste o lucro do patrão.
> Às vezes, ocorre realmente que um trabalhador independente tenha capital suficiente tanto para comprar os materiais para seu trabalho, como para manter-se até completá-lo. Nesse caso, ele é ao mesmo tempo patrão e operário, desfrutando sozinho do produto integral do seu trabalho, ou seja, do valor integral que seu trabalho acrescenta aos materiais por ele processados. Esse valor inclui o que geralmente são duas rendas diferentes, pertencentes a duas pessoas distintas: o lucro do capital e os salários do trabalho. Contudo, esses casos não são muitos frequentes, e em todas as partes da Europa, para cada trabalhador autônomo existem vinte que servem a um patrão.[8]

E o próprio autor chega à inevitável conclusão sobre as consequências dessa relação socioeconômica e sua natural assimetria ao afirmar que "não é difícil prever qual das duas partes, normalmente, leva vantagem na disputa e no poder de forçar a outra a concordar com as suas próprias cláusulas".[9]

A criação das regras do serviço, a estipulação do preço, a difusão da tecnologia de aproximação, comunicação e execução dos serviços, inclusive com o controle da qualidade do serviço prestado são unilateralmente impostas no capitalismo de dados. Mas o efeito da distância da execução e a fragmentação do tempo para a execução do trabalho parecem ofuscar os deveres jurídicos dos estipulantes pelos riscos econômicos da sua atividade.

---

8 SMITH, Adam. *A Riqueza das Nações*. Volume I. 3. ed. São Paulo: Nova Cultural, 1988, p. 63.

9 *Ibidem*, p. 63.

3 Sistema jurídico e regulação do mercado de trabalho: indeterminação conceitual

Além dos fortes impactos do capitalismo tecnológico na organização do trabalho, o sistema normativo trabalhista brasileiro tem um conceito aberto de empregado, conforme redação do art. 3º da CLT, que vem sendo hegemonizada pela doutrina como "subordinação jurídica". Contudo, percebe-se que a marca da sujeição hierárquica do trabalhador foi atenuada ou diluída pelas dinâmicas de gestão do trabalho mais flexíveis, tornando mais difícil – pelo olhar tradicional – visualizar o mesmo assalariado, por força dos seus novos epítetos, como o (antigo) empregado. O novo modismo contemporâneo disfarça, ilude e simula o velho padrão capitalista de trabalho assalariado. Nisto, a novidade verificável é a renovação disfarçada do velho, na tentativa de fuga de um marco legal (e seus custos) de proteção trabalhista.

Fora da noção clássica de "subordinação jurídica", os trabalhadores dependentes envolvidos em situações atípicas de trabalho são excluídos da tutela legal da relação de emprego. Entretanto, a realidade destes dependentes desprotegidos repete o problema da excessiva exploração do trabalhador que culminou no surgimento do Direito do Trabalho, embora o faça através de formas distintas da relação de trabalho subordinado clássica. Não obstante, tem-se indubitavelmente repetida a condição originária trabalhista: uma parte hipossuficiente que carece de proteção legal ante o poder econômico do seu tomador de serviços.

Na definição do empregado (art. 2º), a CLT adotou um conceito indeterminado ao constar a expressão "sob dependência". A noção de subordinação jurídica clássica (comando-punição) hegemonizava a semântica do conceito legal, todavia o surgimento de uma série de figuras atípicas colocou em xeque este conceito, sobretudo situações de trabalho dependente sem a configuração dos tradicionais elementos da subordinação subjetiva. Surgiram, então, novas ideias para a subordinação, bem como a dependência econômica retornou ao debate. Justamente pela indeterminação do conceito de "sob dependência", as teorias novas e renovadas da subordinação objetiva, estrutural, integrativa e da dependência econômica são interpretações defensáveis diante da amplitude do texto legal.

Essa indeterminação conceitual é potencializada na era da alta conectividade tecnológica e de seus impactos sobre os vários campos do conhecimento humano, sobretudo na economia, na sociologia e na política, que acaba por transformar a relação entre as instâncias da produção e consumo, que se confundem.

Percebe-se, também, como fator de indeterminação conceitual a progressiva substituição das empresas de intermediação de mão de obra por plataformas virtuais, que conectam diretamente o tomador final com o prestador pessoal do serviço, que passa também a ser o detentor das ferramentas de trabalho – mas não propriamente dos *meios de produção*.

Desenha-se um novo trabalho, o trabalho do "comum", que não é o trabalho estatalista, senão os substratos imanentes da comunidade. Não é também um trabalho comunitário, já que esse tipo de trabalho tem uma perspectiva assistencialista. Não é um trabalho público, nem comunitário, mas também não é um trabalho coletivo, entendido coletivo como restrito à esfera da autonomia privada coletiva tradicional, isto é, o trabalho de uma corporação profissional específica, do sindicalismo por categoria.

O trabalho "comum" é o trabalho da "multidão",[10] isto é, o trabalho que não pode ser reduzido a um tipo de categoria e que também não pressupõe a existência de uma única classe operária produtiva. Não é o trabalho coletivo da categoria, mas também não é o trabalho individual, mas o trabalho indiviso. Não é o trabalho isolado, da produtividade medida isoladamente, nem coletivamente medida em horas de trabalho. O trabalho "comum" é o trabalho contínuo, de fluxos contínuos, entrelaçados, misturados, enfim, fluxos reticulares de singularidades produtivas.

A gestão econômica do "comum" não é garantida pelo mercado ou pela empresa, nem pelo Estado ou pelo sindicato. Nem é uma articulação mecânica ou puramente eletrônica, predeterminada pela simples interação entre *hardware* e *software*. O "comum" produtivo sucede de uma forma cooperativa, que, mais do que simplesmente *informático*, é, sobretudo, informal e fluido. É uma concorrência imbricada com a cooperação.

O trabalho homogêneo, repetitivo, afastado da vida, tende à estabilização da atividade produtiva, à produção sedentária, fechada dentro da fábrica fordista. No entanto, do processo de conversão do trabalho no "comum", esse novo trabalho misturado com a vida, esse trabalho híbrido, pressupõe uma organização produtiva *desterritorializada*, externa, uma produção nômade, que não se contém mais na

---

[10] O conceito de "multidão" é desenvolvido na obra, no capítulo intitulado "O Direito do Trabalho Pós-Material: o trabalho da "multidão" produtora". *In*: CHAVES JR.

empresa. Essa desconcentração produtiva incide no paradoxo de que o essencial do valor extraído provém da captação das externalidades e até mesmo à margem da competitividade (MOULIER-BOUTANG).[11]

Diante dessa profunda alteração da realidade produtiva, há uma impactante afetação da teoria clássica do Direito do Trabalho, para além das respostas que mercantilizam o trabalho, seja pela via indireta da (i) conversão dos direitos sociais em mercadoria, reduzidos a 'negócios' por meio da negociação coletiva, sem o pressuposto da reforma sindical, seja pela direta mercantilização do trabalho humano, (ii) pela instituição da plena e irrestrita *marchandage* ou terceirização.

4 Da "disciplina" ao "controle" da "multidão" produtora

Num primeiro momento de afirmação da autonomia científica do Direito do Trabalho, o conceito de subordinação jurídica foi muito útil, principalmente para estender a proteção dada ao trabalho produtivo – previsto para a empresa (que é o empregador típico) no *caput* do art. 2º da CLT – para o chamado trabalho improdutivo ou de consumo, previsto no parágrafo primeiro do mencionado preceito normativo, parágrafo esse que trata do empregador por equiparação.

Mas desde a acumulação flexível, iniciada no segundo meado do século XX, e principalmente a partir do fenômeno atual da chamada *GigEconomy*, da intermediação eletrônica do trabalho, a *subordinação* deixa de ser tão adequada à ideia de uma regulação tuitiva do trabalho humano, pois tal conceito está ainda muito ligado à concepção foucaultiana de "sociedade da disciplina", ao passo que o capitalismo tecnológico e cognitivo tende muito mais à deleuzena "sociedade do controle".

Parece, pois, muito oportuno precisar a distinção entre *disciplina* e *controle* para compreender de uma forma mais clara essa transição, essa passagem para um Direito do Trabalho pós-material.

A ideia de sociedade disciplinar é formulada por Foucault, que a identifica a partir do século XVII, na disciplina dos corpos pelos poderes, por meio da vigilância, que é mais rentável do que a punição. A vigilância acaba internalizando a autodisciplina do cidadão e do trabalhador.

---

[11] MOULIER-BOUTANG. *In:* BLONDEAU *et al.*, 2004, p. 147.

A *potência* da vigilância sempre é mais eficiente, abrangente e econômica do que o *ato* de punição.[12]

A disciplina se espraia do poder político para os poderes econômicos e privados, do cidadão, ou seja, do Estado, da prisão para a família, escola, fábrica, universidade e hospital.

A fábrica é a tradução para a esfera da produção da *sociedade disciplinar*.[13] A disciplina é desdobrada no plano da produção, por meio da organização taylorista, da linha de produção, que estabelece um vínculo linear no trabalho, que se internaliza subjetivamente no operário, como estratégia de disciplina ética, de vigilância. A *potencialidade* de a interrupção individual do trabalho interditar a linha de produção sobrecarrega, no indivíduo, a responsabilidade pela produção coletiva. Com isso diminui-se sobremaneira a necessidade de aplicação do *ato* de punição.

Esse sistema é desdobrado juridicamente para o modelo de vigilância jurídica, por meio do contrato de trabalho subordinado, no início do século XX. A disciplina ganha, assim, sua potência jurígena, de forma a diminuir a necessidade da aplicação do ato ineficiente de punição.

Mas, por outro lado, com a evolução da sociedade industrial, sobretudo com a crise estrutural deflagrada em 1973, em virtude da elevação do preço do petróleo, o padrão de acumulação taylorista perde sua eficácia. Seja pela intensificação da concorrência, em plano planetário, seja pelo aumento dos vínculos de solidariedade sindical, solidariedade essa que se vê beneficiada tanto pelo modelo de indivíduo-protagonista na produção linear – por fortalecer sua capacidade de prejudicar a

---

12 "Esses métodos que permitem o controle minucioso das operações do corpo, que realizam a sujeição constante de suas forças e lhes impõem uma relação de docilidade-utilidade, são o que podemos chamar as 'disciplinas'. Muitos processos disciplinares existiam há muito tempo: nos conventos, nos exércitos, nas oficinas também. Mas as disciplinas se tornaram no decorrer dos séculos XVII e XVIII fórmulas gerais de dominação". FOUCAULT, 1987, p. 164.

13 "A fábrica parece claramente um convento, uma fortaleza, uma cidade fechada; o guardião 'só abrirá as portas à entrada dos operários, e depois que houver soado o sino que anuncia o reinicio do trabalho'; quinze minutos depois, ninguém mais terá o direito de entrar; no fim do dia, os chefes de oficina devem entregar as chaves ao guarda suíço da fábrica que então abre as portas. É porque, à medida que se concentram as forças de produção, o importante é tirar delas o máximo de vantagens e neutralizar seus inconvenientes (roubos, interrupção do trabalho, agitações e 'cabalas'); de proteger os materiais e ferramentas e de dominar as forças de trabalho: A ordem e a polícia que se deve manter exigem que todos os operários sejam reunidos sob o mesmo teto, a fim de que aquele dos sócios que está encarregado da direção da fábrica possa prevenir e remediar os abusos que poderiam se introduzir entre os operários e impedir desde o início que progridam". FOUCAULT, 1987, p. 169.

produção – como pela consolidação de outra ética social, de luta de classe dos não proprietários.

Para o capitalismo esse é o cenário ideal e necessário para a superação do padrão de acumulação rígida, que, aliás, já havia se iniciado nos anos 50 no Japão. Do taylorismo/fordismo a produção da grande indústria desloca-se para o modelo ohnista/toyotista, em que a produção linear e vertical é substituída por uma concepção mais reticular e horizontal, de forma de diminuir a capacidade relativa do trabalhador, individualmente considerado, de paralisação do sistema produtivo.

É certo que outros fatores foram decisivos para o sucesso do sistema da acumulação flexível, como exemplo, o sistema *just in time*, mas aqui a preocupação é focar mais na questão da potência disciplinar do trabalho, justamente para realçar o trânsito da *disciplina* ao *controle* no plano da relação jurídica de emprego.

Na "*sociedade do controle,* as tecnologias disruptivas, que emergem com força no século XXI, potencializam a capacidade relativa de se flexibilizar a acumulação do capital, seja na perspectiva da regulação territorial, seja no plano da produção ou até na esfera do ordenamento jurídico trabalhista.

Estamos em transição para o capitalismo dos dados, no qual a acumulação é cada vez baseada na extorsão do produto da cooperação social, como resultado do incremento da socialização da produção, principalmente pela atividade produzida pelas redes sociais e plataformas econômicas[14] e na captura dos dados dos trabalhadores e consumidores. Nesse contexto, o capital apropria-se do "*commons*", do conhecimento tácito e codificado da comunidade em rede, dos dados dos cidadãos em rede, e acaba por capturar as energias de emancipação que eclodem em meio à colaboração produtiva.

Deleuze[15] de maneira bem perspicaz, quase premonitória, já em 1990, havia identificado o início dessa viragem, dessa torção topológica e, de certa maneira sutil, da "sociedade da disciplina" para a "sociedade

---

[14] (LUCARELLI & FUMAGALLI) Fumagalli, Andrea, and Stefano Lucarelli. "A model of Cognitive Capitalism: a preliminary analysis". (2007): 117-133.

[15] A descrição da sociedade do controle aparece em dois textos publicados originalmente em francês, em 1990, o primeiro deles numa entrevista concedida ao filósofo e cientista político italiano Antonio Negri. Esses dois textos são publicados em português em 1992: *Conversações, 1972-1990 / Gilles Deleuze,* tradução de Peter Pál Pelbart, pela Editora 34. *Controle e Devir* (entrevista a Antonio Negri, 1990) p. 209-218; *Post-scriptum sobre as sociedades de controle,* p. 219-226.

do controle". Para Deleuze, Napoleão marca o final da transição da *sociedade da soberania*, que tinha por finalidade (i) açambarcar e (ii) decidir sobre a morte, para a *sociedade da disciplina*, cujos objetivos passam a ser (i) organizar a produção e (ii) gerir a vida.[16]

A despeito de a iconografia da sociedade do controle haver sido vislumbrada por Deleuze, ele próprio defende que Foucault já descrevera a sociedade disciplinar como aquilo que já não éramos, já estávamos deixando para trás.[17] Essa nova sociedade é digital, antes que analógica, e substitui a fábrica pela empresa, transformando a solidariedade coletiva em concorrência, transposta da esfera do capital para o coração do trabalho.[18]

Nesse novo mundo da economia, reconstroem-se as subjetividades dos trabalhadores, até mesmo na esfera do poder diretivo; não se trata mais de identidades, assinaturas, senão de senhas, cifras e códigos. São amostras e bancos de dados. Os indivíduos tornam-se divisíveis, *'dividuais'*, passíveis de replicação virtual. Não são necessárias *palavras de ordem*, seja na organização do trabalho, seja na organização da resistência sindical.[19]

Estatui-se o capitalismo da *'sobre-produção'*, com a produção deslocada para os países periféricos; não se compram mais matérias--primas e se vendem produtos acabados. Inverte-se a lógica: compram-se produtos e vendem-se serviços. O poder empresarial se expressa mais pela tomada do poder acionário do que pela formação da disciplina do trabalho; mais por fixação de cotações do que por redução de custos da produção. O poder empregatício descola-se da disciplina corporal e do tempo de trabalho para o controle da alma e do *marketing*.[20]

Ao controle já não interessa o *confinamento* dentro da fábrica, dentro de uma jornada fixa, dentro de uma disciplina linear, de um vínculo jurídico estável, mas, sim, o vínculo etéreo, pós-contratualista, pós-material, sonho de liberdade, mas que engendra agenciamentos compromissários, dívidas continuamente diferidas, *endividamento* recorrente, uma afetação apenas virtual.

---

16 DELEUZE, Gilles, 1992, p. 219.

17 DELEUZE, Gilles, 1992, p. 215-216.

18 DELEUZE, Gilles, 1992, p. 221.

19 DELEUZE, Gilles, 1992, p. 222.

20 DELEUZE, Gilles, 1992, p. 224.

A troika da União Europeia propõe a *flexi-seguridade*, mas não se trata mais disso, senão de flexi-liberdade, a liberdade dúctil, a autonomia enredada, antes que reticular ou compartilhada – parassubordinada.

No *controle*, o trabalho é compatível com vínculos precários, desde que contínuos, plugados, *on-line*, virtuais. São conexões heterogêneas, sem identidade, similaridade ou homogeneidade, esvaziando o art. 511, §4º, da CLT. Singularidades produtivas, que se opõem às individualidades e coletividades. Mais relevante que o contexto social é o hipertexto cultural.

É a *multidão* e não mais a *categoria* que é agenciada pela neoprodução, que nem faz questão de distinguir entre o operário e o consumidor.

Deleuze lança mão de duas representações para desenhar os perfis da disciplina e do controle. A disciplina como a *toupeira* cega, que se infiltra pela sociedade e pela produção, de forma subterrânea, por suas escavações, seus túneis e labirintos; o controle pela *serpente*, enrolada em seus anéis, pronta para um bote fatal.[21]

As diferenças entre as sociedades da disciplina e do controle são muitas vezes de grau e numérica, antes que qualitativa; mas distinções que envolvem também a noção da lei hegeliana de passagem da quantidade à qualidade. Talvez essa noção possa ser traduzida na ideia de mudança de estados quânticos.

Para uma melhor compreensão, parece útil construir um gráfico indicativo de tal transição, tendo sempre presente que as duas formas de sociedade coexistem, imbricam-se, comunicam-se e se ricocheteiam, não em circularidade, mas de uma forma evolutiva, espiralada. Não se contrapõem necessariamente, justapõem-se e se sucedem no tempo, em variações ora gradativas, ora emergentes:

[21] DELEUZE, Gilles, 1992, p. 225-226

	Sociedade da Disciplina FOUCAULT	*Sociedade do Controle DELEUZE*
Referências	1. Final séc. XVIII 2. Vigiar e punir	1. Final séc. XX 2. *Post-scriputm* sobre a sociedade do controle
Características	1. Analógico 2. Durável 3. Estabilidade 4. Jornadas delimitadas 5. Tempo linear 6. Máquinas energéticas 7. Disciplina individual 8. Ajuste da produtividade individual 9. Captura do tempo de trabalho e da produtividade dos trabalhadores 10. Subsunção formal do trabalho 11. Subordinação jurídica	1. Digital 2. Descartável 3. Precariedade 4. *Continuum* intermitente 5. Tempo real 6. Máquinas cibernéticas 7. Controle estatístico 8. Abundância de trabalho disponível 9. Captura das externalidades positivas da rede (da cooperação social e dos conhecimentos da comunidade) 10. Subsunção pós-real do trabalho 11. *Alienidade* reticular
Ícones	1. Fábrica 2. Assinatura 3. Confinamento 4. Fidúcia 5. A toupeira	1. Empresa 2. Cifra – senha 3. Endividamento 4. Inovação – disrupção 5. A serpente
Finalidade	1. Produção 2. Corpo	1. Consumo 2. Alma e mente

4.1 O *controle* na dogmática brasileira

É importante frisar que a legislação do trabalho já havia captado essa tendência de transição da *disciplina* ao *controle* desde 2011, como se vê da Lei nº 12.551, que alterou o art. 6º da CLT para acrescentar o parágrafo único ao mencionado dispositivo.[22] Essa alteração não foi trivial, pois trouxe para o ordenamento trabalhista dois aspectos até

[22] Art. 6º Não se distingue entre o trabalho realizado no estabelecimento do empregador, o executado no domicílio do empregado e o realizado a distância, desde que estejam caracterizados os pressupostos da relação de emprego (Redação dada pela Lei nº 12.551, de 2011).

então relegados pela doutrina brasileira, quais sejam: (i) a *alienidade* e (ii) o *controle*.

É importante ressaltar também que a novação legislativa de 2011 pela primeira vez dogmatizou o conceito de *subordinação jurídica*, que, até então, era puramente conceitual, já que, como se sabe, a CLT optara pelo vocábulo *dependência* no artigo 3º.

Além do aspecto que envolve a *alienidade*, é importante sublinhar também que o próprio conceito de subordinação – a partir do então recém-incluído *parágrafo único* do art. 6º da CLT – sofre uma torção de sentido para envolver não só o aspecto disciplinar, que no referido parágrafo único está bem retratado no vocábulo *comando*, mas também para abrir-se à noção de *controle*, palavra essa expressamente inserida na lei.

Como se sabe, não há na lei, por força hermenêutica, palavras inúteis. Se o legislador, além do vocábulo '*comando*', introduziu também o vocábulo '*controle*', cabe ao intérprete dar consequência jurídica a essa distinção legal. Nesse sentido, a percepção deleuzeana da transição conceitual da *disciplina* ao *controle*, operada no *mundo da vida* da organização do trabalho, está lapidar e literalmente inserida na lei.

De uma abordagem mais sistemática, pode-se perceber que o poder diretivo do empregador, previsto no *caput* do art. 2º da CLT, por meio do vocábulo *direção*, passa a ser desdobrado, com a inclusão do parágrafo único no art. 6º da CLT, em três núcleos: (i) *comando*, (ii) *controle* e (iii) *supervisão*.

É importante notar ainda que essas três formas de subordinação (*finalidade*[23]) são concretizadas a partir de dois *meios*, quais sejam, (i) *informáticos* e (ii) *telemáticos*.

Nessa linha analítica, de decomposição dos núcleos vocabulares do texto da lei, que só encontra sentido na busca de um esforço sistemático, pode-se afirmar que os dois primeiros núcleos – *comando* e *controle* – têm uma maior correlação com os meios informáticos e o terceiro (*supervisão*) com os meios *telemáticos*, ou seja, maior correspondência com aqueles trabalhadores que possam estar enquadrados nas três hipóteses previstas

---

Parágrafo único. Os meios telemáticos e informatizados de comando, *controle* e supervisão se equiparam, para fins de subordinação jurídica, aos meios pessoais e diretos de comando, *controle* e supervisão do *trabalho alheio* (Incluído pela Lei nº 12.551, de 2011 – grifos nossos).

23 CLT, art. 6º, Parágrafo único: "Os *meios* telemáticos e informatizados de comando, controle e supervisão se equiparam, para *fins* de subordinação jurídica, aos meios pessoais e diretos de comando, controle e supervisão do trabalho alheio" (grifos nossos).

pelo artigo 62 da CLT: (i) os empregados que exercem atividade externa incompatível com a fixação de horário de trabalho, (ii) os que exercem cargo de gestão e aqueles (iii) em regime de teletrabalho.

Não é demais atentar para uma nova e revolucionária modalidade de subordinação jurídica trazida pela reforma trabalhista, por meio do *contrato intermitente*,[24] definido no parágrafo terceiro do artigo 452-A da CLT, que, em paradoxo com o conceito tradicional de subordinação, faculta ao empregado recusar a convocação ao trabalho, ou seja, permite a ele de certa maneira insubordinar-se, sem que com isso a própria subordinação se veja descaracterizada.

Vale observar que o mencionado dispositivo trata mesmo do próprio conceito de subordinação e não apenas da relação de emprego em si, como se vê da sua própria literalidade.[25] Assim é lícito pensar que a dogmática brasileira abriu-se a conceber a subordinação jurídica de uma maneira menos subsuntiva, mais aberta e tipológica, passando, assim, a envolver outras formas que não aquela estritamente jungida à noção disciplinar do taylorismo linear.

Nessa mesma ordem de ideias, fica fácil perceber que o conceito de subordinação no Direito do Trabalho, por meio do *controle algorítmico* ou *reticular*, encontra perfeita tradução jurídica, que já não pode mais ser ignorada pela doutrina e pela jurisprudência.

5 A subordinação reticular e *alienidade*

Retomando o debate sobre a técnica jurídica no Direito do Trabalho, é importante notar que a academia espanhola, por exemplo, não foca tanto o conceito de 'subordinação'. O clássico Alonso Olea prefere transferir a centralidade científica no Direito do Trabalho para o conceito de '*ajenidad*': *"(...) la relación de ajenidad, como definidora y esencia misma del contrato de trabajo, éste es un modo originario de adquirir propiedad por un ajeno distinto de quien trabaja"*.[26]

---

[24] É certo que tal modalidade de contratação não é aberta, depende de pressupostos objetivos da própria dinâmica produtiva, que envolva sobretudo atividades habituais, porém descontínuas. Não é demais acrescentar que a continuidade deve ser aferida pelo prisma da organização do empreendimento, não pela jornada de trabalho eventualmente definida pelo empregador.

[25] Art. 452-A (...) §3º "A *recusa* da oferta *não descaracteriza a subordinação* para fins do contrato de trabalho intermitente" (grifo nosso).

[26] ALONSO OLEA y CASAS BAAMONDE. *Derecho del Trabajo* Madrid: Civitas Ediciones, 2000. p. 60.

O termo *'ajenidad'* não é de fácil tradução para a língua portuguesa, já que o termo 'alteridade', pelo qual costuma ser traduzido, não se equipara perfeitamente ao termo espanhol. *Alteridade* está ligada à ideia de 'outro', em oposição à de identidade, própria do idealismo hegeliano, de quem, aliás, Alonso Olea é tributário. Talvez isso justifique a opção pela tradução mais usual *alteridade*, muito embora o seu tradutor para o português, o Ministro Carlos Alberto Barata Silva, não lance mão da tradução sintética do conceito, mas da tradução estendida: trabalho *por conta alheia*.[27]

Ajenidad, contudo, a nosso ver, está mais conectada à ideia de *diferença*, no caso, sobretudo diferença de classe. Do ponto de vista jurídico, tal vocábulo transita na esfera da *alienação*, da transferência, mas da transferência do resultado do trabalho daquele que produz – afetando em certa medida a *aquisição natural*, como reconhecem os liberais clássicos como Adam Smith, Ricardo ou Locke – para *pessoa, física ou jurídica, alheia*. De certa forma, o conceito estaria mais afeto ao materialismo histórico marxiano, não obstante o fato de que Alonso Olea atribua a Marx uma certa confusão entre os conceitos de *alienação* em Marx, fundindo os vocábulos *Veräusserung*,[28] *Entfremdung*[29] *– ou em seu sinônimo – Entäusserung*.[30] Alonso Olea, em sua clássica monografia sobre a história da palavra 'alienação', anota que utiliza:

> el término 'ajenidad', que es el generalizado entre nuestros especialistas; por éstos se ha acuñado este término en derecho del trabajo, rehuyendo el clásico jurídico de enajenación, y con buenas razones, porque enajenación implica en derecho una translación de dominio o titularidad de una persona a otra, y por consiguiente una adquisición derivativa por parte de esta última, mientras que en el contrato de trabajo hay una adquisición originaria de propiedad por el empleador o empresario respecto de bienes de nueva creación, que no han sido antes propiedad de nadie; es claro, pues que ajenidad – o alienità,[31] como la llama Guasp (Derecho, Madrid, 1971, p. 548) – sigue siendo usada aún como noción distinta de enajenación, en sentido jurídico estricto y propio.[32]

---

27 ALONSO OLEA, Manuel *Introdução ao Direito do Trabalho*. Trad. português Carlos Alberto Barata Silva em colaboração com Darci Rodrigues de Oliveira Santana. 4. ed. rev. São Paulo: LTr, 1984.

28 Ou *Veräußerung*, em alemão, alienação, no sentido jurídico de venda.

29 *Entfremdung*, em alemão, alienação, no sentido de estranhamento.

30 *Entäusserung*, em alemão, alienação, no sentido de exteriorização.

31 *Alienità* em italiano está mais próximo ao conceito de *estranhamento*.

32 Cfr. OLEA, 1988, p. 171-172, nota 730.

Uma possibilidade mais literal de tradução do termo *ajenidad* seria *alheabilidade.* Pontes de Miranda, contudo, em sua proverbial acuidade, optou, pelo termo *'alienidade'*,[33] que, aliás, é o mesmo utilizado por Ricardo Guasp, como se viu na referência anterior de Alonso Olea. Vale ressaltar, contudo, que tal termo não consta do Vocabulário Ortográfico da Língua Portuguesa – VOLP, nem esta palavra encontra-se dicionarizada,[34] sem embargo de que seja um termo relativamente comum nas doutrinas empresarial e trabalhista de Portugal.

É importante assinalar que a doutrina espanhola tem três correntes a respeito da *ajenidad.* A primeira e mais tradicional é a de Olea, em que a *alienidade* é encarada a partir da alienação dos frutos do trabalho (*ajenidad en los frutos*). Uma segunda, na qual a *alienidade* é aferida em função da não assunção dos riscos da atividade econômica, defendida por Bayón Chacón e Perez Botija[35] (*ajenidad en los riscos*), e uma terceira, da *alienidade* em razão da desvinculação da pessoa do trabalhador da utilidade patrimonial do trabalho (*ajenidad en la utilidad patrimonial*), apresentada por Montoya Melgar.[36]

Cabe anotar que a *alienidade* é dupla e se dá tanto no resultado como na própria atividade em si, como ressalta a jurisprudência trabalhista da Corte Constitucional da Itália, por meio do conceito de *doppia alienità.*[37]

Parece importante, neste momento da reorganização tecnológica da produção, enfatizar o conceito de *alienidade* no Direito do Trabalho, em detrimento daquele de uma estrita subordinação jurídica, classicamente voltada para a disciplina, para a direção rígida da atividade, para o confinamento. Nas novas relações de trabalho em rede, a condição de trabalho alheio tende a ser mais decisiva do que a subordinação, para

---

33 Anotando que o Direito do Trabalho opera com um conceito menos extenso de *trabalho,* observa que se "exigimos ao conceito o elemento fático do interesse de outrem, já a alienidade do proveito, ou do que se espera seja proveito, põe fora do campo conceitual o que A faz para si mesmo (...)". Cfr. PONTES DE MIRANDA, 1964, p. 79.

34 Foram consultados os tradicionais CALDAS AULETE, HOUAISS E AURÉLIO.

35 Cfr. Manual de Derecho del Trabajo, 12 ed. 1, p. 15 *apud* MONTOYA MELGAR, 1999, p. 35, nota 16.

36 Cfr. MONTOYA MELGAR, 1999, p. 36.

37 A *'dobbiaalienità'*, como consagra a jurisprudência trabalhista do Tribunal Constitucional italiano, entrelaça dois aspectos da subordinação: (i) direção heterônoma e (ii) dependência. Decisão nº 30, de 5 de fevereiro de 1996 – *Sentenza 1996/30 del 12.02.1996 pubb. in GU del 21.02.1996 nº 8* (Dir. Lav. 1996, 616 e ss.) http://www.cortecostituzionale.it.

caracterizar o vínculo empregatício, pois é mais simples de se constatar[38] e mais difícil de se dissimular.

A subordinação jurídica é um construto do direito, não um fato da relação de produção. É uma ficção que legitima juridicamente o poder empregatício. Daí que essa ficção jurídica não pode ser utilizada como fato configurador de outra ficção jurídica: a relação emprego.

Por outro lado, a subordinação tradicional está intrinsecamente ligada a uma organização produtiva rigidamente disciplinar, da produção linear, em que o desordenamento de um trabalhador, individualmente considerado, tumultua e pode até interditar toda a linha de produção.

Com a produção flexível, em rede, a disciplina castrense é substituída pela organização dúctil, ou até mesmo quase caótica, em vasos virtuais comunicantes, que evita que o sistema produtivo se interrompa com qualquer falha ou ausência individual.

Daí que parece mais adequado averiguar-se o grau de *alienidade* do trabalho, para se constar a existência da subordinação, que surge, então, muito mais como coefeito do que causa configuradora do vínculo econômico estabelecido.

De uma forma pragmática e como instrumento para melhor adequação à cultura jurídica da subordinação, é conveniente não mais qualificá-la com o adjetivo *jurídica*, que em certa medida é tautológico, já que o intuito é justamente a aplicação desse conceito no âmbito do ordenamento. Nessa perspectiva, para melhor caracterizar e identificar a subordinação no plano interno do Direito do Trabalho, parece melhor adjetivá-la como *reticular*, não por qualquer tipo de veleidade terminológica, mas como forma de marcar a evolução do conceito nesta atual transição imbricada da produção da *disciplina* foucaultiana para a nova produção do *controle* deleuzeano, que não pode ser mais aferida a partir dos mesmos supostos em que foi gestada pela doutrina do início do século passado.

Não há dúvida de que estamos em trânsito para um novo mundo nas relações de trabalho. Temos formas de escravidão contemporânea do trabalho, convivendo com o trabalho disciplinar e com o controle

---

38 Anota a professora María Luz Rodríguez Fernández, da Universidade Castilha-La Mancha, que o trabalhador *'autônomo'* "que trabaja por cuenta propia para otras tantas empresas y clientes, trabaja, sin embargo, por cuenta ajena para esa empresa con la que tiene una relación duradera. Y que, en la medida que así sea, realiza un trabajo objeto del Derecho del Trabajo y debe quedar, por tanto, incluido en su ámbito". Cfr. RODRÍGUEZ FERNÁNDEZ, 2004, p. 50.

virtual do trabalho, mas a tendência é que essa última racionalidade e organização passe a preponderar. Mas a pergunta que fica é saber se essa nova realidade produtiva, desenhada pelo grande capital tecnológico, torna dispensável ou não os princípios jurídicos que visam a atenuar a assimetria na relação de trabalho.

6 O retorno da ideia de dependência econômica

Diante dos problemas do conceito clássico da subordinação jurídica e das situações paradoxais de trabalho dependente não subordinado, a dependência econômica tem sido novamente cogitada como nota distintiva do Direito do Trabalho. Por consequência, parcela da doutrina nacional e estrangeira cada vez mais se vale da antiga ideia de dependência como critério mais pertinente para o enfrentamento das situações atuais de trabalho. O critério, outrora renegado e tido como inaceitável pelo seu conteúdo extrajurídico, desponta novamente no debate doutrinário.

No horizonte estrangeiro, o debate está franqueado, tendo a dependência econômica um lugar de destaque como alternativa ou mesmo complemento à subordinação jurídica. As novas figuras atípicas nas relações de trabalho são todas envoltas pelo estado de dependência econômica, que é de difícil enquadramento na clássica subordinação. O professor português José João Abrantes[39] enuncia que: na Itália a legislação valeu-se do epíteto "parassubordinado" (*il lavoro parasubordinato*); na Alemanha designa-se "pessoas semelhantes a trabalhadores" (*arbeitnehmerähnliche persone*), pois são prestadores de serviço economicamente dependentes (*tarifsvertragsgesetz*), também intitulados quase-trabalhadores; em Portugal, denomina-se contratos equiparados.

A Recomendação 198 da OIT afirma o objetivo de tornar claras as definições em cada legislação nacional dos critérios de reconhecimento do vínculo de emprego, visando assegurar a proteção legal contra situações de trabalho "encubierto". A norma da OIT define trabalho "encubierto" como uma relação de trabalho na qual o empregador oculta sua natureza empregatícia, privando o trabalhador da proteção social que teria direito. Assim, enuncia a recomendação internacional:

---

[39] ABRANTES, José João. *Estudo sobre o Código do Trabalho*. Coimbra: Coimbra Ed., 2004, p. 94-95.

"clarificar y a adaptar el ámbito de aplicación de la legislación pertinente, a fin de garantizar una protección efectiva a los trabajadores que ejercen su actividad en el marco de una relación de trabajo". Estas diretivas da OIT sinalizam as atuais dificuldades enfrentadas na definição de empregado perante as situações atípicas, indicando o resgate da dependência econômica.

No Brasil, Arion Sayão Romita, o mesmo autor que introduziu no país o conceito de subordinação objetiva, já sinaliza para a retomada da dependência econômica, afirmando que o atual contexto "propicia a revalorização da dependência econômica como critério legitimador da aplicação das leis a quem contrata serviços remunerados por conta de outrem, ainda que não juridicamente subordinado".[40]

Na teoria do Direito do Trabalho, não há dúvidas de que essa alienidade do trabalhador é indiscutivelmente a causa e a razão de ser da disciplina. Com efeito, é o traço da alienidade o constitutivo da singularidade do juslaboralismo, haja vista que seu caráter protetivo, limitador da exploração deste trabalho, é o caractere que o distingue das demais disciplinas das relações privadas. Serve, então, como medida de garantia de civilidade a uma relação econômica que é estruturalmente injusta e desproporcional.

A justificação histórica e ontológica da criação de uma tutela legal para as relações de trabalho é a condição essencialmente alienada/ dependente do trabalhador assalariado para com o capital. Em razão da apropriação pelo capital sobre o resultado do seu trabalho, por receber valor (bastante) inferior ao que produz, por, principalmente, estar previamente ligado pelos fios invisíveis do despossuimento e reforçado pelo temor do desemprego, o trabalhador depende estruturalmente da venda de sua força de trabalho e, portanto, é impelido a alienar-se para sobreviver.

Por esta razão, o critério da dependência econômica detém uma força histórica marcante no Direito do Trabalho, como delimitação conceitual jurídica da condição de assalariado. Notadamente por reconhecer esta posição inferior oriunda de uma situação de exploração econômica, o regramento jurídico que surgia não poderia adotar outro perfil senão aquele de limitação desta exploração, como vaticina José Martins Catharino:

---

40 ROMITA, Arion Sayão. A crise do critério da subordinação jurídica. Necessidade de proteção a trabalhadores autônomos e parassubordinados. *Revista LTr*, São Paulo, vol. 68, n. 11. p. 1287-1298, nov. 2004, p. 1287.

> A força do critério está na história, pois não nos é possível separar de emprego da evolução econômica, da produção sob o regime da empresa. O direito do trabalho surgiu, precisamente, para compensar desigualdades econômicas. Para reduzir a coação econômica, viciadora da vontade dos mais fracos em face dos economicamente poderosos. Surgiu como instrumento jurídico de reação contra o *statuoquo* implantado pelo capitalismo desenfreado, e com nítida finalidade humanitária.[41]

Dependência econômica e proteção trabalhista são, assim, ideias inter-relacionadas e fundadoras da própria ontologia do Direito do Trabalho. Estes sujeitos economicamente fracos, cuja leitura jurídica de Cesarino Junior lhes define como hipossuficientes, são aquelas pessoas não proprietárias, que dependem da sua força de trabalho para lograr sua sobrevivência e de sua família. Logo, pensar no sujeito do Direito do Trabalho – o assalariado – é pensar no sujeito dependente econômico. É este o notório conceito de hipossuficiente de Cesarino Junior:

> Aos não proprietários, que só possuem sua força de trabalho, denominamos hipossuficentes. Aos proprietários de capitais, imóveis, mercadorias, maquinaria, terras, chamamos de hipersuficientes. Os hipossuficientes estão, em relação aos autossuficientes, numa situação de hipossuficiência absoluta, pois dependem, para viver e fazer viver sua família, do produto do seu trabalho. Ora, quem lhes oferece oportunidade de trabalho são justamente os autossuficientes (...).[42]

Estes traços de desigualdade e coação implícita legitimam uma política protecionista em favor dos sujeitos da relação formal de emprego. Isto é, foi a condição de dependente do assalariado que fundamentou a proteção trabalhista. A justificativa para a proteção trabalhista não é o conteúdo do contrato de trabalho, mas a condição do sujeito que contrata, como detecta Sidnei Machado.[43] É sua condição de dependente econômico – e não por força da sujeição hierárquica pessoal, fiscalização do horário ou do local de trabalho ou mesmo pela direção técnica – que se justifica ontologicamente um sistema trabalhista protetivo. É a mesma condição de dependente que explica a recorrente tentativa teórica de

---

41 CATHARINO, José Martins. *Compêndio de Direito do Trabalho*. 1º Volume. São Paulo: Saraiva, 1982, p. 201-202.

42 JUNIOR, Cesarino. *Direito Social*. São Paulo: LTr, Universidade de São Paulo, 1980, p. 44-45.

43 MACHADO, Sidnei. *A noção de subordinação jurídica*: uma perspectiva reconstrutiva. São Paulo: LTr, 2009, p. 27.

ampliar o conceito de empregado para contemplar os outros dependentes não subordinados, a exemplo da parassubordinação.

À primeira vista, a dependência econômica significaria a situação do trabalhador que tem na remuneração recebida a condição de sobrevivência. Isto é, há dependência econômica quando o trabalhador, em troca da prestação de serviços, obtém remuneração que lhe permita o seu sustento e de sua família. Ocorre que esta noção primária é demasiadamente vaga e superficial. Tanto os assalariados como os empregadores que dirigem suas empresas vivem necessariamente do seu trabalho, não havendo nenhuma distinção entre estes pelo fato da necessidade de obter, pelo emprego de sua energia individual, remuneração que lhe sirva para satisfazer as necessidades e desejos.

A delimitação da dependência econômica como "depender de pagamento" é apenas a camada externa do conceito, sendo uma compreensão insuficiente e epidérmica. A dependência econômica, no seu interior, abaixo da superficialidade, diz respeito a ter seu trabalho expropriado e a não viver da remuneração. Se a dependência econômica tem sido, até então, enfrentada sobre seus aspectos superficiais e igualmente criticada pelos problemas oriundos desta aparência, é premente romper com esta análise epidérmica.

No aprofundamento desta questão, percebe-se que o poder – e sua consequência potencial de subordinar os trabalhadores – de uma empresa capitalista decorre da sua propriedade. Retomando Karl Marx, vê-se que "o capitalista não é capitalista por ser dirigente industrial, mas ele tem o comando industrial porque é capitalista".[44] O capitalista comanda a empresa em nome da propriedade de que é titular. Por ser o sujeito proprietário, pode-se afirmar como o comandante da empresa. Por decorrência, o poder diretivo é mera consequência da produção capitalista e não sua qualidade distintiva.

O fundamento central da relação de trabalho é a propriedade, precisamente porque o caráter singular desta relação é o intercâmbio entre proprietários e não proprietários. Entretanto, essa questão é ocultada no Direito do Trabalho. A ênfase que o juslaboralismo confere ao poder diretivo atua, de certa medida, como ocultadora e naturalizadora desta relação entre proprietário e não proprietário. O jovem Orlando Gomes, conjugando as contribuições de La Cueva e Sinzeheimer, aponta que o direito de propriedade funda uma situação

---

[44] MARX, Karl. *O Capital*: crítica da economia política. Trad. Reginaldo Sant'anna. 24. ed. Rio de Janeiro: Civilização brasileira, 2006. Livro I, volume 1, p. 385.

de poder do empregador sobre o empregado. Convém reproduzir o elucidativo trecho:

> É fato incontroverso que a propriedade não confere apenas um poder sobre as coisas, mas, também, sobre os homens. Nos domínios da produção de riqueza, esse poder do proprietário concretiza-se, juridicamente, em um conjunto de faculdades através de cujo exercício faz sentir sua autoridade sobre os trabalhadores, isto é, sobre os homens que, não podendo ser proprietários de meios de produção, põem, à disposição dos que podem, a sua força-trabalho.[45]

O contrato de trabalho aparece, então, como o momento jurídico de legitimação da subordinação, embora, antes mesmo de contratar, o trabalhador já é dependente por não ser proprietário. Sendo o assalariado um sujeito despossuído – por ausência de propriedade capaz de lhe permitir atuar como empreendedor –, fica "livremente" impelido a vender sua força de trabalho. O despossuimento é que demarca sua condição de dependente e não o fato de depender de salário.

A relação de dependência do assalariado para com a empresa é prévia ao contrato de trabalho e estrutural na sociedade capitalista, na medida em que a força de trabalho somente se realiza quando vendida ao capital. Seu destino dirige-se estruturalmente à alienação em favor do empregador sob a condução sutil dos fios invisíveis da teia capitalista. O trabalho desconectado da propriedade no mundo capitalista reduz o sujeito trabalhador a apenas força de trabalho, ou seja, a algo a ser vendido como mercadoria em troca de salário. Infere-se aí que o viver do salário é a consequência do ser despossuído e não a própria condição de dependente.

A direção dos serviços não é condição essencial para existência de trabalho dependente, embora seja uma das consequências mais habituais. Os exemplos do vendedor externo ou do trabalhador intelectual são emblemáticos no sentido de demonstrar que nem todo trabalho assalariado é heterodirigido. Por isso, é a condição de proprietário dos meios de produção que legitima o comando do capitalista e não a situação inversa. O poder ínsito à propriedade dos meios de produção explica como pode ocorrer trabalho por conta alheia sem a direção dos serviços. Há casos em que o empregador é o dono do resultado do trabalho sem necessitar exercer o comando.

---

[45] GOMES, Orlando. *Introdução do Direito do Trabalho*. Rio de Janeiro: Revista Forense, 1944, p. 119.

O sentido da expressão "venda de força de trabalho" refere-se ao bem cuja utilidade econômica é restrita, por depender do seu acoplamento a um empreendimento, mais precisamente pela sua conjunção com a propriedade (meios de produção). Sendo o trabalho um elemento da empresa, seu destino é o de estar contido nesta. Nesta definição, é preciso realçar que o trabalhador dependente é exatamente aquele que, por ser despossuído, trabalha por conta alheia e, assim, não se apodera dos resultados desta entrega de trabalho. O trabalho por conta alheia origina o sujeito dependente como fundamento do Direito do Trabalho. Daí, forma-se, por simetria, o conceito de empresa como ente que se apropria dos resultados positivos e negativos – os riscos do negócio –, inclusive porque normalmente dirige a organização da empresa.

Neste particular, dirigir a organização da empresa é um conceito muito mais amplo do que o estabelecimento da hierarquia e de sua faceta mais visível de "emitir ordens". O ícone da empresa não é o mando, mas sim a propriedade. Mais importante do que dirigir os serviços – o que pode ser traduzido num controle contínuo da atuação do empregado – é estruturar e organizá-los, os quais poderão até ser executados sem esta reiterada direção (vide situação do vendedor viajante). Organizar a empresa diz respeito a estabelecer os rumos da atividade econômica, fixar a dimensão territorial de atuação, definir os preços dos bens e serviços que comercializa e, principalmente, ser juridicamente o proprietário do resultado do trabalho dos seus empregados.

A condição de dono não propicia a atuação como chefe emissor de ordens e fiscalizador, até porque este papel é cotidianamente atribuído aos seus gerentes e administradores. O dono cria e organiza, delega a direção aos altos-empregados, mas, sempre, é o proprietário da riqueza gerada pela força de trabalho que comprou. É isto o comando geral inerente a qualquer titular de empresa, sendo o modelo fordista apenas uma possibilidade dentre muitas, a exemplo dos pós-fordistas, de dirigir a atividade da empresa.

A par disto, o termo "dependente" deve ser compreendido menos como um adjetivo (subordinado e assujeitado) e mais como aquele que predica a ação "depender". O verbo "depender" – ação daquele que é dependente – deve privilegiar a semântica de "pertencer", "estar contido" e "fazer parte" em detrimento da subordinação advinda do "estar sujeito" ou carecer economicamente.[46] O empregado é dependente porque sua força de trabalho não se realiza sozinha, pois pertence estruturalmente à empresa, fazendo parte desta e, como consequência possível, podendo ser subordinado.

A demarcação da dependência foi feita, até aqui, sem adjetivos, numa concepção generalizante. Todavia, é preciso fazer uma opção de recorte desta ampla delimitação, visando enfatizar seu aspecto preponderante. A ênfase no aspecto econômico consiste no realce da força e do poder da propriedade. Fala-se em "econômica" para sempre relembrar que a causa e a continuidade do estado de dependente advém da apropriação alheia do trabalho, ocorrida em nome da propriedade.

A chave da compreensão crítica da dependência é, então, seu conteúdo econômico, como correlato à ausência de propriedade. Trata-se da percepção de que esta forma de trabalho dependente é estruturada pelas condições econômicas da sociedade capitalista. Em nome da propriedade, coage-se ao trabalho, como também, por força da propriedade, expropria-se a riqueza criada pelo trabalhador.

Qualificar a dependência como econômica significa explicitar a natureza capitalista da venda da força de trabalho e seu consequente Direito Capitalista do Trabalho, que na fuga conveniente do extrajurídico termina esquecendo suas imbricações econômicas. Almeja-se destacar que a manifestação concreta de vontade e a liberdade, no capitalismo, pressupõe um sujeito proprietário, sendo remanescente a coação e a restrição da vontade para os não proprietários. Daí, resta impraticável considerar como contratantes iguais na sua livre vontade negocial o empregado e o empregador, nas recorrentes tendências flexibilizantes de retorno da convalidação da autonomia privada.

A relação de trabalho assalariado perpassa, nestes termos, pelas ideias de propriedade, poder e sujeição. A propriedade confere poderes e obriga aqueles que são proprietários apenas de si a se sujeitaram, como condição de vida, ao trabalho para o outro. Em essência, a leitura jurídica do fenômeno social do assalariamento indica que o trabalhador vive sob "sujeição" porque atua conforme o interesse alheio, por falta de propriedade. Assim, a *dependência* equivale a "sujeição", destacando o traço do poder nesta relação, enquanto a *econômica* elucida que o fundamento deste poder é a propriedade.[47] Enfim, serve para que não

---

[46] HOUAISS, Antônio. *Dicionário Houaiss da Língua Portuguesa*. São Paulo: Objetiva, 2009, p. 616.

[47] OLIVEIRA, Murilo Carvalho Sampaio. *Relação de Emprego, Dependência Econômica e Subordinação Jurídica*: revisitando conceitos. Curitiba: Juruá, 2013.

se esqueça de que o Direito do Trabalho é, essencialmente, o Direito Capitalista do Trabalho, que confere uma dita civilidade à expropriação do trabalho dos não proprietários.

Da raiz da dependência econômica, a condição do dependente pode se manifestar ora como sujeição hierárquica, como subordinação técnica, como integração na atividade-fim da empresa ou até como pobreza individual bem ilustrada na situação do trabalho com exclusividade para um tomador, exatamente porque todas estas circunstâncias são consequências possíveis daquele que não se apropria do resultado do trabalho. Na operacionalização desta ideia ressignificada de dependência, articula-se uma racionalidade de abertura e amplitude conceitual que transfere para o conceito de trabalho autônomo o padrão fechado da tipicidade. Rompendo com o positivismo que subsidia o dogmatismo trabalhista, afasta-se, igualmente, da pretensão de completude dos conceitos jurídicos, inclusive reconhecendo a inadequação de um conceito milimétrico que tende à ineficácia e obsolescência pela inovação, complexidade e pela processualidade histórica.

Como contraposição à ideia de dependência econômica, a autonomia é, então, advinda da titularidade sobre uma organização produtiva, ainda que seja diminuta, isto é, a existência de propriedade suficiente (e trabalho humano) para a constituição da ideia (ampla) de empresa é que caracteriza a autonomia. Infere-se que é justamente a propriedade que cria as condições para o exercício do poder de direção ou mesmo propicia sua delegação para os chefes, gerentes, entre outros.

7 Conclusões ou aproximações

O escopo desse trabalho é compor o mosaico das relações de trabalho na contemporaneidade e os desafios postos às sociedades democráticas para ordenar as relações jurídicas laborais na perspectiva de produzir segurança econômica, bem-estar para o trabalho e segurança jurídica para todos os envolvidos – trabalho, capital e Estado, mormente com a base técnica de organização da sociabilidade produtiva contemporânea, apontando as virtudes e os defeitos da abordagem empírica do fenômeno contratual, captando seu efeito (a subordinação) como elemento ostensivamente necessário à configuração da relação de emprego e resgatando aquele que parece ser o elemento estrutural do sistema de relações de trabalho e que se encontra positivado no texto legal da Consolidação das Leis do Trabalho, bem assim o aspecto que se relaciona à separação entre o trabalho e a aquisição de seu fruto.

A nova base tecnológica – escalabilidade, inteligência artificial, aprendizado de máquina e *big data* – radicaliza o comando científico e remoto dos processos de produção de bens e serviços, sem contudo extinguir as demais formas de articulação e gestão dos processos de trabalho, que passam a compor o mosaico heterogêneo da sociabilidade do mercado de trabalho, com repercussões no acesso e desenho das políticas públicas de emprego e renda, além de atingir dramaticamente as regras de imposição tributária e a sustentabilidade do fundo público que suporta tais políticas.

Tanto nas ideias antes defendidas de subordinação reticular como na dependência econômica, pensamos que é mais dúctil conceber a noção de empregado pelo caractere da alienidade, tudo dentro da ampla moldura do texto do artigo terceiro da CLT. Especialmente nas plataformas eletrônicas de trabalho, é bastante evidente a alienidade nas baixas remunerações dos trabalhadores e na direção e fiscalização por parte das empresas. Em outras palavras, a condição de trabalhar por conta alheia é mais significativa e constitutiva da condição de assalariado do que o mero estado de "subordinação hierárquica" da ideia clássica de subordinação, na qual a *disciplina* produtiva detém-se como subordinação jurídica, *individualizada*, ao passo que na ideia de *controle* há um desdobramento para o plano da dependência econômica e da *alienidade coletiva*.

Como disse o mexicano Oscar Correas, é preciso romper urgente com o costume dos juristas de tomar a aparência como se fosse a essência.[48] A subordinação jurídica tradicional – típica leitura da sociedade da disciplina – encontra-se bastante corroída pelo capitalismo dos dados e naturalizada – e assim ocultada – na sociedade do controle de Deleuze.

A reconfiguração da chave de acesso da proteção trabalhista, como é o conceito de empregado e suas teorias, revela-se, enfim, como o debate fundante da permanência do caráter de uma regulação que reconheça a assimetria do trabalho por conta alheia e, por tal desigualdade, assegure ao trabalhador um estatuto protecionista.

---

48 "Como se ve, y siguiendo una inveterada costumbre, los juristas toman lo accesorio como si fuera lo principal; la apariencia como si fuera la esencia; el efecto del contrato, como si fuera la esencia del mismo". CORREAS, Oscar. *Sociología del Derecho y crítica jurídica*: escritos. México: Fontamara, 1998, p. 186.

Referências

ALONSO OLEA y CASAS BAAMONDE. *Derecho del Trabajo*. Madrid: Civitas Ediciones, 2000.

ALONSO OLEA, Manuel. *Introdução ao Direito do Trabalho*. Trad. português Carlos Alberto Barata Silva em colaboração com Darci Rodrigues de Oliveira Santana. 4. ed. rev. São Paulo: LTr, 1984.

BLONDEAU, Olivier; DYER, Nick Whiteford; VERCELLONE, Carlo; KYROU, Ariel; CORSANI, Antonella; RULLANI, Enzo; MOULIER BOUTANG, Yann; LAZZARATO, Maurizio *Capitalismo cognitivo, propiedad intelectual y creación colectiva*. Trad. castel. Emmanuel Rodríguez López, Beñat Baltza y Antonio García Pérez-Cejuela. Madrid: Traficantes de Sueños, 2004.

BURAWOY, Michael. *A Transformação dos Regimes Fabris no Capitalismo Avançado*, ensaio consultado no sítio eletrônico: http://www.anpocs.org.br/portal/publicacoes/rbcs_00_13/rbcs13_02.htm.

CASTELLO, Alejandro; ROSENBAUM Jorge. *Régimen Jurídico de la Subcontratación e intermediación laboral*. 1. ed. Fundação de Cultura Universitária: Montevidéu, 2007.

CATHARINO, José Martins. *Compêndio de Direito do Trabalho*. 1º Volume. São Paulo: Saraiva, 1982.

DELGADO, Maurício Godinho. *Curso de Direito do Trabalho*. 8. ed. São Paulo: LTr, 2009.

DELEUZE, Gilles. *Conversações, 1972-1990 / Gilles Deleuze*, tradução de Peter Pál Pelbart, pela Editora 34. *Controle e Devir* (entrevista a Antonio Negri, 1990) p. 209-218; *Post-scriptum sobre as sociedades de controle*, p. 219-226.

DENNINGER, Erhard. Segurança, Diversidade e Solidariedade ao invés de Liberdade, Igualdade e Fraternidade. *In: Revista Brasileira de Estudos Políticos*, vol. 88, p. 21-45, dez. 2003.

FOUCAULT, Michel *Vigiar e punir*: nascimento da prisão. Trad. Raquel Ramalhete. Petrópolis: Vozes, 1987.

GOMES, Orlando. *Introdução do Direito do Trabalho*. Rio de Janeiro: Revista Forense, 1944.

HOUAISS, Antônio. *Dicionário Houaiss da Língua Portuguesa*. São Paulo: Objetiva, 2009.

ITÁLIA Decisão n. 30 de 5 de Fevereiro de 1996 – *Sentenza 1996/30 del 12/02/1996 pubb. in GU del 21/02/1996 nº 8* (Dir. Lav. 1996, 616 e ss.) http://www.cortecostituzionale.it.

MARX, Karl. *O Capital*: crítica da economia política. Trad. Reginaldo Sant'anna. 24. ed. Rio de Janeiro: Civilização brasileira, 2006. Livro I, volume 1.

MONTOYA MELGAR, Alfredo. *Derecho del trabajo*. 20. ed. Madrid: Tecnos, 1999.

OLIVEIRA, Murilo Carvalho Sampaio. *Relação de Emprego, Dependência Econômica e Subordinação Jurídica*: revisitando conceitos. Curitiba: Juruá, 2013.

PONTES DE MIRANDA. *Tratado de Direito Privado* Rio de Janeiro: Borsoi, 1964.

RODRÍGUEZ FERNANDÉZ, María Luz. *Algunas garantías frente a la descentralización productiva:* límites al contrato para obra o servicio determinado y reconsideración de la ajenidad en el mercado in Madrid. *Relaciones Laborales*, 19, p. 15-50, 2004.

ROMITA, Arion Sayão. A crise do critério da subordinação jurídica. Necessidade de proteção a trabalhadores autônomos e parassubordinados. *Revista LTr*, São Paulo, vol. 68, n. 11, p. 1287-1298, nov. 2004.

SLEE, Tom. *Uberização*: A Nova Onda do Trabalho Precarizado. Tradução: João Peres. São Paulo: Elefante, 2017.

SMITH, Adam. *A Riqueza das Nações*. Volume I. 3. ed. São Paulo: Nova Cultural, 1988.

Informação bibliográfica deste texto, conforme a NBR 6023:2018 da Associação Brasileira de Normas Técnicas (ABNT):

CHAVES JÚNIOR, José Eduardo de Resende; MENDES, Marcus Menezes Barberino; OLIVEIRA, Murilo Carvalho Sampaio. Capitalismo de dados e o Direito do Trabalho: caminhos e descaminhos da subordinação, dependência e alienidade. *In*: TUPINAMBÁ, Carolina (Coord.). *As novas relações trabalhistas e o futuro do Direito do Trabalho:* as novidades provenientes da globalização, de influxos do Direito comparado e da internacionalização de contratos laborais. Belo Horizonte: Fórum, 2021. (Coleção Fórum As novas relações trabalhistas e o futuro do direito do trabalho. Tomo IV.) p. 259-291. ISBN 978-65-5518-223-1.

Alain Supiot
Professeur émérite au Collège de France, où il a été titulaire de la chaire «État social et mondialisation: analyse juridique des solidarités» (2012-2019). Ancien *fellow* du *Wissenschaftskolleg zu Berlin,* il est membre correspondant de la *British Academy* et docteur *Honoris causa* de plusieurs universités (Louvain-la-Neuve, Aristote de Thessalonique, Liège, Buenos-Aires). De 1998 à 2001, il a présidé le Conseil national du développement des sciences humaines et sociales et de 2017 à 2019 il a été membre de la Commission mondiale sur l'avenir du travail. Il a fondé et a dirigé de 2008 à 2013 l'Institut d'Études Avancées de Nantes. Ses travaux se sont principalement déployés sur deux terrains complémentaires: le droit social et la théorie du droit. Il est notamment l'auteur de *Homo juridicus. Essai sur la fonction anthropologique du Droit,* Seuil, 2005 (traduit en 11 langues); *L'esprit de Philadelphie. La justice sociale face au Marché total,* Paris, Seuil, 2010 (trad. en 8 langues). *La Gouvernance par les nombres,* Fayard, 2015 (trad. anglaise Hart 2017). *Le travail n'est pas une marchandise. Contenu et sens du travail au XXI siècle,* Paris, Éditions du Collège de France, 2019 (trad. en 3 langues). Nombre de ses publications sont accessibles en ligne sur le site du Collège de France: http://www.college-de-france.fr/site/alain-supiot/index.htm.

Andréa Duarte Silva
Graduada em Direito pela UFSC. Pós-graduada em Gestão de Pessoas pela FACEL. Servidora do TRT da 9ª Região.

María Asunción López Arranz
Profesora contratada doctora, Universidad de La Coruña. E-mail: a.larranz@udc.es.

Carlos Ayala Montero
Doctor en Derecho del Trabajo. Magister en Derecho Laboral. Consultor externo de OIT. Profesor universitario de postgrado. Director del Instituto de Estudios del Trabajo de Universidad Especializada de las Américas (UDELAS). Director de Asuntos Académicos de Academia Panameña de Derecho del Trabajo y Abogado.

Carolina Tupinambá
Mediadora certificada, mestra em Direito Processual pela Universidade do Estado do Rio de Janeiro, doutora em Direito Processual pela Universidade do Estado do Rio de Janeiro, doutora em Direito do Trabalho e Seguridade Social pela Universidade de São Paulo, pós-doutora no programa de pós-doutoramento em Democracia e Direitos Humanos – Direito, Política, História e Comunicação da Faculdade de Direito da Universidade de Coimbra, professora adjunta de Processo do Trabalho e Prática Trabalhista da Universidade do Estado do Rio de Janeiro, professora assistente de Direito do Trabalho da Universidade Federal do Estado do Rio de Janeiro, membro da Academia Brasileira de Direito do Trabalho, ocupante da cadeira nº 47, membro do Instituto Brasileiro de Direito Processual, membro do Instituto Iberoamericano de Derecho Procesal, membro do Instituto dos Advogados Brasileiros, membro do Centro de Estudos Avançados de Processo, membro da American Bar Association, membro da Comunidad para la Investigación y el Estudio Laboral y Ocupacional (CIELO).

Guilherme Dalmonechi Thompson de Paula
Mestrando em Direito Processual filiado ao PPGDIR da Universidade Federal do Espírito Santo (UFES). Pós-graduado em Direito Tributário pela Pontifícia Universidade Católica de Minas Gerais. Pós-graduado em Advocacia Empresarial pela Pontifícia Universidade Católica de Minas Gerais. Graduado em Direito pela Faculdade de Direito de Vitória. Advogado. E-mail: guilhermedthompson@gmail.com.

José Eduardo de Resende Chaves Júnior
Professor adjunto I IEC-PUC Minas, doutor em Direitos Fundamentais pela Universidad Carlos III de Madrid. Desembargador do TRT-MG.

José Soares Filho
Desembargador do Trabalho aposentado (TRT 19ª Região). Mestre e doutor em Direito pela UFPE, professor da Universidade Católica de Pernambuco e da Escola Superior da Magistratura Trabalhista da 6ª Região; membro efetivo do Instituto dos Advogados Brasileiros (Rio de Janeiro-RJ), do Instituto Latinoamericano de Derecho del Trabajo y de la Seguridad Social, da Academia Pernambucana de Letras Jurídicas e da Academia Brasileira de Direito do Trabalho.

Luiz Eduardo Gunther
Professor do Centro Universitário Curitiba (UNICURITIBA). Desembargador do Trabalho no TRT 9 PR, pós-doutor pela PUCPR, membro da Academia Brasileira de Direito do Trabalho, do Instituto Histórico e Geográfico do Paraná e do Centro de Letras do Paraná. Orientador do grupo de pesquisa que edita a Revista Eletrônica do TRT9 (http://www.mflip.com.br/pub/escolajudicial/).

Marcus Menezes Barberino Mendes
Juiz do Trabalho no Tribunal Regional do Trabalho da 15ª Região, mestre em Economia Social do Trabalho pelo Instituto de Economia da UNICAMP e doutorando em Desenvolvimento Econômico pela mesma universidade.

Marina Novellino
Mestranda em Direito do Trabalho e Direito Previdenciário pela Universidade do Estado do Rio de Janeiro (UERJ) e advogada trabalhista.

Murilo Carvalho Sampaio Oliveira
Juiz do Trabalho na Bahia e professor adjunto da UFBA, especialista e mestre em Direito pela UFBA. Doutor em Direito pela UFPR, membro do Instituto Baiano de Direito do Trabalho (IBDT). E-mail: murilosampaio@yahoo.com.br.

Murilo Siqueira Comério
Mestre em Ciências Jurídico-Empresariais/Menção em Direito Laboral pela Universidade de Coimbra (FDUC). Graduado em Direito pela Faculdade de Direito de Vitória. Advogado. E-mail: murilocomerio@hotmail.com.

Oscar Hernández Álvarez
Profesor de Derecho del Trabajo en la Universidad Lisandro Alvarado, Barquisimeto, Venezuela. Presidente honorario de la Academia Iberoamericana de Derecho del Trabajo y de la Seguridad Social.

Rebeca Karina Aparicio Aldana
Doctora (sobresaliente – *Suma cum laude*) en Derecho del Trabajo y la Seguridad Social por la Universidad Rey Juan Carlos (Madrid-España). Máster oficial en Derecho del Trabajo y la Seguridad Social a través de la Jurisprudencia por la Universidad Rey Juan Carlos. Título oficial de licenciada en Derecho – Universidad de Alcalá (España) y Máster

en Derecho, con mención en Derecho Constitucional y abogada por la Universidad de Piura (Perú). Profesora de Derecho del Trabajo y Nuevas Tecnologías de la Escuela Jurídica y de Negocios (ESJUR) y analista legal de la Dirección de Protección de Datos Personales del Ministerio de Justicia.

Rosa Maria Freitas
Doutora em Direito pelo programa de pós-graduação em Direito da Universidade Federal de Pernambuco (PPGD/UFPE), professora da Universidade Católica de Pernambuco (UNICAP), advogada da Prefeitura Municipal do Cabo de Santo Agostinho. E-mail: rosafreitas1@hotmail.com.

Thâmara Carla dos Santos Rodrigues
Bacharel em Direito pela Universidade Católica de Pernambuco (UNICAP). E-mail: thamaracsr@outlook.com.

Thereza Christina Nahas
Professora, doutora pela PUC-SP e pela Universidad Castilla-La Mancha, pesquisadora por esta última faculdade, Juíza do Trabalho, titular da 2ª Vara do Trabalho de Itapecerica da Serra (TRT/2). Currículo completo em: http://lattes.cnpq.br/2361402097260893.

Esta obra foi composta em fonte Palatino Linotype, corpo 10
e impressa em papel Offset 75g (miolo) e Supremo 250g (capa)
pela Gráfica Laser Plus.